人新世の環境社会学

「複製技術の時代」から「生成技術の時代」へ

大塚善樹 Yoshiki Otsuka

花伝社

人新世の環境社会学――「複製技術の時代」から「生成技術の時代」へ◆目次

序章　自然と技術の関係論
――自然と技術はどのように混交してきたか

新たな食料危機とパンデミック

二〇二二年は世界の食料価格の変動においてエポックメイキングな年となった。同年三月、国連食糧農業機関（ＦＡＯ）による世界の実質食料価格指数（二〇一四～一六年の平均を一〇〇とする）が一五六％となり、一九七四年の食料危機の一三七％を超えた。その後も六月まで一五〇％を超える状態を維持した。食料の内訳では、三月に二四六％を記録した植物油（ダイズ油、パーム油、ナタネ油など）が最も高く、五月に一六九％まで上がった穀物（トウモロコシ、小麦、米）、次いで乳製品、食肉、砂糖の順であった。

穀物価格は、ウクライナでの戦争により小麦の輸出が滞ったことの影響が大きかったと考えられる。しかし、植物油の価格に関しては戦争以外の要因もある。ＦＡＯによると、インドネシアとマレーシアでは、前年一一月からの異常な降雨（ラニーニャによるとされる）がパーム油の原料であるアブラヤシの不作を招いたとされる。そのほか、マレーシアではコロナ禍による農園の労働力不足、インドネシアでは国内のバイオディーゼル政策の変更によってパーム油の輸出規制を行ったことも、価格高騰を招いた。ダイズについても、米国でのバイオディーゼル需要の高まりが価格を押し上げた。ここでは原油価格の高騰を通じて戦争が間接的に影響しているかもしれない。

より長期的に見ると、食料の国際価格は一九八〇年代から二〇〇〇年頃までは低い水準を保っていたが、それ以降は上昇傾向が続いている。穀物と植物油については、一九九〇年頃から三〇年以上にわたって長期的に上昇している。食料価格の大幅な上昇は、特に中低所得国では深刻であるが、多くの国で労働者の家計を圧迫して工業部門の生産性にも影響を与え、政治的な統合にもリスク要因となる。

食料価格の上昇は、原油、金属、化学肥料、他の原材料など（食料を含めてコモディティと呼ばれる）の国際的商品の価格と投機的に連動している部分はあるが、農業固有の問題も当然関わっている。そこで重要なのは需給関係を支えている生産性である。農作物の単位面積当たりの収穫量（単収）は、先進国ではここ五〇年ほど、増加のスピードが緩やかになっている。二〇世紀後半の世界的な穀物生産量と平均単収の増加は、緑の革命によって化学肥料、灌漑、高収量品種を用いた集約的農業の技術が中低所得国に普及した影響が大きく、それらが行き渡ってしまえば、単収を増加するためには新たな技術革新が必要になる。そこで、一九九〇年代半ばから遺伝子組換え作物（ＧＭＯ）が普及し、二〇一〇年代からはゲノム編集作物の商業化も進んでいるが、それらの技術が導入されている作物は限定されている。

ＧＭＯは、当初、収穫量を向上させて世界の食料問題を解決する切り札のように言われていた。その後の三〇年間で世界的に普及した主なＧＭＯは、トウモロコシ、ダイズ、ナタネであり、単位面積当たりの収穫量がいずれも増大した。ただし、これらは家畜の飼料用の穀物と植物油用の油糧作物、

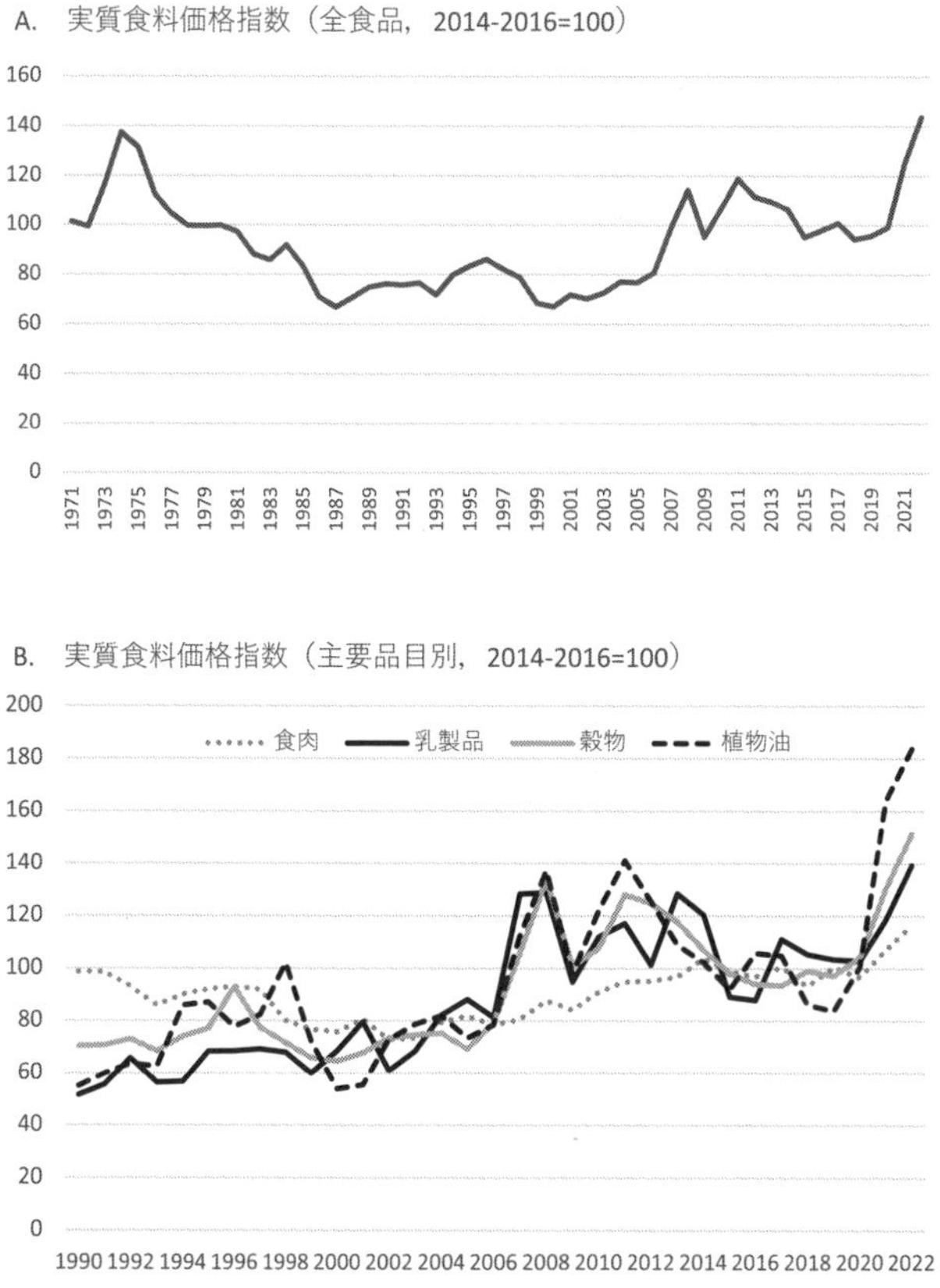

図 0–1. 世界の実質食料価格指数の推移　A：全食品，B：要品目別
FAO のデータに基づいて筆者作図.

つまりここ三〇年間にわたって最も価格が上昇している食品の原料作物である。これは何を意味しているのだろうか。

新しい科学技術に楽観的な見通しは付き物だが、穀粒の大きさや数など、連続的に変化する量的形質の遺伝は、関係する遺伝子が多数あることによって説明できることが、すでに二〇世紀の初めに知られていた。[1] そして、二〇世紀末の遺伝子組換え技術では、多数の遺伝子を狙って改変することは難しかった。ゲノム編集技術でそれが可能になってきたが、このような量的形質遺伝子座（quantitative trait locus, QTL）の解析と改変は始まったばかりである。[2] GMOの導入は、雑草や害虫の効率的な防除を可能にすることによって、確かに単収を増加させた。[3] しかし、雑草や害虫に抵抗性が現れてきていることもあり、今後も同様な増加傾向が維持できるかどうかは明確ではない。また、農産物は市場を介した需給バランスによって価格が決まるので、単収が増えたからといって食料価格の低下につながるとは限らない。農産物価格の上昇は、農業経営者にとっても改良種子を販売する企業にとっても、利益を拡大する機会となるので悪い話ではない。

現在の食料価格高騰でもう一つ重要な問題は、今後の生産性向上のための技術革新が不透明であっても、需要が拡大していることである。工業化が進んだ中低所得国、新興国で、食肉、乳製品、加工食品の需要が急速に拡大している。その結果、飼料穀物と油糧作物の栽培面積を拡大するために、南米やアフリカで森林破壊が起こっている。二〇〇三年から二〇一九年までに作物の栽培面積は全世界で一〇四メガヘクタール増加したが、減少している地域もあるため、新たに農地として増えた面積は二一八メガヘクタールに達しており、これは二〇〇三年の全栽培面積の一七%に相当する（ちなみに、二〇一九年の総栽培面積は一・二ギガヘクタールである）[4]。さらに、これらの作物の大量生産と流通が化学肥料や長距離輸送など、化石燃料とエネルギーに依存しているため、それらの価格高騰の影響を受けやすいことである。飼料穀物やサトウキビはバイオエタノール、油糧作物はバイオディーゼルといった、エネルギーとの競合も価格を押し上げる要因である。二〇二二年の高騰には、新型コロナウイルスによる経済活動の停滞が二〇二一年後半に終わり、エネルギー需要が高まったことも背景にあるだろう。

ところで、人獣共通感染症である新型コロナウイルスのパンデミックは、国連環境計画と国際家畜研究所の報告によると[5]、これらの食料生産における様々な変化と無関係ではない。飼料穀物や油糧作物の栽培面積の拡大に伴って森林と野生生物の生息地が減少したこと、食肉需要の高まりに対応する畜産や酪農の拡大の結果として野生生物と家畜の接触機会が増加したこと、そしてそれらの動物や病原体が国境を越えて都市に移動すること、すなわち食料生産のグローバルな拡大によって自然と社会が入り組んで相互作用することが、人獣共通感染症の蔓延に関係していると考えられている。食料価格の高騰は、作物や家畜の大規模で工業的な生産をさらに加速し、このような相互作用を強めるであろう。

現代の社会では、自然と社会の距離感やその相互関係についての意識が、二〇世紀から大きく変化した。それが、「人新世」という概念の普及にも現れている。かつて「大自然」と呼ばれ、人間の社会もその中に含まれると考えていた自然はなくなり、自然の隅々にまで人間の足跡が印されている。東南アジアでのアブラヤシの不作については前に述べた。新型コロナウイルスの宿主であるキクガシ

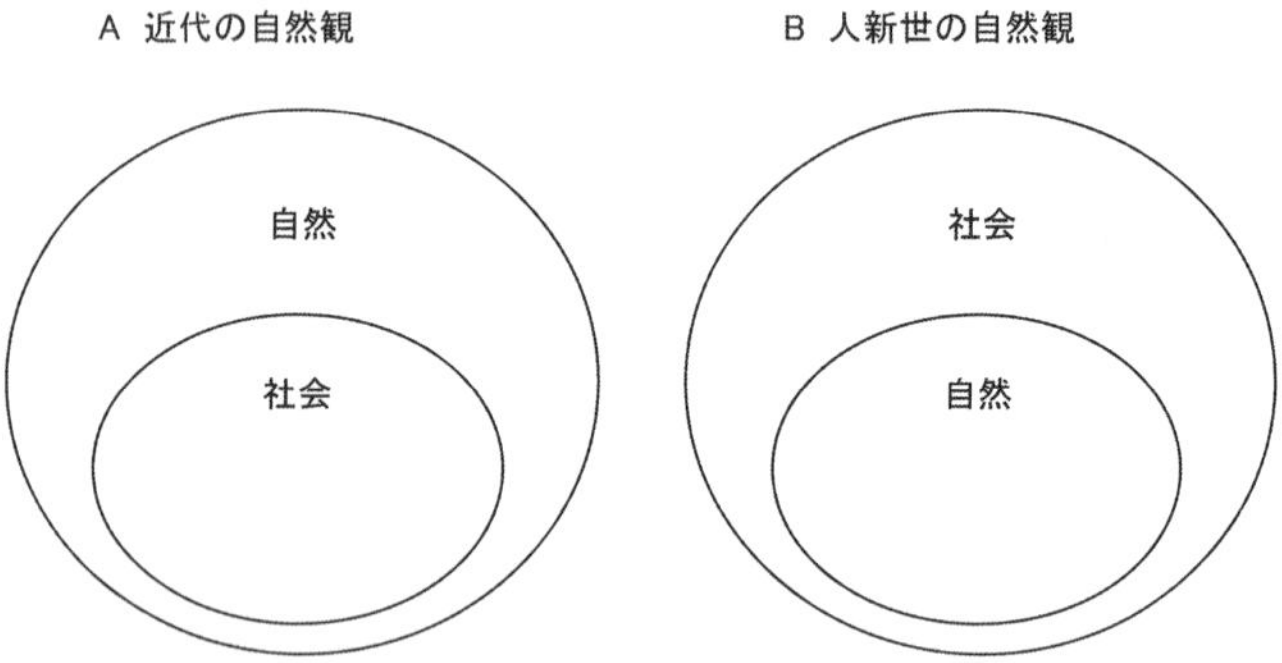

図0－2. 空間的概念としての自然と社会
A：近代の自然観．社会は自然の中にあり，自然の脅威に立ち向かい，天然資源を利用する．
B：人新世の自然観．自然は社会の一部となり，社会は自然に手を加えて創生する．筆者による．

ラコウモリも、気候変動の影響で生息地が大きく変わったという報告がある。[6]どんな野生の生物も、人間が引き起こした気候変動の世界に生きている。炭素に換算した家畜の全バイオマス量〇・一ギガトンは陸上野生生物の全バイオマス量〇・〇〇三ギガトンを大幅に上回る。[7]全陸地面積の一二％がすでに農地である。[8]つまり、農業が世界経済のなかにあるように、自然は社会の外側ではなく内側にあるという考え方である（図0–2）。

この考え方は、自然と社会を内側と外側がある空間的な概念として捉えている。自然と社会を空間的に分離するゾーニングの考え方も、自然保護の現場でよく用いられる。しかし、空間的な自然と社会の間に境界を設定して、両者を質的に異なったものとして、逆にいうとそれぞれの内部は均質なものとして想像することは妥当であろうか。「人新世」がいつ始まったかは議論の分かれるところだが、一万年以上前の農耕の開始はもちろん、それに先立ちメガファウナと呼ばれる巨大動物の大量絶滅も人間によるとする説がある。つまり、現在よりもはるかに前から、自然は人間社会の痕跡を含んでいたはずである。このような「人新世」の気づきから、二つの方向性が生じる。一つは、これ以上自然への干渉を止めて、自然の中に納まる社会をつくるべきだという近代までの自然観を維持する方向である(図0-2のA)。もう一つは、人間による自然の改変は事実として受け止めて、近代までの自然観を反転させる。人間が積極的に自然に手を加えて、望ましい自然を作り出すべきだとする人新世の自然観を確立する方向である(図0-2のB)。どちらに進むべきなのだろうか。

私はどちらも正しくないと考える。そもそも、空間的に自然と社会の関係を考えることは、無理があるのではないかと思う。本書は、自然と人間の関係が変化しているように見える現代社会において、両者の関係をどのように把握し、見直していったらよいのかを考える試みである。

作用としての自然と技術の関係

自然を空間的な概念としてではなく考えるとすれば、どういうことになるだろうか。

フィンランドの環境倫理学者ヘレナ・シーピによると、自然であること(naturalness)は対象や存在のほかに、出来事(event)や作用(action)を表す場合がある。[9] したがって、自然なモノやその集合が自然の空間的概念を構成するのに対して、自然な出来事や作用は、個別のモノや人が変化する過程を表すと考えることができる。ここで、作用は出来事に含まれる。そして、出来事が自然かどうかはモノや人の属性ではなく、シーピによると、それを構成する作用や過程が有する歴史や関係によって異なった理由付けがなされ得るとする。

歴史による理由付けでは、ある出来事が自然であるか否かは、過去から現在まで人為的な作用がどの程度その出来事を構成しているかに依存する。新型コロナウイルスがコウモリから人間に感染するように変異した背景には、前述のように人間が環境に及ぼした作用も影響していると推測されるが、他の生物や環境の作用、そしてそれら三者の相互作用による部分も大きいと思われる。すなわち、この感染症には、自然的および人為的な作用が互いに関係しながら混ぜ合わされていることになる。

関係による理由付けでは、人間との関係が深い、慣れ親しんでいる対象や出来事を自然であると感じる。逆に、経験したことがない新奇なものを、人びとは不自然であるとみなす。ここでは、人為かどうかではなく、古くから知られている、つまり過去に何度も相互作用が行われたものと、新たに作用がなされるものが区別される。人為的な作用でも、それがよく知られていれば不自然ではない。逆に、人間に依存しない作用で、経験のないものは不自然であることになる。選抜や交配による作物の育種は自然だが、遺伝子組換え技術は不自然であるとみなされる。非人為的で新奇なものは実際には稀であり、宇宙人が訪ねてくることは自然ではないと思われるが、未知の生物や物質を誰かが発見することはよくある話なので、それほど不自然とは思われない。

以上の考察によると、過去になされた自然に対する人為的な作用、現在および未来における新たな関係は、どちらも不自然であるとみなされる。これらの自然に対する作用＝関係の築き方を技術と呼んでみよう。歴史的に行われてきた自然の過程への人為的な介入は、狩猟採集、作物や家畜のドメスティケーションから産業革命に至るまで、広い意味での技術である。そして、現代のシェールガス・

オイルの採掘やゲノム編集を用いた遺伝子ドライブのように、新しい作用や関係を生み出すのも技術である。これらの技術は、それら自体が微小な人為的・自然的作用の関係複合体であり、またそれらがさらに他の関係と混ぜ合わされ絡み合って、気候変動や種の絶滅やパンデミックのような出来事を構成している。

例えば、現在の天然ガスの生産量はアメリカがロシアを上回っているが、これは二〇〇五年頃から始まった「シェール革命」と呼ばれる技術革新による。シェールガスは、石油の根源となる頁岩を破砕することで採取される。石油開発技術者による簡便化された記述では、北米で見つかった頁岩層に対して、水平坑井《こうせい》、水圧破砕、マイクロサイスミックという三つの技術を適用することで、コスト効率のよい採取ができるようになったとされる。[11] しかし、頁岩層の構造は複雑で多様であるため、ある坑井で適用できた手法や条件がそのまま他の場所で使えるわけではない。一例を挙げると、頁岩層には自然の亀裂があり、さらにそこに水圧破砕によって亀裂を伸長させるが、水圧をかける流体（ジェル）や亀裂を維持するための砂状の物質（プロパント）の質や量を、その頁岩層で見られる自然の亀裂の状態に応じて変更する必要がある。[12] 他の技術についても同様である。一般的に、天然鉱物の採掘では当然のことであるが、採掘技術はその場所の自然の状態に合わせてローカライズされなければならない。ここでローカライズとは、技術的介入に対する局所的な自然側の反作用を見極めながら、技術をその場・その時に適応させていくことであり、技術と自然の間のほどよい関係性――必ずしも最適であるとは限らない――の構築である。言い換えると、生物・非生物を問わず、自然はある種の能動性、作用の起点としての性質を持っていて、技術はその自然との間に関係を築くのである。

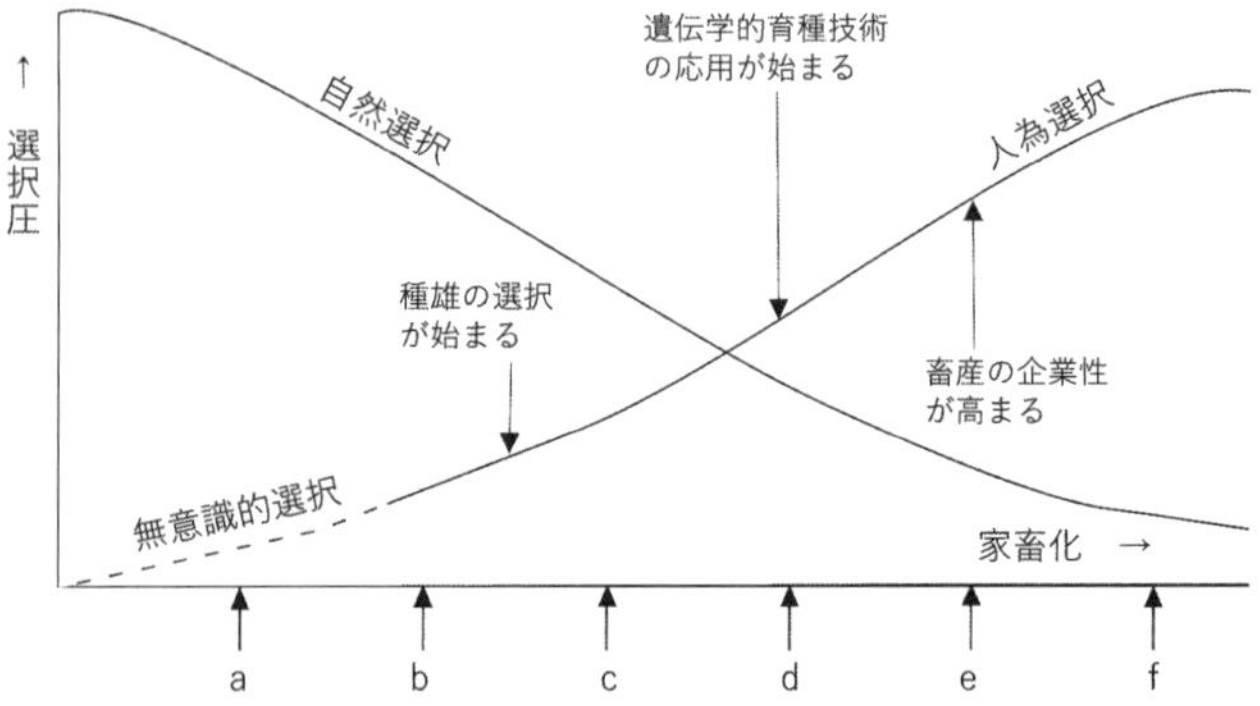

図 0–3. 家畜化の様々な段階（野澤 , 1975 に基づく）
a：人の環境への接近・侵入（ネズミ類，スズメ，犬，猪），b：生殖期の雌を野に放って種付け・子取り（象），c：家畜集団に野生原種が侵入・種付け（放飼鶏・豚），d：放牧を含む飼養管理，e：人工授精技術，後代検定技術，f：実験用小動物・近交系作出

シェールガスの採掘の場合、それが実際に出来事として持続的に構成され続けるためには、原油や天然ガスの国際価格や環境配慮へ適合させることも必要である。ガス自体はメタンが主なので温室効果は既存の天然ガスと変わらないが、化石燃料依存を減らすという国際的な目標には適合しない。さらに、水圧破砕に用いる化学物質による水質汚染の問題があり、これらの自然環境との関係もまた、コストや法的規制を介してシェールガスの採掘の実現可能性に影響を与える。

このように、現代における特定のエネルギーの確保という出来事において、人為的な作用としての技術と自然の作用は相互作用を通して分かちがたく織り込まれている。そもそも、日本の特許法第二条に「この法律で『発明』とは、自然法則を利用した技術的思想の創作のうち高度のものをいう」とある。技術はつねに自然を利用している。したがって、技術から自然を除去することはできない。それは、自然から人間の作用を実質的に除去できなくなっていることよりも、もっと根源的な関係による。

自然を空間的概念ではなく作用を表す概念と捉えるならば、その対概念は社会ではなく人為的な作用としての技術になり、両者は絡み合って時間・空間における現実の出来事を構成していると考えることができる。この考え方では、自然な作用を要素とする集合から、技術を要素とする集合を分離して、両者の間に境界が存在するかのように表象することは適切ではない。可視化するとすれば、自然と技術の相互関係をグラデーションとして表す方法であり、それは既に試みられている。図0−3は、日本の遺伝学者の野澤謙が、一九七五年の論文において進化論の自然選択説に対して人為選択による家畜化の技術を重ね合わせたものである[13]。

チャールズ・ダーウィンは、一九世紀に行われていた人為選択による家畜の品種改良技術をヒントに自然選択説を提起した。つまり、進化における自然選択と家畜化（ドメスティケーション）における人為選択は質的には異ならない、量的には連続した過程である。両者の違いは選択圧が何に由来するかであり、ドメスティケーションでは、つねに複数の多様な選択圧が生物の繁殖に作用しているので、自然選択と人為選択は混ぜ合わされた状態にある。

例えば、図0−3のaでは、動物側が能動的に人間の居住場所に近づいてくる。オオカミからイヌへのドメスティケーションも、狩猟採集を行いながら移動する人間集団が捨てた食料残渣をあさるオオカミが選択されるところから始まるとする考え方がある。環境による自然選択とみなしてよいだろう。最初に人間集団と行動を共にするのは仔犬だっただろう。その後も、野生の状態と餌を与えられる状態を行き来しながら、徐々に従順な個体が無意識的に選択されたであろう。図の横軸は時間の進行ではなくドメスティケーションの段階であり、自然と技術の比率が異なるが、可逆的な過程である。つまり、右に行ったり左に行ったりすると考えよう。家畜の再野生化はすでによく知られた現象であった。東南アジアの闘鶏用の鶏では、野生性を導入するために在来鶏に野鶏を掛け合せることも行われてきた。

bは、人間の飼育下にある雌を放して、野生の雄とつがわせることで性質を維持・改良する技術である。野澤がつけたキャプションでは象が例示されているが、南アジアや東南アジアの牛や豚でも同様の慣習が知られている。ここでは、人為的に自然が利用されており、自然選択と人為選択が絡まり合っている。

ドメスティケーションの最も極端な段階は、生殖過程を人間が完全にコントロールすることであるが、例えばゲノム編集技術で遺伝子レベルの操作を行う場合でも、胚の形成から出産までは動物の自然の作用に大きく依存している。簡単な細胞ですら、現在の合成生物学はゼロから作ることができない。シェールガスの主要な成分であるメタンを、自然を利用せずに作ることができないのと似ている。特許法が定義しているように、技術とは自然を利用する方法であり、本来的に自然と技術を分離することはできない。したがって図0-3の右端でも、自然選択圧はゼロにはならない。ところが、自然の空間的概念のように、自然と技術をどのように境界付けるかが、とくに政治経済的な領域では重要な課題となっている。この矛盾を考えることが本書の主要なテーマである。

この自然と人間の境界が自然の変形の度合い、つまり技術の強度と逆相関することを示したのが鳥越皓之による図0-4である。これは、環境社会学の教科書で、現代社会の市民が自然環境とかかわ

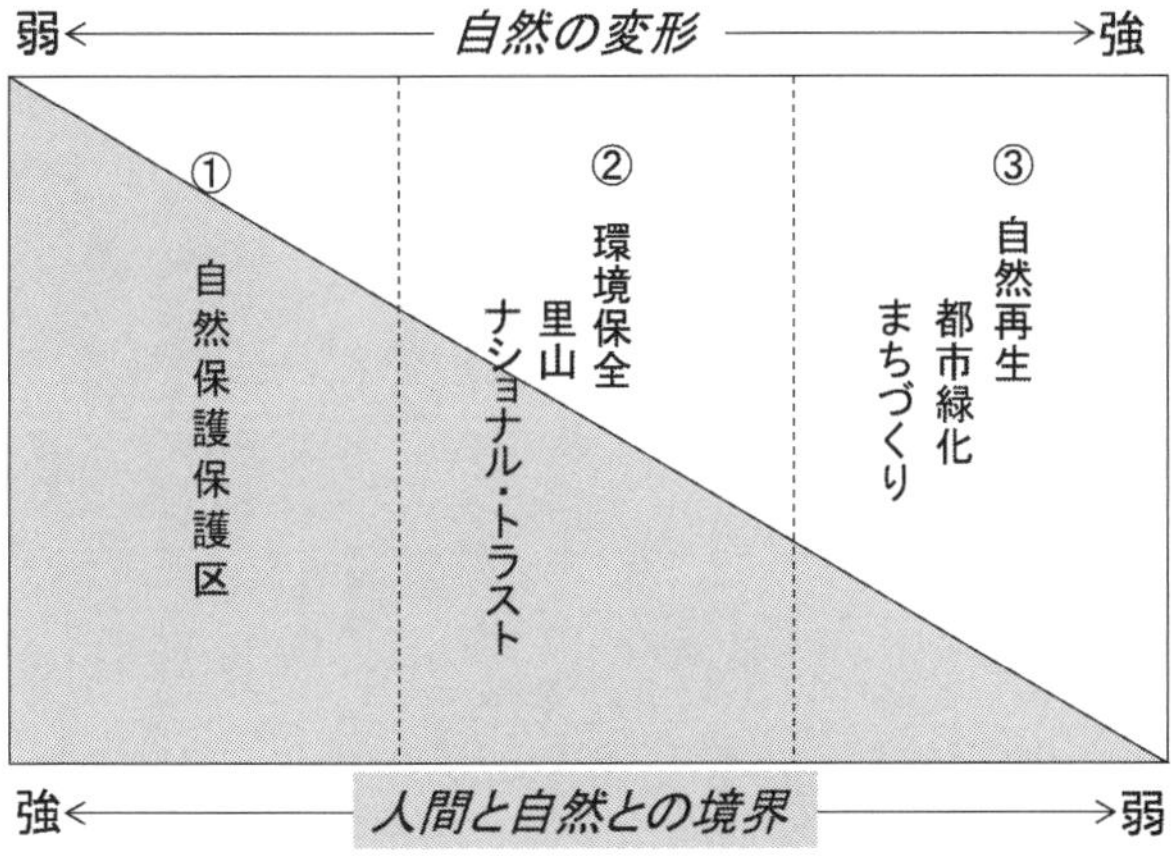

図 0–4. 自然の変形と境界付け（鳥越，2004 に基づく）
鳥越皓之（2004）『環境社会学』東京大学出版会，p.19 図 2–1 に基づく．
図 0-3 と比較するため，オリジナルの図と左右を反転している．

る様々な場面での関係性を概念化したものである。グラデーションを基調としていることは家畜との関係を表した図０－３と似ているが、自然に及ぼす技術の強度と人間と自然の境界（恐らく空間的な境界であろう）が逆相関する点は異なっている。図０－３では、横軸のどの位置でも自然と技術に境界があるかどうかは問題になっていない。ただそれは、動物に対する選択圧として加わる個々の作用の源として区別されている。

また、図０－４の①～③はあくまでも人間を行為者として観察した場合の区分であり、獣害問題、人獣共通感染症、都市に侵入した生物が受ける「人間が誘発する急速な進化的変化（human-induced rapid evolutionary change, ＨＩＲＥＣ）」といった生物側の能動的な作用を伴う出来事については作図の対象になっていない。逆に、図０－４では技術に限定されない人間と自然の関係も視野に入っているように見える。人びとの自然との距離感、自然への感情、自然に関わる文化などである。広い意味の技術を考える場合、例えば農業でも獣害問題でも、それらの感情や文化を技術から切り離すことはできない。本書はそれらを射程に入れないわけではないが、人間を中心にした議論はできるだけ避けたいと思っている。感情や文化についてのフォーカスはかなり甘くなることをご容赦いただきたい。

自然と技術の関係論

ここで私の立場と目的を明確にしたい。私の専門は科学社会学と環境社会学である。ここまで作用という言葉を使ってきたように、本書では人間とその行為主体性を特別視せずに、他の生物やモノを人間と対称的に扱いたいと思っている。主体と客体、主体と構造のような二元論的な社会理論は、多様な角度から批判されてきた。アクターネットワーク理論[14]、集合体理論[15]、ポストヒューマニズム[16]、関係論的人類学[17]、マルチスピーシーズ民族誌[18]など、新物質主義[19]とも呼ばれる近年の動向は、人間中心の理論を刷新する試みである。しかし、それらも人間による認識であり、フラットな一元論にすれば問題が解決するとは思わない。ただ、モノを含む社会のあり方を問う視点は、人間と自然の関係を再考する上で有益な洞察を引き出し得ると考える。

前節ではオオカミのドメスティケーションの例を挙げたが、植物の場合はどうだろうか。狩猟採集民がジャングルで果実を見つけて野営地に持ち帰る。そこで、種が捨てられていつか発芽する。その時には、狩猟採集民は既に移動しているだろうが、年月を経て同じ集団が、あるいは別の集団が、その植物がなぜか群生している場所を訪れるかもしれない。この過程は意図的な行為ではない。また、人間が作用の起点であるとも言えない。植物にとっては、昆虫、鳥類、哺乳類などの動物が好む果実によってそれらを誘引して種子を散布させる能動的な作用であるとも言え、そのような果実をつける植物が自然選択されてきた。最初の段階では、人間もその動物の一種に過ぎない。

オオカミの場合も、狩猟採集民の集団についてきた、あるいはその集団によって（捕食目的で）殺されたオオカミの群れのなかの子供が、集団の女性や子供によって愛玩動物として生け捕りにされたとすると、それは植物の果実を持ち帰る場合と似たパターンである。そこで、愛くるしく従順な子オオカミが選択されたとして、どちらに作用の起点があるのか。ここで、人間の意図的な行為とみなすか、子オオカミの生存率を高めるためのオオカミ側の戦略とみなすか、そのどちらでもないと考えるのかは視点による。

自然の非意図的な作用と人間による意図的な作用は、もちろん異なった事実として存在する。自然と技術の区別は完全に恣意的なカテゴリとは思えない。しかし、現実に起きている出来事では、自然の作用と技術の作用は常に何らかの関係を持って絡み合っており、両者を排他的で純粋な形で取り出すことは難しい。また、純化して取り出すことに大きな意味はない。ただし、自然とされる出来事の中に技術を、技術とされる出来事の中に自然を見出すことは、両者の間に引かれる境界線を自明視することへの警鐘とはなるであろう。なぜなら、あらゆるところに境界線を引くことが人間活動の本質だからである。

自然には境界がない。ところが、人間の認識はカテゴリ化することから始まる。何かを数えるためには同じカテゴリに属すると認めることが必要である。カテゴリ化とは境界の確定である。そして、世界が分節化されて秩序が生じ、土地やモノは区画されて所有権が生まれ、やがて国境線が引かれる。人とモノは縦にも階層化されて、価値によって順位付けされる。

　カテゴリは集合概念で表すことができ、閉じた集合と考えれば外部が想定できるので境界が生まれる。これは空間的な想像力である。図0‐2で見た自然の空間的概念化も、同じ想像力に基づいている。これに対して、図0‐3に表れている作用としての自然、作用としての技術は、始点と終点を持つ動く線であり、異なった人やモノを結び付ける関係的な概念を示している。関係的な作用をいくら集めても、境界は生じない。むしろ、関係的な動線は境界を突破する力である。

　技術は境界を超えて作用し、これまでとは異なった人やモノを結び付け、カテゴリを作り直す。ドメスティケーションによって外敵だったオオカミが伴侶動物になり、斧や火は森を耕地に変え、鉄や銃は誰が支配するかを変える。これまでのカテゴリの境界は揺らいで境界線は移動するが、なくなるわけではない。オオカミとイヌの間、原生林と里山の二次林の間、植民者と先住民の間には、新たな境界線が引かれ、新たなカテゴリが生まれる。境界線を維持するのは、技術そのものというよりは、それを支える文化である。境界線は宗教や法律によって神聖化され、制度や組織によって保守される。

　商業は境界線のこちら側と向こう側の差異を利用して利益を得る。初期形態と考えられる沈黙交易[20]では人間は境界線を超えずにモノだけが移動する。しかし、徐々に冒険者が専業の商業者となり、あるいは戦争や征服が行われることで、一部の人とモノが境界を超えて移動して、商業資本が生まれていくことになる。商業資本にとっては、カテゴリが閉じていて境界があること、しかし商業資本と貨幣は境界を超えて自由に移動できることが利益の源泉であった。

境界を作る技術は、空調機や冷蔵庫に似ている。夏場の空調機は冷媒とエネルギーを使って内側の熱を外側に捨てることで温度差の境界を作り出す。内部は涼しく快適になるが、外部は暑く不快になる。使ったエネルギーに見合うだけの利益が内部で得られれば境界は維持されるが、そうでなければ境界は消えてなくなり熱は平衡状態に達し、つまり技術は捨て去られるか、世界全体に普及して陳腐化する。

このような境界形成型の技術が広がるのは、ルネサンス期のヨーロッパで、技術そのものと自然との間に強固な、しかし揺れ動く境界線が引かれ始めてからである。自然を人間の外部にある空間として俯瞰的に捉え幾何学化・数量化する試みの一端が、一五世紀に北イタリアの建築家・画家レオン・アルベルティ（Leon Battista Alberti, 1404–1472）が発明した遠近法の技術に表れている。それはこの時代の北イタリアやフランドル地方から始まった、貿易、会計、航海術、測量、地図作成、砲術などの新しい技術とともに、人間の主観ではなく客観的な数値で自然を空間的に把握しようとする一連の企図であった。[21] そしてそれらの世界観の変革が、一六世紀の大航海時代と植民地獲得競争、一七世紀の科学革命へとつながっていった。

このような世界観の転換が、自然の空間的概念化を推し進めたであろう。科学革命によって普遍化し抽象化した技術は自己の定義を刷新し、技術は自然と連続するものではなく、自然の外側にあって自然を利用して支配し、後には自然を自らの内側に作り出すものとみなすようになる。技術は素材としての自然との間に境界線を引き、自然は遠近法的な視点によってさらに細かくカテゴリ化されてきた。世界システム論とエコロジーの統合を試みているジェイソン・ムーアは、資本主義世界システムを世界＝生態と読み替え、自然と資本主義が相互に生産される歴史について「近代の共‐生産の核心にあるのは、人間と非人間との境界のたえまない引き直しである」[22]と書いている。

本書は、自然と連続した技術という作用的・関係的な視点を維持しつつ、境界線によるカテゴリ化の様々な様相を探索することによって、それが誰のどのような思惑で行われてきたのか、それが何をもたらしたのか／もたらすのかを検討したい。と言っても、自然や技術の全体像を描くことは筆者の力量では到底できないことなので、動植物のドメスティケーションから現代の育種までの経緯に限定したうえで、さらに特徴的な事例に絞ることになる。したがって、カテゴリ化の問題を一般化することはできないが、いくつかの傾向を指摘することは許されるであろう。

また、カテゴリ化を批判することが、直ちにカテゴリを消し去ることにはつながらないだけでなく、逆に新たなカテゴリ化を必然的に生じることも認識すべきである。私たちはつねに再カテゴリ化を繰り返しているのであり、本書もまた既存のカテゴリを批判しつつ、再カテゴリ化を行う。科学人類学者のドナ・ハラウェイ（Donna Haraway）は、人間性を脱構築しようと試みているポストヒューマニズムの理論動向に対してカテゴリ化（category work）を批判することの重要性を認めながらも、下記のように答えていた。

カテゴリを神格化しないように。批判したからといって、それが消えると考えてはいけません。あなたやあなたのグループが、それがどのように機能するかを理解したからといって、それがなくなるわけではないのです。[23]（Gane 2006, When We Have Never Been Human, What Is to Be Done?: Interview with Donna Haraway）

ハラウェイは自然と文化の二元論を批判するが、一元論を支持するわけではない。彼女はGMOが商業化された一九九〇年代の植物遺伝学の教科書に「自然は遺伝子工学者だ」と書かれていることを、「自然と文化についての逆転した語り」であると批判していた。[24]これは、「文化（遺伝子工学）は自然である」という近代科学の唯物論的な一元論が、「自然は文化である」という文化構築主義的な別の一元論にすり替わっていることを揶揄しているのだが、自然と技術の連続性の一元論的主張に対する批判であるとも読める。重要なことは、二元論か一元論かではなく、その自然観の表明が何を目的として何をもたらすかである。

私はこれまで、遺伝子組換えからゲノム編集に至る遺伝子操作技術が研究開発・商業化される過程、それに消費者団体や環境保護団体が抵抗する過程を、科学社会学の観点から分析してきた。そこで見出されたことは、遺伝子操作技術はこれらの人びとの間で異なった仕方でカテゴリ化されている、ということである。ハラウェイに倣って考えると、どちらのカテゴリ化が正しいとか、両方とも間違っているとか、そのようなことではなく、そのカテゴリ化が自然と技術の関係についての歴史からどのような影響を受けていて、そこから何が生じるのかを明らかにすることが重要であると考える。

ちなみに、科学技術社会論という学問領域では、遺伝子組換え生物をめぐる論争を、ある問題が生じたときに人びとの相互行為の結果として生じる解釈枠組み、つまりフレーミングの違いであると論じてきた。[25] しかし、フレーミングはミクロの相互行為を詳細に分析したアーヴィング・ゴフマン（Erving Goffman）の社会学理論であり、他者との相互行為のなかでその都度状況に応じて作られていくものである。本書はこのようなフレーミングではなく、より安定した状態で持続するカテゴリ化を問題とする。遺伝子操作技術に関する科学者や専門家の立場は、これまでの科学理論の歴史的な蓄積に基づいて、法制度に反映され、教科書に書かれ、そこから開発企業が利益を得ることのできる相対的に安定した境界付けに基づくものであり、論争の場で作られる状況の定義によるものではない。遺伝子操作技術に不安を感じる社会運動の担い手の立場も、過去の環境問題や食品汚染の歴史を踏まえ、国際的な有機農業運動や自然保護運動の知識と経験に基づいたカテゴリ化されたものだと考える。本書のテーマである自然と技術の境界付けも、解釈枠組みとしてのフレーミングではなく、複数のフレーミングが集合し歴史的に蓄積した結果としてモノと人が秩序付けられて配置されるカテゴリに関するものであり、そのカテゴリが前提となって現実の制度や規範を形成していると考えよう。

以下では、このようなカテゴリ化による境界付けの例を、ゲノム編集を行った作物と食品についてみてみよう。

ゲノム編集の自然さ

血圧を下げる効果があるとされるＧＡＢＡを多く含んだトマト、可食部を増量した肉厚マダイ、成長の早いトラフグなど、ゲノム編集生物に由来する食品が市場に流通し始めている。いずれもゲノム編集であることを前面に出しての商品開発であるが、日本の消費者庁は表示義務を課していない。農水省や厚労省への届出は必要とされているが、罰則があるわけではない。これらの食品で用いられているゲノム編集は、もちろん遺伝子操作の技術を使って生物を改変しているのだけれども、その変化は自然界で起きる変異と区別がつかない。それがこれまでの遺伝子組換えの生物や食品と違って、環境放出や食品の審査、表示義務が行われない理由である。

この方針は、二〇一八年の環境省中央環境審議会遺伝子組換え生物等専門委員会の下に設けられた「カルタヘナ法におけるゲノム編集技術等検討会」の答申が基礎になっている。ここでカルタヘナ法とは、生物多様性条約のバイオセイフティに関するカルタヘナ議定書に対応する国内法のことである。そこで行われた議論の焦点の一つは、ゲノム編集の自然さについてであった。

例えば、次の引用はこの検討会の議事録からである。

（委員）そうです。この前、農作物分科会のほうで問題になって、野性《ママ》型というのは、自然界にそのままあるものじゃないかという先生がおられたので、そうじゃなくて農作物なんかだと、育種の過程でいろいろなものが出てきていますよね。それを真似るようなというか、模倣するような変異を入れた場合、どうなるかというようなことを今聞きたかったんですが。

（委員）おっしゃられるとおりです。農作物にも、かなりmutagenesisが入っている状態で、今のカルタヘナ法のくくりで考えるということになると、それ以前のものに関しては、一応、自然界に存在し得るもの、今までの技術で作出し得るものということですので、栽培種に関しても、今あるものに関しては、一応、自然という言い方がおかしいとは思うんですけれども、自然界に存在し得る生物という認識で考えております。

（委員）カルタヘナ法では、いわゆるガンマーフィールドとか、化学触媒とか、つくった品種改良等をやったものはカルタヘナ法の対象になっていないんです。そうやってできた、いわば人工的な株の遺伝子をほかの種に入れたとしても、ほかの種はまずいんですが、同じものであれば、それはナチュラルオカレンスの概念にはまると思います。（環境省「カルタヘナ法におけるゲノム編集技術等検討会第2回」二〇一八年八月二〇日の議事録から）

一人目の委員は、野生型の作物、つまり遺伝子操作を行っていない作物をどう考えるべきかと問題提起している。二人目の委員がそれに対して、作物も自然であると答えている。mutagenesis は突然変異を誘発する育種方法で、放射線や化学物質が用いられる。三人目の委員が言及したガンマーフィールドは、放射線であるガンマ線を発生する装置を中央に置いた実験圃場で、突然変異による品種改良に使われる。それは「人工的な株」だが自然であり、その遺伝子を同種の作物に入れてもGMOにはならないとの発言である。ここでナチュラルオカレンスとは、二人目の委員の発言にある「自然界に存在し得る」という字義通りの意味で使われている。[26]

これらは委員会での議論であって、実際に策定された指針とは異なる。現在の指針では、同種の作物のDNAであっても、それらが細胞外で加工されてゲノム編集によってゲノムのDNA塩基配列に挿入されれば、GMOとみなされる。それらはカルタヘナ法の対象となり、環境放出や農業や食品として規制の対象になる。規制を免れるのは、外部からDNAを入れない条件下で、細胞に内在する修復機構のエラーによって編集対象のＤＮＡ配列にランダムな欠失や挿入が起こる場合である。この技術をＳＤＮ‐１と呼んでいる。

この議事録でまず気がつく点は、専門家から見た自然が突然変異育種で品種改良した作物品種という技術の領域にまで入り込んでいるということである。それは日常用語での自然と技術の境界線からずれている。それが「自然という言い方がおかしいとは思うんですけれども」という二人目の委員の表現に表れている。ダーウィン以来の考え方として、図０‐３のところで述べたように、自然選択と人為選択を連続するものと捉える見方がある。同様に、作物育種の実験者や実務家にとっては、自然の放射線や紫外線によって起こる自然突然変異と、ガンマ線照射装置によって人為的に誘発する突然変異は得られる結果に変わりはない。ガンマ線照射は放射線量を増やす（茨城県のガンマフィールドは単位時間当たりで日本の平均的な自然放射線量の約三〇万倍を照射できた）ことで、ランダムな突然変異が[27]起こる時間を圧縮するだけだと考えられている。それが、「自然界に存在し得る」ということの意味である。

潜在的に「自然界に存在し得る」ことは、現実に自然界に存在することとは本来は違う。上に引用した委員会の一か月後、厚生労働省の遺伝子組換え食品等調査会では、その点も取り上げられた。そこで、「家畜の場合ですと、ダブルマッスルでミオスタチンの遺伝子の変異をゲノム編集で作る例があるのですが、実はこれは、もう自然の変異体があるのです。……それらとゲノム編集で作ったものは区別がつかないと思います」という発言がなされていた。ゲノム編集と自然界に存在するものが区別できない実例が挙げられることで、潜在的なものは実在的なものになり得る。実際のところ、自然界に存在するのであれば、ゲノム編集する必要はない。潜在的なものも自然であると認められることで、ある種のゲノム編集は自然であるから規制を免除すると言うことができる。

このように専門家が規制を免除する理由に自然さを用いることは、遺伝子組換え技術をめぐる二〇〇〇年頃の議論を思い浮かべると、ある意味では驚きに値する。当時、欧米の消費者団体や環境団体は、GMOの不自然さをフランケンシュタインの怪物になぞらえて批判していた。それに対して専門家と社会科学者は、安全性や環境影響に関する科学的な議論から、自然／不自然という文化的・倫理的なカテゴリ化による懸念は排除すべきであると主張した。

しかし、自然という言葉こそ使わないが、専門家によるGMOの規制に関する政策では、自然なものとの比較が重要な役割を果たしていた。一つは食品としての実質的同等性の概念である。これは、GMO由来の食品の安全性を審査する際に、一般に流通している食品と栄養成分の比率が同等かどうかの比較によって判断する考え方である。もう一つは、環境への影響を評価する際のファミリアリティの原則である。こちらも、これまで同種の作物を同様な自然環境で栽培してきた経験と知識に基づいて、影響の有無を判断するものである。どちらも、網羅的な安全性審査や環境影響評価を行うのではなく、既存の作物や食品、つまり私たちが自然に利用しているものを判断基準に用いる。

この考え方は、ゲノム編集を突然変異育種と比較するという考え方につながっている。誘発した突然変異は自然突然変異と変わらない。突然変異育種した品種はカルタヘナ法で遺伝子組換えには該当しない。それらの作物は自然界で育てられている。ゲノム編集も自然突然変異と変わらない。したがって遺伝子組換えには該当しない。このように自然から技術への連続性が担保される限りは、境界

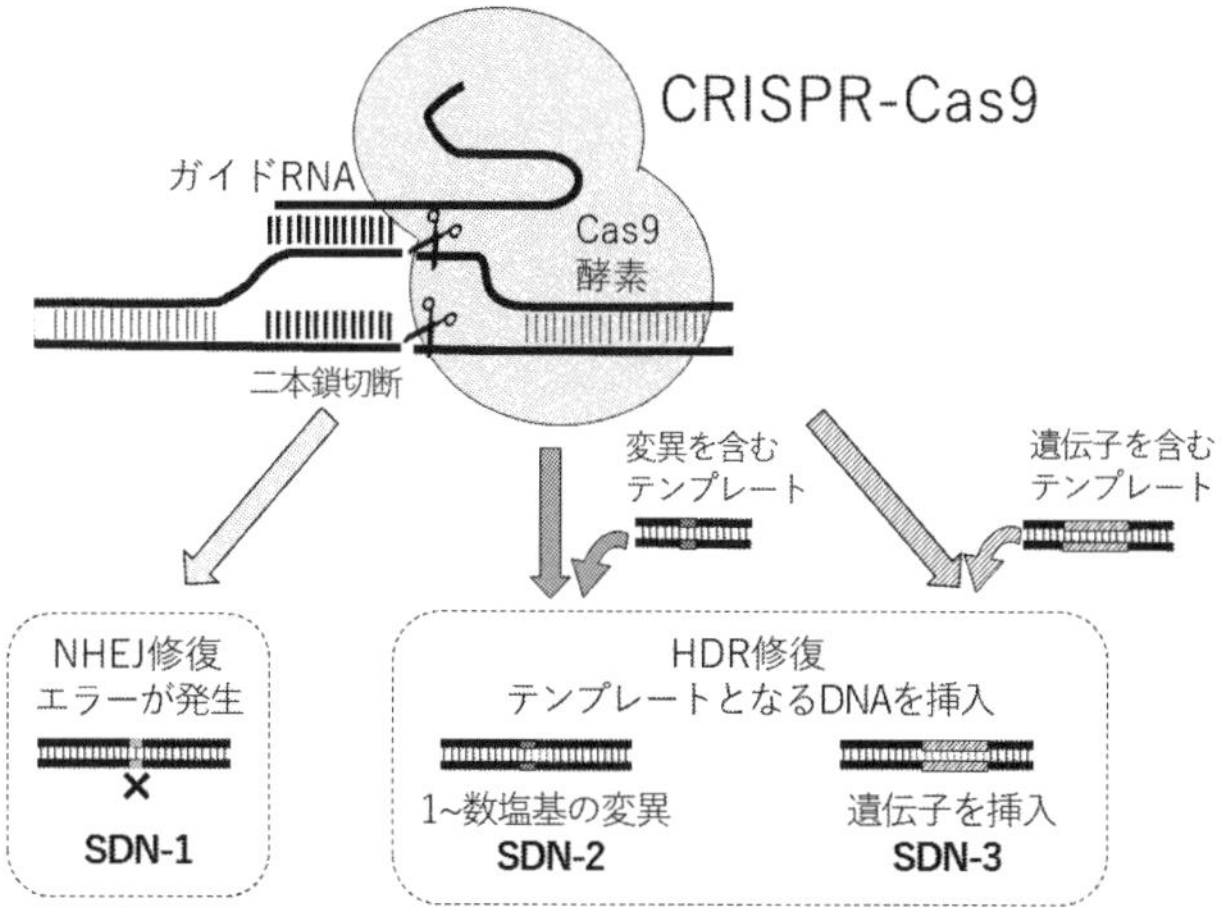

図 0-5. ゲノム編集技術のカテゴリ化

線の内側にあると判断される。

では、どこに境界線が引かれるのか。カルタヘナ法の場合、外部から移入した遺伝子が細胞内に残っているかどうかである。これまでの遺伝子組換え技術では、外部から導入した遺伝子が機能を発揮するためには、その遺伝子が細胞内に留まっていることが必要だった。しかし、前述のSDN−1タイプのゲノム編集では、対象生物の細胞内の遺伝子のDNA塩基配列をわずかに書き換えるだけで、外部から遺伝子は導入しない。SDN−1とは、部位特異的ヌクレアーゼ（site directed nuclease, SDN。ヌクレアーゼはDNAを切断する酵素である）によるゲノム編集技術の一つで、特定のDNA塩基配列の二本鎖を切断するだけである。すると、非相同末端結合（nonhomologous end-joining, NHEJ）と呼ばれる細胞内の修復経路が働き、切断された二本鎖のDNAをつなぎ直す。このときに修復エラーが一定の確率で生じて塩基が欠失したり挿入されたりする。

ＤＮＡ配列は三つの塩基で一つのアミノ酸を１フレームとしてコードしているので、一塩基の欠失や挿入は三つの塩基からなるフレームがずれてしまう。そうすると、アミノ酸の種類が変わったり、場合によっては終止コドンと言ってタンパク質への翻訳を停止する暗号が生じたりすることになる。このような変異をフレームシフト突然変異と呼ぶが、結果として標的とした遺伝子の機能が大幅に失われる。このような突然変異の発生は、放射線照射の場合、あるいは自然放射線による場合と同じである。放射線はＤＮＡの二本鎖をほぼランダムに切断する。そしてＮＨＥＪ経路で修復されるので、同じプロセスで突然変異が起こる。ここに自然突然変異からゲノム編集までの連続性が現れている。ＳＤＮ-１のゲノム編集は、狙った特定のＤＮＡ配列で二本鎖切断を引き起こすために、ＤＮＡ配列を見つけて結合するガイド分子とヌクレアーゼを融合した部位特異的ヌクレアーゼ[28]を工学的にデザインしたところが、放射線による突然変異との違いである。

ところが、同じ部位特異的ヌクレアーゼとともに、修復の差異の鋳型となるＤＮＡ配列を細胞内に移入すると、ＮＨＥＪ経路ではなく相同組換え修復（homology-directed repair, ＨＤＲ）経路によって、その鋳型ＤＮＡが挿入されて修復される。このとき一〜数塩基が挿入される場合をＳＤＮ-２、一まとまりの遺伝子のような長い配列が入る場合をＳＤＮ-３と呼んでいる。どちらの場合も外部から移入した遺伝子が残るので、遺伝子組換えにカテゴリ化される。つまり、ＳＤＮ-１とＳＤＮ-２の間に自然と技術の境界線が引かれる、というのが環境省や厚生労働省の委員会で提案され、最終的に日本政府の方針となった結論である。この方針は、ＥＵを除いた他の主要国と類似している。

動く境界線と競合するカテゴリ

カルタヘナ法は国際条約に対応する国内法であるので、このような方針の国際的な位置づけやその理由も興味深い問題ではあるが、本書の関心からは外れる。自然と技術の境界ということで興味深いのは、ゲノム編集、つまりSDNという共通の素材と方法をもつ技術のカテゴリが、ある部分は自然の延長として規制が外され、他の部分は安全性や環境影響に問題があり得る新奇な人工物として規制対象となるという事態である。さらに、ゲノム編集のような新しい育種技術の進展とともに、専門家によって自然であるとカテゴリ化される領域が広がっていることも逆説的である。境界線は自然の側から技術の方向へ移動している。

ゲノム編集という技術のカテゴリとGMOというカルタヘナ法やその親規定である生物多様性条約カルタヘナ議定書での制度のカテゴリの違いは、遺伝子組換え技術の規制政策が形成される際にプロセス・ベースとプロダクツ・ベースとして区別されていた（これもカテゴリ化である）方法の違いと関連している。技術のカテゴリは育種を行うプロセスに関するものだが、制度のカテゴリは環境に影響を与えるプロダクツの性質に関するものである。GMOの場合、カルタヘナ法は最終産物が環境に与える影響の有無によって規制を行う制度であるため、プロダクツ・ベースで境界を設けるのが合理的であると論じられていた。

ゲノム編集では、実験室内でSDNやその遺伝子を作成したり増殖したりする際に遺伝子工学的な方法を用いる。対象が植物の場合は、GMOをつくるときとほぼ同じベクター系（遺伝子を植物細胞に移入してゲノムに挿入するDNA配列と細菌の組み合わせ）を使う場合も多い。プロセス・ベースで考えるならば、ゲノム編集は分子生物学に基づいた遺伝子工学にカテゴリ化できる。しかし、細胞内で行うことはDNA二本鎖の切断とその修復であるので、プロセス・ベースであっても、放射線による突然変異誘発育種のような物理化学的な技術としてもカテゴリ化可能である。さらに、ゲノム編集の最終産物では、農業で用いる植物や動物の場合は戻し交配を繰り返すことによって、ゲノム編集を行った痕跡が抹消された個体を選別することができる。[29] プロダクツ・ベースでは、突然変異誘発育種だけでなく自然界で起こる突然変異とも区別ができないことになる。

ところが、自然界で起こる突然変異と区別できないとすると、誰かが密かにゲノム編集生物を作って環境に放したとしても、それを確かめる方法はない。つまり、プロダクツ・ベースでは規制政策は無意味になってしまう。そこで、SDN-1、2、3というゲノム編集プロセスに関するカテゴリ化が再び登場することになったのである。しかし、前述のように、プロセス・ベースとするならば、ゲノム編集は遺伝子工学にカテゴリ化することもできるので、環境保護団体はその最終産物もGMOであるとして、SDN-1を規制対象から外す考え方を批判した。これらのことは、ゲノム編集技術においては、遺伝子組換え技術のときに用いられたプロセス・ベースとプロダクツ・ベースというカテゴリ化は有効ではなくなっていることを示唆する。

今から二〇年ほど前、GMOから作られた食品は流通業者や消費者に受け入れられなかった。このマーケティングの失敗は、GMOを商品化しようと投資してきた企業だけでなく、農業分野で分子生物学や育種学を専攻してきた研究者にとっても、大変に残念な出来事だったと思われる。環境省や厚労省の委員会の議事録からは、ゲノム編集技術では同じ轍を踏まないようにしようとする慎重さが読み取れる。それが、ゲノム編集技術は自然に起きていることの延長であるという主張として現れているのであろう。

幾つかの考え方や経緯が錯綜しているので、この状況を初めて知られた読者は混乱されているかもしれない。ここで最も注目すべき点は、新しい技術には古いカテゴリでは収まらない部分があることである。自然に境界はないように、技術にも境界はないのだが、それらを法律や制度でコントロールしようとすると境界線を引いてカテゴリ化することが必要になってくる。コントロールできない自然や技術にはリスクがあるが、すべてを規制することは高コストで困難であるだけでなく、社会の発展を阻害するという見方もある。どこかで境界線を引かなければならない。どのようにリスクを捉え便益を理解するかによって、異なったカテゴリ間の競合も起こる。しかし、自然も技術も境界線を越境してどのようなカテゴリからも溢れ出ることがある。これを第3章では氾濫という概念で把握したい。

カテゴリの競合とフレーミング

制度的に安定化された境界付けとして、ＳＤＮ-１のゲノム編集は専門家によって自然の延長線上にあるとカテゴリ化されたが、誰もがそのカテゴリに納得したわけではない。一部の環境保護団体は反対し、ＥＵではＳＤＮ-１も含めてＧＭＯとして扱われている[30]（二〇二三年に見直しを検討中）。日本の消費者団体も表示を求めている。

図０-６は日本の消費者団体が主催するゲノム編集に関する講演会に参加した人びとへのアンケート調査の結果を示す。ゲノム編集はＧＭＯよりも未経験でわかりにくく、交配による育種の対極にあ

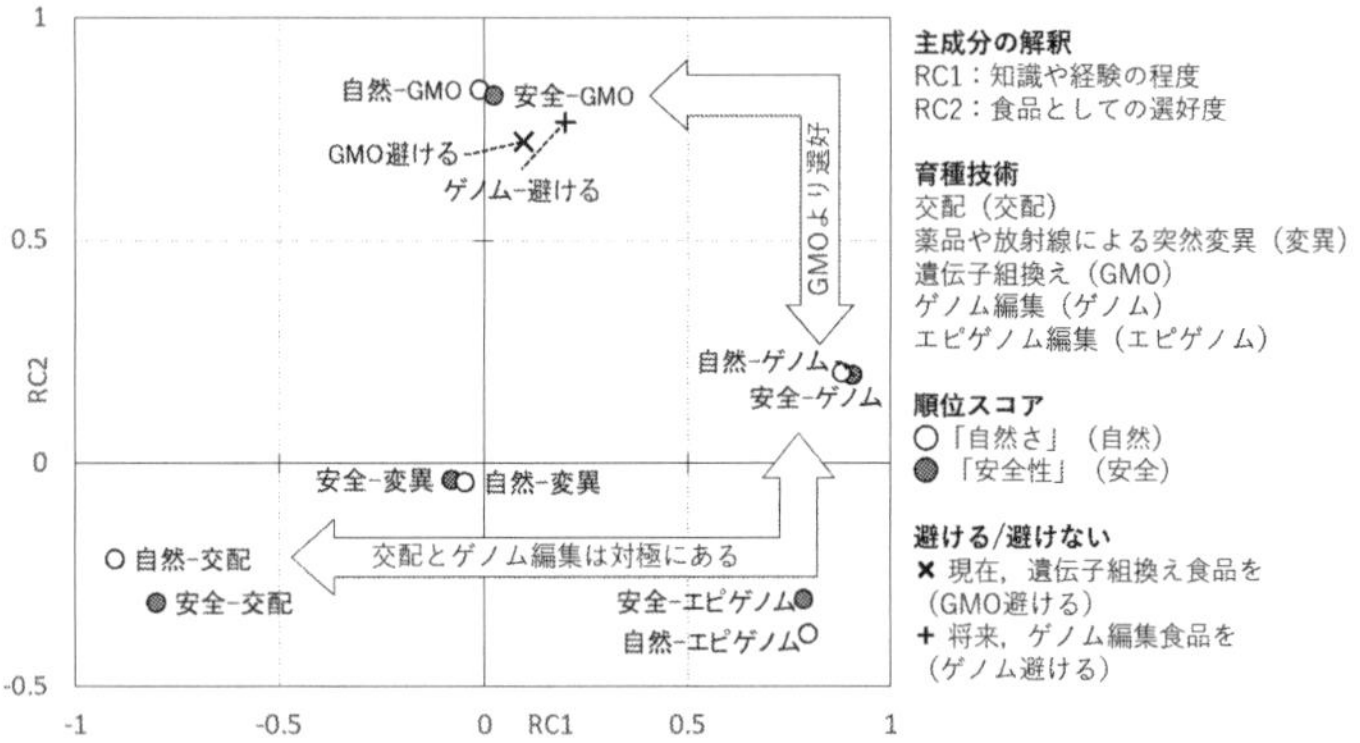

図 0-6. 消費者団体関係者の作物育種技術観の主成分分析
筆者が 2017 年，2018 年に実施した消費者団体主催の講演会参加者への質問紙調査の結果．5 種の育種技術の自然さおよび安全性の 5 段階スコアを多分相関係数（polychoric correlation）に変換した後，主成分分析を行った．その際に，GMO を避けるかどうか，ゲノム編集を避けるかどうかの 5 段階尺度での回答も同じ分析に含めた．ここで，エピゲノム編集とは，弘前大学が行った接ぎ木したジャガイモへのＲＮＡ干渉に関する研究を講演会で説明したものを指す．

るとみなされていた。しかし、食品としての許容度はＧＭＯに比べれば高いと考えられた。[31]今後の行動として、ＧＭＯを忌避していた人ほど避ける傾向が強く、ＧＭＯの影響を受けていることがわかったが、自然さのスコアは高かった。新田（加藤）らによる別の包括的な質問紙調査でも、一般市民はゲノム編集をＧＭＯよりも受け入れやすく思っていることが示唆されている。[32]これらの調査結果は、調査時における情報提供者や質問紙自体のフレーミングの影響を受けており、カテゴリとして定着しているわけではない。しかし、図0-6の配置からは、ゲノム編集は消費者がＧＭＯを組み入れている不自然で危険なものというカテゴリとは異なって、交配、突然変異と続く品種改良のカテゴリの端に位置づけ得ると解釈できるかもしれない。いずれにしても、今後の商品化や言説の状況によって、ゲノム編集生物の食品市場におけるカテゴリ化が、開発企業や行政の専門家に加えて、消費者や流通企業を巻き込んで行われると考えられる。

カテゴリ化の競合は生物や食に関わる技術以外の領域においても、ありとあらゆる場面で起きており、社会変動とともにカテゴリが変化することが世界の秩序形成に影響を与えてきた。国家や民族や経済もすべてカテゴリである。自然と技術もそのような基本的なカテゴリの一部だが、ゲノム編集や動植物の育種の例で見られるように、技術の進展とともに自然のカテゴリに包含される領域が拡大するという傾向が見られる。これは、図0-4で自然の変形と境界付けとして示した市民の環境意識についても同様で、都市の緑地や公園も自然と認識され、コウノトリやトキの野生復帰は自然の創生として語られる。人間だけではない。農地や都市に生物が侵入し獣害問題を引き起こすとともに、人工的な環境で進化している。これらの生物はカテゴリ化を行わないが、私たちのカテゴリを揺さぶって自然の領域を拡大する。

なぜこのような自然の領域の拡大が起こり、それらは自然と技術の関係の歴史からどのように説明できるのか。これもまた、カテゴリ化が起こる背景やその帰結についての本書の問いの一部である。

ゲノム編集の例では、技術のコントロールという視点を示したが、それだけではない。育種技術の発展は、知的財産権の拡大の歴史でもあった。ドメスティケーションから近世にかけて、作物や家畜の繁殖はそれらを栽培・飼育する農業者が担ってきた。しかし、近世の後期あたりから、単なる繁殖ではなく品種改良を行う富裕な農業者が現れ、栽培・飼育者と育種者の分業が起こってくる。そこに一九世紀の農学や遺伝学の知識が加わることで、種子や品種が商品となっていった。ところが、生物の繁殖材料は、それ自身で増殖し複製することが可能である。そこで、自由な複製を禁止するための制度として、様々な知的財産権が発達していくことになる。

知的財産権制度は、権利が保護される技術と保護されない技術の間に暫定的な境界線を引く。暫定的というのは、植物の育成者権は二五年〜三〇年、特許は二〇年が有効な保護期間だからである。保護されない技術は、自然界にある素材と同様に誰もが自由に対価を支払うことなく利用することができるという考え方が、少なくとも一九八〇年代までは主流であった。保護される技術は権利者による排他的な利用が可能であり、他者へのライセンス契約でロイヤルティ（権利の利用料）を取ることもできる。知的財産権も技術と自然に境界線を引く制度として考えることができそうだ。生物の育種における この制度の変遷については、第2章で取り上げる。SDN-1のゲノム編集技術は、規制政策上は自然だが、知的財産権では有償の技術として、いわば特権的なグレーゾーンに位置すると言えるかもしれない。

なぜ自然と技術の境界線は動くのか

このようにゲノム編集技術は、多くの国の環境規制の制度におけるカテゴリ区分では自然の延長にある技術であるとされるが、経済政策の知的財産権制度や企業の研究開発においては最先端の技術としてそのライセンスが取引される。前者は、多様なものである自然とその利用法を、一つの標準化されたカテゴリとすることで普及を図っていく。第1章で例示する生物の育種技術としては、一八世紀の末に英国で始まった近親交配による近交系の生物（両親からの遺伝子が同じホモ接合体である）の作出であり、資本主義化が進んだヨーロッパ社会に均質な農産物を安定的かつ大量に供給することが目的であった。このような技術の方向性を、均質な商品の大量生産とそれを支える法制度まで含めて、第2章では均質化（homogenization）と名付ける。

後者は、技術の内部で優劣をつけることで、それまでのカテゴリを破壊して自らを差別化する。第1章では、大量生産される汎用品に対して特別な品質やストーリーをもったブランド品が、コピーに対するオリジナルとして市場でのニッチを形成してきたことを指摘する。通常の理解とは逆になるかもしれないが、コピーはオリジナルに先行するのである。生物の育種技術としては、やはり一八世紀末からの競走馬のサラブレッドに始まる血統書に基づく育種である。知的財産権制度による技術革新の促進と併せて、これを差異化（differentiation）と呼ぶことにする。

均質化と差異化は、それらに関わる一八世紀末からの具体的な技術として生物学史で取り出された二つの類型、ベイクウェルの育種方法とサラブレッドの血統主義から、筆者が一般化した概念である。この技術類型は、それぞれ生物学の有機体・全体論的アプローチと遺伝的構造体アプローチ（第1章で生物学史家のマーガレット・デリーによる類型として紹介する）として、一九世紀を通じて二〇世紀後半まで交差しながら続いてきたが、それは資本主義社会で多様なものを商品化する際の二つの戦略としても考えられた。それが均質化と差異化である。これら二つの戦略は、ベンヤミンが『複製技術時代の芸術』で提示した複製技術とアウラをまとったオリジナルの対比として考えるとわかりやすいと思う。そこで、第1章のタイトルを「複製技術時代の自然」と名付けた。

しかし、芸術作品はともかく、近代化以降の作物や家畜の商品化は、均質化が差異化よりも早い。

差異化する技術の生物学ヴァージョンである遺伝的構造体アプローチは、二〇世紀初頭のメンデルの遺伝学の再発見と半世紀後の分子生物学の興隆によって、やっと本格化するからである。とは言え、複製品の前にはその鋳型となる原型がなければならない。その原型はアウラなど持たず、オリジナルともみなされない。野生生物からドメスティケーションされ、その土地に根付いた当たり前の作物や家畜、つまり在来種である。在来種もまた、自然としての野生生物と地域社会の人びとの技術が組み合わさったものである。

この在来種を出発点として、近代における均質化と差異化は、自然と技術の境界にどのように作用してきたのか、これが第1章と第2章のテーマである。第1章では、ワイン用ブドウのテロワールや国産牛の黒毛和種から始めて、穀物や家畜の近交系育種、トウモロコシから採卵鶏までのハイブリッド、放射線照射による突然変異誘発などの事例をたどる。第2章では、ゲノム編集技術の形成過程と知的財産権制度による差異化の現状を概観する。知的財産権の最前線では、生物ゲノムのデジタル配列情報が、誰もが無償で自由に利用できる遺伝資源として自然の領域に位置づけられている。これらの事例から、均質化と差異化の進展が、対立や議論を引き起こしながらも、自然と技術の境界を技術側に移動させてきたことが見えてくる。

この過程は地層の比喩でイメージできる。多様な在来種を含む自然は凹凸のある複雑な地形である。そこに火山から噴出した火砕流が覆う、あるいは放散虫の微化石がその海底にチャートとして堆積する、何でも良いが、ごつごつした自然の上に平らで均質な技術の層が被さる。それが均質化である。ただし、遠目では均質に見えるが、近寄って見ると金属の結晶や大きな化石が埋もれているように、決して均質ではない。技術と言っても、人間の意図的な作用は限定されたものでしかなく、大部分は自然の作用をそのまま利用しているのがこの層である。したがってこの段階では、自然と技術の境界は曖昧ではっきりとは見えない。

ところがこの層のどこかに亀裂が入り、新しい岩盤が生じる。それは均質な層の下に埋もれていたマグマが噴出したのかもしれないし、均質な層自体が変質したのかもしれないし、外部から新たな土砂が堆積したのかもしれないが、ともかく均質な層の上側に新しい層が明確な境界線を伴って出現する。これが差異化である。差異化が起こると、境界線の下側は技術であったものが自然に転換する。つまり、自然、差異化は技術の地層を上側に成長させていくが、その都度すぐ下の部分を自然に戻す。つまり、自然、技術、自然、技術と、ミルクレープのように折り重なった地層が出来上がる。

この地層の垂直方向は時間を表す。物理学が前提とする可逆的な時間ではなく、不可逆的で一方通行的な時間、積み重なる時間である。現在の技術のすぐ下には自然の層があるため、自然の領域が時間とともに上層へと拡大しているように見える。しかし実際には、下層にもたくさんの技術の層が眠っている。地層の水平方向は空間である。異なった地域の自然に、異なった技術と自然の層が積み重なり、ときには他の地域と統合したり、あるいは逆に分岐したりしながら、多様な地層をつくっていると考えよう。この水平方向の多様性と垂直方向の重なり方、そしてそれをどのように見るかが、自然と技術のカテゴリ化に影響を与えている。

前節までは、ゲノム編集技術のカテゴリ化に関する問題を紹介してきた。第2章では、そのゲノム編集技術がどのようにして形成されたのか、その地層の重なりの一部を概観する。さらに、技術の差異化に重要な役割を演じている知的財産権についても制度の変遷と現代的な問題点を把握しておこう。

均質化と差異化から氾濫と移転へ

第3章から第5章までは、均質化と差異化が起こるメカニズムについての探求である。均質化は個別的な自然を広範囲に流通可能な商品とすることであることから、資本主義の歴史のなかで生じた過程であると思われる。そこで第3章では、世界システム論の観点から自然の収奪を理論化しているジェイソン・ムーアの『生命の網のなかの資本主義』に沿って、幾つかの事例を検討する。この資本主義世界＝生態（world-ecology）システムの理論では、古典的な労働の搾取だけではなく、自然からの無償の価値の収奪が資本主義経済の発展を支えてきた。この収奪の対象となるのは「四つの安価な自然」としての、労働力（の再生産）、食料、エネルギー、原材料である。

しかし、近代日本の養蚕農家の事例、害虫抵抗性作物の大量栽培によって遺伝子組換え毒素への抵抗性を獲得した害虫の事例を考えると、資本側からの一方的な収奪という概念では、自然あるいは地域固有の伝統的な技術の能動性や作用の起点としての性格が見失われてしまう。そこで、自然やその古層に隠れている技術に関連して、前述した氾濫（overflow）、そして移転（relocation）という概念を導入する。

氾濫は、アクターネットワーク理論の創始者のひとりであるミシェル・カロンの市場の配置に関する理論に由来する。移転は、デイヴィッド・ハーヴェイによる空間的回避（spatial fix）という資本移動に関する概念を拡張したものでもある。どちらも第3章で詳しく述べる。

氾濫と移転は、地層を縦に突き破ったり、異なった地層を結び付けたりする動的な過程である。均質化は氾濫によって生じた複雑な地形をならして平らにする過程であり、逆に均質化された地層から過剰な噴出物が溢れ出る過程が氾濫である。氾濫と均質化は対になっている。近親交配を繰り返す近交系・純系育種では生存に問題となる潜性の形質が顕在化する。これが氾濫である。育種者はそのような遺伝子を取り除こうと選抜と交配を繰り返すことで均質化を行う。遺伝子組換えやゲノム編集も同じである。意図しない遺伝子の変異（オフターゲットと言われる変異も含む）や導入した外来遺伝子の残存は氾濫である。意図する変異のみが残るような選抜と戻し交配が均質化には必要となるが、人間を対象とする遺伝子治療では勿論そんなことはできない。均質化は人間と自然を非対称に扱う過程でもある。

差異化は氾濫と移転に対応する。均質化された二つの純系系統を交雑して一代限りのハイブリッド——例えば、日本の製糸企業が開発した蚕のハイブリッドによる養蚕を考えよう——を作出すると、雑種強勢とその二代目での分解（一代目は幼虫は頑強で繭も大きいが二代目は弱く小さくなる）が生じる。これは均質性を破る氾濫である。この氾濫を利用して、ハイブリッドの一代目と二代目の間に、一代目の種苗を販売する育種者と購入する養蚕組合の農家との間に境界線が引かれた。これは人間から見た場合に差異化となる。

この差異化は生物の側から見ると、繁殖場所や移動手段の移転である。それまでは養蚕農家（あるいは豪農の蚕種農家）の家で飼育されて産卵した蚕種が、ハイブリッドになると製糸企業によって交雑育種され、養蚕組合を通じて個々の養蚕農家に配布される形態に変わった。ここでは、差異化と移転は同じ過程の両面である。

また、害虫が食害する作物の農地へ集団で移動する（あるいは親の成虫が食害作物を選んで産卵する）ことは生物学的には生息環境、つまりニッチの移転である。そこで曝された農薬に対する抵抗性は人為選択の結果で、それ自体は氾濫とみなせる。ここで、その抵抗性害虫の移動性を利用して、農薬を使用しない退避地を設け、感受性害虫と交雑させて抵抗性遺伝子を薄める（ホモ接合をヘテロ接合にする）という戦略がある。この抵抗性害虫への対策は、退避地を設けないで農薬を使う防除方法からの技術的な差異化である。

氾濫と移転は、自然側からの作用を含みつつ、資本主義や近代遺伝学とは無関係に、自然と技術を混ぜ合わせる。生物学のニッチ構築理論――ここでの用語は撹乱（perturbation）と移住（relocation）であるが――を参考に、収奪や空間的回避の意味を拡張しながら、近代化以前にも適用できる概念として設定したものである。

第4章では、近代品種とは異なるアジアの在来家畜に関する日本の在来家畜研究会の調査報告を題材に、ドメスティケーションから在来種の形成や維持における家畜と人間の関係を考える。在来家畜研究会は一九六一年に設立され、畜産学の研究者が中心となって、東アジアと東南アジアでのフィールドワークを重ねて、それらの地域に残っている在来家畜を調査して現在も継続している研究活動である。この章では、その初期の問題意識と研究成果の一部を振り返ることで、在来種とは何か、ドメスティケーションとはどのような過程なのか、近代品種と在来種は何が違うのかについて考える。

ドメスティケーションについては、古代ＤＮＡを用いた古生物学や人類学によって近年研究が盛んになり、概念の見直しが行われてきた。しかし、五〇年以上前のアジアの在来家畜の研究において、家畜化が（再）野生化や半家畜化を含む曖昧なプロセスであり、野生原種と在来家畜との間の遺伝子交流も頻繁に行われていたことがわかっていた。アジア的なドメスティケーションの曖昧さである。その特徴は、自然環境と家畜の飼育環境との間の境界——比喩的に「柵の強度」と呼ばれる——の弱さ、曖昧さである。野生生物や家畜はこの境界から氾濫し、境界を越えて移転する。人間はその氾濫や移転を利用して、生業や娯楽に生物を利用していた。

このような在来種は、能動的な自然と意図的な技術が相互作用しながら絡み合うことで成立している。それは、第1章で説明する差異化されたオリジナル、テロワールのアウラをまとった品種ではない。しかし、現代社会で「在来」と呼ばれている作物や家畜は、遺伝的な純粋さを守るための強固な柵や知的財産権によって境界付けられている。これは「かつて在来種であった近代品種」であり、均質化と差異化の産物なのである。

第5章では、生物が生息環境を改変して選択圧を変更するというニッチ構築理論を参考に、「柵の強度」が高いはずの養鶏場で鳥インフルエンザが蔓延する問題を考える。この問題では、野生の水鳥の渡り、在来種を含む広範な生物を生きたまま取引する生鮮市場、そして工業的な養鶏場の三つの異なったニッチが交錯している。

ニッチ構築理論が現在の進化論に貢献し得るか否かについては、批判的な意見も多く、評価が定まっていない。しかし、ドメスティケーションや自然と技術の関係を考える際には、包括的な視点に立つことができる考え方である。本書では自然と技術を作用として捉えているが、どちらの作用もニッチ構築とみなすことができる。技術とは人間によって構築されたニッチのことである。また、撹乱と移住は移動性の違いによってニッチ構築を特徴づける類型であり、低病原性の鳥インフルエンザウイルスの自然宿主である水鳥が、湖や湿地で糞を介してウイルスを排出するのは水鳥による撹乱的なニッチ構築、同じ水鳥が渡りによって繁殖地と越冬地を往来してウイルスを広範囲に拡散するのは移住的なニッチ構築である。このニッチのなかで、ウイルスも水鳥の消化管や気管、水場の表面に独自のニッチを構築する。

しかし、人間がニッチ構築した生鮮市場と養鶏場は、自然の水場とは全く異なる。そこでは生物側の移住的なニッチ構築は抑制されるが、近距離の撹乱は温存される。生鮮市場は多種の生物が緩やかに接触することで、異なった系統のウイルスが混ぜ合わされる。これに対して、養鶏場は遺伝的に均一なニワトリが密集して何万羽もつめこまれている。ここで加速度的に変異が起こり、混ぜ合わされた多様なウイルスのなかから高病原性のウイルスが進化すると考えられる。このような変化は、撹乱と移住というよりは、氾濫と移転という概念の方が把握しやすいであろう。

全体として、野生の水鳥の移転するニッチ、多様なウイルスが混交して氾濫する生鮮市場のニッチ、そしてウイルス変異が増幅される養鶏場のニッチ、これらが接続されて本来は局所的だった鳥インフルエンザウイルスのニッチがグローバルに巨大化するのである。

最後の第6章のテーマは、第1章の「複製技術時代の自然」を発展させ、生成AIを念頭に置いた「生成技術時代の自然」である。と言っても、均質化と差異化、コピーとオリジナルで表象される一九〜二〇世紀の複製技術が大きく転換したと主張したいわけではない。現在でも、均質化と差異化は、育種や農業を含むあらゆる製造業の基本的な開発戦略である。人工知能（AI）の開発も、一定の形式に均質化されたデータから差異化された最適解を導く試みである。しかし、深層学習ではどのような計算が行われて解が得られたかを遡及することは難しい。テキストや画像などを生成するAIでは、AI自身が学習して人間の意図しない部分が入り込んでくる。この点が、識別や合成ではなく、必ずしも人間が主語にはならない生成（generative）という言葉が使われる理由であろう。

生物学では、以前から合成生物学（synthetic biology）という枠組みでゲノム編集が捉えられてきた。合成生物学は基本的なユニットのデータから要素技術を組み合わせて生物を創り上げるプロジェクトであるが、DNA塩基配列を部分的に変更することが可能なゲノム編集もその要素技術だという考え方である。ここで基礎となるデータは、第2章で取り上げる多種の生物ゲノムのデジタル配列情報に相当する。しかし、実際にはゲノムは情報の塊ではなく局所的に異なる立体構造をもった物質であり、データのようには均質化されていない。したがって、すべてのDNA塩基配列が同様に編集できるわけではない。さらにゲノム編集では、細胞に固有のNHEJのような不確実性をともなうエラー修復経路に依存する。つまり、ゲノム編集は人間の意図の通りに生物を合成できる技術にはなっていない。それは、人間の意図しない部分を含みつつ、生体システムの能動性によって生成されるとも言えるだろう。

他方で、自然の側では、鳥インフルエンザウイルスのニッチのように、人間によるニッチ構築＝技術によって本来はローカルだったニッチが拡大している。新型コロナウイルスも獣害問題も、人間による自然環境の改変が氾濫と移転の可能性を高めたことが影響していると考えられる。第3章で話題とする農薬や遺伝子組換え作物に抵抗性の害虫や雑草も、さらには抗生物質やワクチンに抵抗性の細菌やウイルスも、技術の変化に対応して自然が共進化している例である。そして、ゲノム編集した生物が環境中に放出される——自然界で起きる変異と区別できない以上は監視も規制もできない——ならば、技術と自然の共進化はますます加速するであろう。

ゲノムや他の生体物質のデジタル配列情報もまた、技術によって均質化された自然である。これらの情報は、空間と時間を超えて分化した生物種を進化系統関係によって結び付け、技術と自然の共進化をも含む生命の全体像——今はまだそのわずかな部分しか明らかにできていないにしても——を表象するものと考えられている。私たちが利用するのは技術によって切り取られ、技術の影響を受けて変化した自然の一部でしかないが、それでも一つの種や限られた地域の在来種を使って近交系育種していた時代とは大きな違いで、ゲノム編集によって野生種から一気にドメスティケーションすることも構想されている。

すなわち、私たちが現在直面しているのは、技術によってつねに変容し続けながら巨大化している自然を、よくはわからないが生命の最深部のメカニズムを取り入れた技術によって制御しようとする、そのような自然と技術の入り組んだ関係である。ドメスティケーションの時代から自然と技術は混ざり合ってきたが、現在ほど深く複雑に絡み合っている時代はなかったであろう。生成技術時代の自然はもはや技術と区別することが難しくなっている。にもかかわらず、自然という概念が技術を正当化したり批判したりする基準として、これまでになく使われているように感じられるのは皮肉である。このように錯綜した関係を、切り分けながら整理する一つの見方を本書が提供できればと願っている。

第1章　複製技術時代の自然
——オリジナルはコピーの後に

自然とは何か

「自然とは何か？」という問いに、多くの人びとは「人の手が加えられていないこと」と答える。しかし、人新世と呼ばれる現代の地球で人の手がまったく加えられていない領域はほぼ無くなっている。それでも「人の手が加えられる」程度は様々であり、自然はある理想状態を示す概念として、つまり人間の手である人為や技術の反対側の極として、意味を与えられている。自然にまったく依存しない技術が考えられないように、人間自体やその関与を含まない自然もあり得ない、ということで、二つの極の間のスペクトラムとして、グラデーションのかかった自然という概念が用いられてきた（序章　図0-2、図0-3）。言い換えると、この世界に存在するものは、つねに幾分かは自然で、幾分かは人為である。

例えば、プラスチックは、自然に生成した石油という天然資源と、それを精製して重合する人間の技術が組み合わさっていると考えることは可能である。

しかし、石油をめぐる紛争と政治の歴史、油田の探査と掘削の産業史を紐解くならば、石油を自然の産物であると単純に言うことは難しい。二〇世紀初頭からシュルンベルジェ社の地層探査技術を用いて世界中で油田を開発した石油メジャーから見れば、石油は自分たちの技術と資本の産物である。これに対して、第二次大戦後のイランやソ連から始まって国連で一九六二年に決議された「天然資源に対する恒久主権」は、発見と採掘の技術よりもそこに存在するという自然を優先する。

このように、プラスチックを製造し利用する立場からは自然とみなされる石油のなかにも、技術と自然が入り混じり、その境界は立場の違いによって微妙にずらされる。すなわち、自然と技術のグラデーションからなる世界も単純ではない。どこまで自然が優勢で、どこから技術が優勢になるか、その濃淡や傾きは自明ではない。この例では、自然と技術の混合比率はプラスチックや石油などのモノに固着してあらかじめ決まっているのではなく、人がモノを利用し権利主張するときに現れる社会的なカテゴリであるように見える。先進国（世界銀行のカテゴリで高所得国）の多国籍企業によるテクノグローバリズムは技術を強調し、途上国（中低所得国）の資源ナショナリズムは自然を強調するというように。

付け加えると、資源ナショナリズムにおける自然は、「人の手が加えられていない」という消極的な定義を超えて、ある地域に歴史的に居住してきた人間集団や土地と一体となっている固有の自然という積極的な意味を主張している。その一方で、グローバル資本主義のなかで大量生産される技術的人工物に利用可能な汎用的な資源としても、自然を扱わなければならない。資源を持つ途上国は、このダブルバインド状態に置かれ、自然の意味は両義的となる。この両義性は、生物多様性という文脈において、地域共同体が長年育ててきた固有の動植物を、グローバルで交換可能な遺伝資源＝知的財産権として主張する際に、最も顕著に現れている。この事例は後の章で集中的に取り上げよう。

しかし、自然や技術がこのように北側と南側の国際的な政治経済において、社会的につくられたカテゴリであると言ってしまうと、それも一面的である。石油の原料である原油は、北米のシェールオイルも含めて、地域や鉱床によって含まれる炭化水素、硫黄化合物、金属などの組成が多様であり、採掘や精製の技術もそれらの性質に合わせて異なる。技術は、それぞれのモノとしての多様性に適合するようにローカライズすることが必要なのである。さらに、多様な自然に対応する技術の柔軟性にも限界がある。技術とは、特定の人間と特定のモノとの間で歴史的に生じた関係であって、それ自体ローカルかつテンポラリーなものである。結果として、現時点で可能な特定の技術の範囲で、採掘と精製が技術的かつコスト的に可能な原油のみが、天然資源としてこの世界に現れることになる。つまり、自然の側も、特定のモノと人間の関係に基づく技術に対してローカライズされる。

したがって、グラデーションがかかった自然と技術の社会的な混成物において、自然と技術は互いに独立して、つまり無関係なままで人間によって混ぜ合わされているのではなく、モノとして互いに影響を与え合いながら変化している。〈自然〉も〈技術〉も、それら自体モノとしての自律的な側面と、人間によって「つくられる」側面の両方をもっている――そのような意味で以降〈 〉付きで用いよう。ここで、モノとは人間以外のすべての存在（non-human）[1]で、生命／非生命を問わないとしよう。だから「モノとしての」という形容詞句は、〈自然〉や〈技術〉の「人間に依存しない」部分を表す。つまり、自然を「人の手が加えられていない」だけではない、より複雑で積極的な意味をもつ概念と考えるためには、単純に「人間に依存しない」部分を「モノ」という別の言葉で表す必要があるということでもある。

原油の例に戻るならば、世界のいろいろな地域で採掘される原油を等しく原油とみなすのは人間の視線であり、実際にはパラフィンやオレフィンなどの炭化水素やその他の化学物質の組成は多様である。もちろん化学物質の構造の違いも人間がカテゴライズしたものであるが、科学の発展のおかげで、よりモノの実像に近いはずである。この複雑な組成の多様なモノを、ナフサやガソリンに精製するためには、モノとしての〈自然〉に対応するための〈技術〉のローカライズが必要であった。しかし、そのローカライズが目指すものは、商品としての原油のグローバルな品質へ向けた人間の意思である。このグローバルな品質もまた、ガソリンの流通インフラやエンジンの構造などのモノとしての部分に多大の影響を受けているのだが、より大量の規格化された商品を購入する、同様に規格化された大量の消費者の存在もまた前提となっている。

〈自然〉と〈技術〉のグラデーションは、ローカルからグローバルへという移動性への志向——そこには資本主義の生産と消費の様式とともに共通のコミュニケーションへの希求もある——によって、その濃淡を大きく変えている。そのメカニズムについては後の章で詳しく論じるとして、ここではローカルな〈自然〉がどのようにグローバルに変化するのかについて、具体的な例から考えるための理論的な準備を行いたい。そのために、ヴァルター・ベンヤミンが『複製技術時代の芸術』[2]で行った、コピーとオリジナルについてのよく知られた議論が手掛かりとなるだろう。芸術作品は〈自然〉の模倣として始まり、同一なモノの大量生産を目指してコピーされてきた。そこにオリジナルを〈技術〉によって差別化する発想も生まれる。

ここで対象とする〈自然〉は、石油のような鉱物ではなく生命である。生命はＤＮＡの複製によって継承されているのであり、人間を含めて、生命は自らのうちに複製技術を包含している。その動植物の複製に人間が介入し、最終的にはその複製過程を完全に支配しようとするのが、栽培化・家畜化としてのドメスティケーションである。ドメスティケーションから生殖の支配へと至る長いプロセスにおいては、〈自然〉と〈技術〉のグラデーションとその揺らぎを多様な場面で観察することができる。

複製技術時代の生物

ベンヤミンが取り上げた複製技術である写真や映画は、「オリジナルの持つ〈いま―ここ〉的性質」としてのアウラを失わせ、オリジナルの複製を大量に出現させる。同時にそれは、権力者に独占されていた芸術作品を一般の人々もアクセス可能なものとすることで、「複製される対象をアクチュアルなものにする」。加えて技術的複製は、人間の感覚ではとらえられない光や音を取り出して、オリジナルを超える作品をつくることができる。それは「人間の統覚および反応の新しいかたち」を生み出し、「器械装置への奉仕という隷属状態に代わって。器械装置を通じての解放」をもたらすという。すなわち、ベンヤミンによると複製技術の特徴は二つあり、一つは芸術の民主化と政治化、もう一つは機械による機械からの解放である。

これに対して、〈技術〉による生命のドメスティケーションとは、どのようなものだろうか。

旧約聖書創世記におけるノアの洪水後の神の言葉「生めよ、ふえよ、地にみちよ」は、生き残った人間や動物たちの生命の際限のない複製を祝うものであろう。しかし、ノアの息子たち、セム、ハム、ヤペテが異なった民族の祖先になったように、生命の複製は、とくに有性生殖の場合は、オリジナルのコピーではない。野生状態での生命の複製は、つねに多様性を生み出してオリジナルから離れていく過程である。

ところが、ドメスティケーションでは、人間にとって有用な一定の性質が得られると、その状態を維持しようとする力が働く。これは、必ずしも人間の意図によらない。つまり、ドメスティケーションの開始点は、〈技術〉の要素がほとんどない、〈自然〉の色が濃厚なグラデーションの末端である。

採集民が野菜や果実を居住地へ持ち帰り、種子を周辺に捨てるとき、植物は人間を他の哺乳類や鳥類と同じように種子散布者として使役している。さらに、採集民が地面に落ちた実ではなく、植物に付いている実を無意識的に繰り返し採取することで、植物の脱粒性（成熟した実やその種子が自然に地面に落ちる性質）が失われていく。狼は狩猟民の居住地に餌を求めて近づき、草食動物は原始的な農耕を始めた半採集民の畑に侵入することで、家畜化への一歩を踏み出す。犬や羊や山羊は、野生の緊張感を失って従順になり、耳や尾が垂れて、周年繁殖するようになる。遺伝的な性質は未だに多様だが、ドメスティケーション初期のボトルネック効果（特定の遺伝的形質をもった集団が野生集団から偶然にサンプリングされる）もあって、野生集団に比べると遺伝的な多様性は減少している。

次に、地域の自然環境や社会環境に適した穀物や家畜が、政治的な目的と相互作用しながら、国家や地域社会を形作ってゆく。ジェームズ・スコット（James Scott）の『反穀物の人類史』[3]によると、収穫時期が一定で貯蔵しやすい小麦のような穀物は、余剰分を権力者が吸い上げることができるため、初期国家が狩猟採集民を定住化させて小農として囲い込むことに貢献した。国家が租税として収奪して計量する穀物には、均質な性質が求められる。国家による統制は、繁殖を少しだけコピーの側に近づける方向に作用したであろう。しかし、動物に関しては、遊牧民社会や初期の農耕社会での家畜が財産として交換可能であることが必要になるが、穀物のような国家による統制は強くなかったと想像される。

その一方で、作物や家畜は、ドメスティケーションの中心地から世界各地に移動していった。例えば、中国南部が栽培化の発生地とされるアジアイネは、東アジア、東南アジア、そして中東を経由してヨーロッパへ移動した。それが、どのような人間集団が関与して、いつどのような経路で移動したのかは不明であるが、それぞれの地域で分化して栽培種の多様性が生じている。多様な栽培種と野生種の遺伝子型構造を解析した最近の研究では、中国珠江中流域での栽培化からジャポニカが生まれ、数千年前に東南アジアの野生イネとジャポニカとの交雑によりインディカへの分化が起きたことがわかっている[4]。ゲノムの多様性を調べることで、現在までに各地域で栽培されてきたイネの系統を明らかにすることが可能になっている。このように地域に適応して分化した系統が、在来種である。

在来種の成り立ちにおいては、地域の気候や風土とともに、その社会に固有の生業や文化による様々な用途や生産方法が、在来の作物や家畜の集団の多様性を開花させたと考えられる。品種や集団の多様性とは別に、後の章で詳しく述べるように、同じ在来の品種や集団の内部にも遺伝的多様性がある。この遺伝的多様性が低ければ、作物や家畜の品種や集団は存続できない。一般に、在来種の遺伝的多様性は、その後の近代品種のそれよりも高い。生命は、近代育種の複製技術を駆使しない限り、完全なコピーとしての繁殖を拒むものなのである。

地域と文化に適応した在来種の集団を守るために、地域の人びとは、意図的か非意図的かにかかわらず、野生種や他の在来種と掛け合わせて多様性を維持しつつ、用途に適う集団を選抜してきた。このような人間との関係の中で、つまりある特定の歴史と場所において、つくられてきた在来種こそが、ベンヤミンの言う「〈いま–ここ〉的性質」をもつ生命に対応するようにも見える。

しかし、そのような地域の在来種は、アウラをまとって特定の階級に秘匿されて礼拝価値を持っていたわけではない。地域ごとにオリジナルな在来の作物や家畜があるのは当然であり、オリジナルしか存在しない世界であった。むしろ、現代において特定の富裕な人々のための「自然」な農産物、特別なストーリーを背景に持つことで複製技術による量産品と区別される食べ物こそが、「オリジナル」であることの仮面としてアウラを貼りつけているのではないだろうか。少し先走って書くならば、地域の多様な在来種の後で、複製する〈技術〉とそれに対抗する「真正」な〈自然〉が出現し、グラデーションの世界からデジタルな二項対立の世界へ移り変わってきたのではないか。そのような問題意識がこの章の出発点である。

生命の複製技術は、一方で、近親交配と特定の基準による選抜に基づいた近交系品種の作出によって、均質な農産物の大量生産に至った。他方では、純粋な系統を維持管理することで、地域の独特な農産物に付加価値をつけた。そこに〈自然〉に対する複製技術の時代の様々な様相、その変遷、そしてさらに〈技術〉のグラデーションが濃くなった現代の自然改変技術の契機を探ることができると考える。しかし、背景を探る前に、在来種とは何かについて、ベンヤミンの視点から何が見えるかを検討しよう。

アウラとテロワール

在来種とは、地域の気候や風土、そして地域の生業や文化に適合してきた生物集団である。ここで、在来種と地域社会の関係は双方向的であり、在来種がその地域社会に影響を与える面もあると考えよう。この在来種が、「オリジナルの持つ〈いま-ここ〉的性質」をもつとは具体的にどのようなことだろうか。

実はこのオリジナル、そしてそのオリジナリティに由来する「真正性（authenticity）」という概念が、現代では両義的で複雑である。現代の在来種もまた同じ困難を抱えている。その両義性や困難さを典型的に表す例が、フランスの食品の地理的表示制度に使われている「テロワール（terroir）」という概念である。これは、シャンパーニュ地方で製造された発泡性ワインにのみシャンパンという名称を与えることに示されているような、ワインの銘柄と産地との関係を表す。このような地理的表示制度は地域ブランドを知的財産権として保護することによって市場競争力を高めることができ、またツーリズムなどの波及効果も大きいことから、ワインだけでなく、ヨーロッパの農産物一般に拡大して、日本にも導入された。このテロワール概念をもとに、在来種の問題を考えてみよう。

フランスの地理的表示制度と農業研究所によるテロワールの定義は、須田と戸川によると、「人間共同体が歴史を通じて、生産に関する集団的な知的ノウハウを作り上げてきた、限定された地理的空間である。この地理的空間は物理的、生物学的な環境と人間的要素との間の相互作用システムに基づいている。この地理的空間では、社会的、技術的な軌跡が、このテロワールの産品に対してオリジナリティと特異性を付与し、評判を生み出しているのである」[5]とされる。この地理的空間は、そこに特有の〈自然〉と〈技術〉のグラデーションが、「オリジナルの持つ〈いま-ここ〉的性質」、ある種のアウラをもたらすことになる。しかし、〈自然〉について土地の影響は強調されるが、そこで生産される作物や家畜の品種がどのようなものであるべきかについての言及はない。

ここにはヨーロッパ的な事情があると考えられる。地域の自然環境や社会と相互作用してきた作物や家畜は、本来は在来種である。確かにヨーロッパにも在来種は残っていて、それらを維持していく試みも行われてはいるが、多くは近代品種に取って代わられている。そして、地理的表示制度に認定される食品は、輸出も念頭に置いた戦略的な農産物である場合が多く、安定した品質で量産されることが望ましい。

例えば、先の例のシャンパンは、シャルドネやピノ・ノワールといったブルゴーニュ地方の由来だが国際品種となっているブドウからつくられる。シャルドネは世界で二一万ヘクタール、ピノ・ノワールは一一万ヘクタール(二〇一七年)[6]も栽培されているので、もはや在来種とは言い難い。原料となる国際品種は、複製技術とまでは言えないものの、大量生産される〈自然〉=〈技術〉である。決して〈いま-ここ〉に限定されるアウラの発生源にはなり得ないであろう。

多くの社会科学の文献では、テロワールという概念自体が、最近になって社会的に構築されたものだとされている。テロワールは、地域の生産物に歴史性や場所性に基づく真正性を付与して、工業化され大量生産される農産物に対して品質上の差別化を図る。高めの価格で市場のニッチを確保するマーケティング戦略である。その戦略を、地域に根差した〈自然〉と〈技術〉の協働とみるか、完全に社会的・技術的な構築とみるかは、研究者のアプローチによって異なっている。いずれにせよ、テロワールの真正性、つまりオリジナリティは、工業的食品による大量のコピーの後で出現した、という一見逆説とみえる考え方を主張している点は変わらない。テロワールもアウラも「社会的につくられた」概念なのである。

そもそも真正性やオリジナルという概念は、模倣やコピーがあって初めて意味をもつ。絵画に署名が付けられるようになったのは、多数の似たような商品から差異化して自分の作品を売り込むためであろう。宗教や権力は、経典や遺物や儀式や記念碑など、様々な記憶装置によってその威信がはるか昔のオリジナルな出来事に由来することを主張することで、競合する宗派や集団に対して真正性を差異化しようとしてきた。ワインのテロワールの概念も、主として一八世紀に起きた名称の権利を巡る争いが発端になっている。ワインの地理的表示制度に詳しい児玉によると、「ヨーロッパにおいてこれら〔の〕時期に地理的表示制度の原型が設立されたのは、その時点で一定の社会的評価を確立していたワイン産地の既得権益が、貿易上のライバル産地の出現によって脅かされたから、という政治経済的な理由からであった」[7]。

このように、本来オリジナルとコピーは相互依存の関係にある。ただし、複製技術の時代では、オリジナルとコピーの関係が根本的に変化し、オリジナルという概念をもたないコピーも大量につくられて流通する。それがベンヤミンの主張である。その時代にオリジナルを主張することは、「社会的につくられた」フィクションであってその内実はコピーに過ぎないとみなされる。ある特定のコピーを差異化して付加価値を付けるマーケティング技術、そしてその付加価値を知的財産権として保護する国家戦略として、歴史性と場所性を備えた「オリジナル」の物語が紡がれるのである。つまり、複製技術の時代には、本当のオリジナルはどこにも存在しない、現代に「人の手が加えられていない」自然が存在しないように、とも考えられる。

しかし、このようにアウラやテロワールは「社会的につくられた」とする理論は、物事の一面でしかない。モノの面から見るならば、コピーの前にはオリジナルがなければならない。ただし、それは「オリジナル」という概念がまだ付属していない何ものかとして、である。それを原テロワールと呼ぶとすれば、それもまたテロワールと同様に、歴史的で場所的な〈自然〉と〈技術〉の相互作用システムと考えられるが、オリジナルであるという主張はしないし、真正性も持っていない。なぜなら、その世界ではすべてがオリジナルであるから、わざわざオリジナルである、真正であると主張しても無意味だから。このような原テロワールは、アウラも知的財産権主張もない〈いま-ここ〉として無数に存在した。原テロワールの時代では、すべての農産物や食品がただそこにあるという意味で、〈いま-ここ〉にあるものであったと考えることができる。作物や家畜がドメスティケーションの中心地から他の地域へ伝播しても、その地域の気候や風土、人々の生活や文化によって遺伝的に異なっていくことは容易に想像できる。作物や家畜の在来種とは、そのような原テロワールを構成する生物側の中心的な要素として、それぞれの土地に固有の農産物や食品をつくってきたものである。

原テロワールのなかの在来種

では、アウラも知的財産権主張も付随しない在来種とは、具体的にどのようなものだろうか。シャンパンの例を続けると、使われているブドウの品種は主に、ピノ・ノワール、ムニエ、シャル

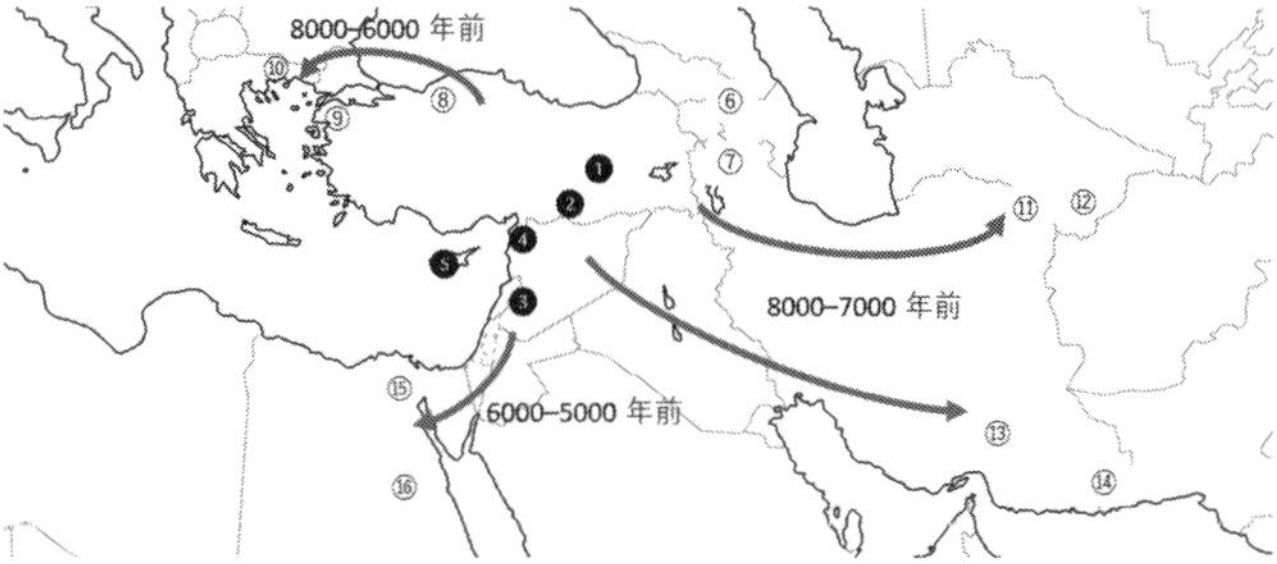

❶ Cayonu (10,800–10,300年前) ❷ Tell Halula (10,000–9100年前) ❸ Jericho (11,150–10,300年前) ❹ Tell Aswad II (10,200–9500年前) ❺ Prastio Mesorotsos (9800–9200年前) ⑥ Khramis DidiGora (8000–7000年前) ⑦ Aratashen (7840–7640年前) ⑧ Ilipinar (8030–7800年前) ⑨ Kumtepe (7000–5000年前) ⑩ Dikili Tash (6000–3200年前) ⑪ Monjukly Depe (7000–6500年前) ⑫ Gonur Tepe (4200–3700年前) ⑬ Konur Sandal South (4800–4200年前) ⑭ Miri Qalat (6000–5500年前) ⑮ Tell Ibrahim Awad (5300–4900年前) ⑯ El Abadiya 2 (5960–5640年前)

図 1–1. ブドウのドメスティケーションと伝播
Chen, G., Zhou, X., Khasannov, M. et al. (2022) に基づいて筆者作成.

ドネの三種である。このうち、前二種は同じピノ系列の古いブドウで、ピノ・ノワールはサヴァニャン・ブランとともに考古学者が見つけたローマ帝国時代の種子と遺伝的に非常に近いことがわかっている。[8] シャルドネはそのピノ・ノワールとグエ・ブランとの交雑種であると言われる。ピノ系列のブドウは野生種からあまり隔たっていないとされるが、ヨーロッパの野生種（*Sylvestris west*）は栽培種（*Vinifera*）との自然な交雑を繰り返してきた、つまり現在の野生種には栽培種の遺伝子が入っていると考えられているので、その見極めは難しい。もっとも、後の章で見るように、その地域の野生種と遺伝子交換することも在来種の特徴の一つである。言い方を変えると、野生種と在来種は往復する可逆的な関係で、両者の間でドメスティケーション（栽培作物化）が繰り返されてきた。

　ブドウの最初のドメスティケーションはコーカサス地方から現在のトルコやシリアの辺りで起きたとされる。それが、ギリシアやエジプトから地中海を経てヨーロッパ全体へと広がっていく過程で、ヨーロッパの野生種との交雑が起きていたことになる。[9] ブドウは交雑だけでなく栄養繁殖（挿し木）でも増えるため、ピノ・ノワールのような古い品種の遺伝的構成の多くの部分はそのままクローンとして現在に伝えられていると考えられる。ただし、栄養繁殖の場合でも、体細胞に自然に変異が起こって異なった性質の品種ができる場合がある。ピノ系列のブドウはそのようにして遺伝的に分岐したクローンが多いという。コーネル大学のマイルズらが米国農務省に保存されている九五〇品種のブドウを調べたところ、ピノ系列が最も多い一七品種含まれていた。[10] ムニエ品種も、ピノ系列のブドウの体細胞変異によるキメラ（異なった遺伝子型の細胞系列が同一個体のなかに存在すること）である。ピノ系列のブドウは、転移因子（トランスポゾン）を多く含むようで、クローンでありながら遺伝的な多様性が高い。このような転移因子による変異は、自然に起こるものであって、人為的な品種改良の結果ではない。ピノ系列のブドウの名称が記載されている最も古い文書は一四世紀と言われる。

遺伝的多様性の高さも、在来種の特徴である。ブドウの栽培品種のヘテロ接合度（母方と父方の染色体の対立遺伝子が異なっている割合で遺伝的多様性の指標の一つとなる）は相対的に高く、一三％程度あるとの報告がある。[11] 二〇世紀以降の穀物や野菜の近代育種では近親交配を重ねて近交系にしていくので、ヘテロ接合度は下がってホモ接合（対立遺伝子が同一）になる遺伝子が多くなる。在来種の育種は意図的な交配よりも選抜が主で、とくにブドウ栽培は栄養繁殖が主流であったと考えられるので、遺伝的な多様性は維持されてきたであろう。在来種は、その土地の自然条件に適合するとともに、人間の目的に応じた選抜によって、当時の〈いま-ここ〉を構成するものであったと考えられる。ピノ・ノワールは収量も耐病性も低く、本来は育てにくい品種である。それにもかかわらず、恐らくブルゴーニュ地方で選抜された後、国際品種になるまで各地で栽培されたのは、その独特な熟成性を持つワインの品質という一つの目的によるものであろう。

独特なブルゴーニュ・ワインやシャンパンという原テロワールが名声を得て、その原料のブドウとして各地で栽培されるようになるまでは、ピノ・ノワールはブルゴーニュ地方の在来種であったはずである。ムニエやシャルドネも同様であろう。それらを用いた生産物のコピーが各地で作られるようになると、アウラや真正性といった概念が生じ、さらに複製技術の時代になるとコピーに対する差異化のために、アウラを利用した地理的表示という知的財産権制度が導入されることになる。

在来種から現代のアウラへとつながる、もう一つの例を挙げよう。日本の和牛である。和牛四品種(黒毛和種、褐《あかげ》毛和種、無角和種、日本短角種)の遺伝資源と表示は、日本の家畜として唯一知的財産権の対象として、二〇二〇年に施行された和牛遺伝資源関連二法によって保護されている。なかでも和牛の九五%以上を占める黒毛和種の食肉は、高級肉のブランドとして国際的に認知され、言わばアウラを保持している。その真正性を保証する制度がこの二法、家畜改良増殖法の一部を改正する法律、家畜遺伝資源に係る不正競争の防止に関する法律である。

この黒毛和種だが、研究者によって在来種とみるか近代品種とみるか微妙なグレーゾーンに属する。黒毛和種はもともと日本各地で飼われていた在来種を源流とするが、明治期にシンメンタール、エアシャー、ブラウンスイスなどの海外品種との交雑が一時的に行われた。しかし、当時は農耕での役牛としての利用が主であり、こうして得られた交雑牛は農業者への反応性が悪く、敏捷性に欠け、粗飼料の効率が悪いといった理由から不人気となり、すぐに戻し交配されてしまった。結果として、ゲノムに含まれる海外から導入した近代品種由来の遺伝子が非常に少なくなったため、黒毛和種を在来種とみなす研究者もいる。[12] しかし、人工授精と後代検定によって肉用牛の系統を計画的に作り上げた「近代的育種事業の成果」であるとして明確に在来種であることを否定する研究者もいる。[13]

もっとも、在来種あるいは近代品種としての和牛も、その源流はメソポタミアで家畜化され、ヨーロッパで改良された家畜牛である。ミトコンドリアDNAの多様性分析から、それが北東アジアで野生種である原牛と交雑しつつ、二世紀ごろに日本に渡来したと推測されている。さらに、日本短角種の場合は、一五世紀にモンゴルおよびロシアから東北地方に牛馬を導入したことによって固有の遺伝子構成が生じていると考えられている。[14]

黒毛和種と近縁で海外品種の影響がほとんど見られない在来種として、山口県の見島牛と鹿児島県トカラ列島の口之島牛が存在する。どちらも日本各地にかつて存在していた在来牛が遠隔地の島で生き残ってきたものだが、後者はそれが再野生化したものである。見島牛には脂肪交雑（霜降り肉）が見られ、黒毛和種と祖先を同じくする在来牛であると考えられる。二〇一一年から一三年にかけて、東京農業大学のグループが口之島牛一頭と見島牛八頭の全ゲノム塩基配列を解読した。[15] その結果、両系統は西洋品種とは明確に区別され、見島牛の集団は塩基置換率で見た遺伝的多様性が高い集団であることがわかった。

黒毛和種の源流とも言えるこれらの牛を育んだ歴史的・地理的な時間‐空間が、日本在来牛の原テロワールを構成していたと考えることは可能であろう。在来牛は役畜としての利用が主であったが、

図 1-2. 河東直麿「国牛十図」の一部　「筑紫牛」
国立国会図書館デジタルコレクションより

食べていなかった訳ではない。しかし、原テロワールを、特定の地域の自然環境と社会が相互作用する時間-空間と捉えるならば、そこで生み出される生物と人間の関係性を食に限定する必要はない。人の言うことをよく聞き、狭小な水田でも機敏に働き、山道での荷駄もこなすことで、日本の農山村で人と共存してきた在来牛を育んだ環境が黒毛和種の原テロワールであろう。

　これらの在来種は当初は無名、つまり他の原テロワールと区別するアウラを持たなかったと思われる。そして、そのようなものとして、原テロワールと呼んだのであった。ただし、多数の地域を統合する視点からは地域ごとの特徴が現れる。一四世紀（鎌倉時代末期）には「国牛十図」という各地の牛の特徴を記した絵図が描かれ[16]、日本の在来牛の原テロワールに由来する地域差に関する記述が残っている。

　さて、このような原テロワールのなかの在来種と対比される近代品種は、どのような時間-空間のもとで生まれたのだろうか。そしてそれは複製技術およびそれに呼応して生まれるアウラをまとった商品（現代の和牛やピノ・ノワール）とどのような関係にあると言えるだろうか。

複製技術時代の近代品種

近親交配と純血種を特徴とする品種改良は、一八世紀の英国で始まったとされる。その理由として、多くの成書には、一八世紀の農業革命と産業革命による人口の増加に伴って食料需要が高まり、新しい品種改良技術が生まれたと書かれている。これは本当だろうか。増大する人口を養うために食料の増産、とくに育種方法の技術革新が必要であるという言説は、一八世紀末のマルサスの『人口論』に始まり、二〇世紀の緑の革命からゲノム編集まで継続的に流布されてきた。しかし、人口増加と食料増産はニワトリと卵の関係にあり、科学技術を危機の解決策としてのみ表象することは適切ではない。一方で、人口増加は十分な食料供給があってはじめて可能になるが、他方で、十分な需要がなければ食料増産は農産物価格の暴落と農業者の破滅を意味する。生産性を高めるための近代品種の育種も、かつての自給農民が都市労働者となって、商品経済が浸透した後の農業革命の一つとして理解する必要があるだろう。

メンデルが遺伝法則を発見し、ダーウィンが自然選択説を発表する一九世紀中頃より前の一八世紀、育種の実務家による家畜の体系的な品種改良の先駆者として常に取り上げられる人物が、英国のロバート・ベイクウェル（Robert Bakewell, 1725–95）である。ベイクウェルはイングランドに一七八ヘクタールの農場を持つ裕福なジェントリー（郷紳）で、特定の改良目標を定めて家畜の品種改良を体系的に行った最初の家畜改良家であった。当時は忌避されていた近親交配を用いて後代に伝えたい性質を確実にするとともに、雄牛を売却する際にはその子孫の能力を調査して成績の良かった個体は買い戻す権利を付けていた。後者は、現在も肉牛や乳牛で行われている後代検定という手法の先駆けであり、育種の際の選抜をその個体ではなく子孫の生産物に基づいて行うものである。

同時代の英国では、競走馬の品種改良でアラブ種からサラブレッドがつくられた。品種改良にあたって繁殖と競馬の成績の記録が残されて、それがジェイムズ・ウェザビー（James Weatherby）によって一七九三年に血統書（General Stud Book）第一巻として出版された。サラブレッドの考え方は純血を重んじる血統主義であり、一九六九年の血統書第三六巻には「登録を求める馬は、その馬の先祖全馬が既刊の血統書に記載されている馬にとどりつくことができなければならない。こうした馬をサラブレッドと称する」と定義されている。[17] これはその後、先祖全馬から先祖八代までに緩和されたが、純血を重視している点は変わらない。

ベイクウェルの育種方法とサラブレッドの血統主義は、育種の実務家によってしばしば混同あるいは混合され、純系育種（true breeding, pure breeding）として一九世紀の欧米で盛んに行われることになる。このような育種家の実践は、一八世紀の自然哲学から始まる生命への二つの異なったアプローチから対比的に捉えることができることを、カナダのゲルフ大学の生物学史家で家畜育種の歴史を研究しているマーガレット・デリーが論じている。[18] 二つのアプローチとは、生命の本質に何らかの力の存在を仮定する有機体・全体論的アプローチと細胞理論の枠組みでその力を説明しようとする遺伝的構造体アプローチである。一方で、一九世紀から二〇世紀にかけての動植物の遺伝学では、前者が集団遺伝学となって統計学や優生学を生み出しながら、農業における育種方法と相互作用して発展した。他方では、二〇世紀後半に分子生物学が興ると、後者のアプローチが主流になって、遺伝子組換えやゲノム編集による育種が行われるようになった。以下、デリーの議論の大筋を紹介する。

このような黎明期の生物学の視点をあてはめると、近親交配とともに、肉量、乳量、産卵数などの量的性質（表現型）の後代検定による選択を組み合わせたベイクウェルの育種方法は、家畜の集団を育種の単位として表現型を均質化しようとする方法であり、集団の変化の背景に見えない遺伝の「力」を見ようとする有機体・全体論的アプローチにつながる。実際に、ダーウィンはベイクウェルが創始した家畜の人為選択の実践を参考にして、集団における表現型の変化として進化を定義し、それが自然選択理論の基礎となった。その後、ダーウィンの従弟のフランシス・ゴルトン、数学者のカール・ピアソン（Karl Pearson, 1857–1936）らによって生物統計学と優生学が興ったことは知られている。

これに対して、サラブレッドの血統主義は、速い競走馬を育てることが目的であることから、集団ではなく個体の改良に焦点を当てている。サラブレッドの作出では、性質の劣化が起こり得る近親交配は避け、後代の量的性質ではなく、先祖の質的な性質（血統書）を基準にした人為選択を行う。当初は、アラブ種の雄を在来種の雌に異系交配することで、競走馬としての性質をつくり上げていった。これらの点はベイクウェルの育種方法と対照的である。サラブレッドの方法と親和性が高い生物学はメンデルの遺伝学であるが、二〇世紀初頭のメンデルの再発見が起こるまでは、遺伝的構造体アプローチとは言い難いものであった。むしろ、サラブレッドという考え方は動物の純粋さと地位を表すものであり、競馬を愛好した貴族階級の意識を反映していた。

以上のようにデリーが対比的に論じた二つの育種方法は、複製技術によるコピーと、アウラをまとったオリジナルとの対比と重なる。一方で、近親交配を重ねてほとんどの遺伝子がホモ接合となれば、遺伝的に同一のクローンに近づく。そこでは、個体性が廃棄されて全個体がコピーとなる集団ができ上がる。他方で、サラブレッド方式の育種は、血統書の内部で異系交配を行って、純粋だが特別な個体を作出する。どちらも一八世紀の英国を発祥としてヨーロッパと米国に拡大していった点で、資本主義社会の拡大とも重なっているだろう。

近親交配と後代検定を創始したベイクウェルは、それまでもっぱら農耕用であった牛（老齢になってはじめて食される）を肉用牛として育種した。彼は肉牛の生産の「鋳型（stamping type）」となる牛を後代検定で選抜して、同じ性質を持った肉牛を近親交配で大量に生産し、均質な食肉を商品として供給する、そのような理想を持っていた[19]。ところが、サラブレッドは、血統書に品種登録することで、育種した個体を他の馬から差異化する。唯一無二の個体として登録された競走馬が、血統書をたどって行きつく先祖のオリジナルによってサラブレッドとしての真正性のアウラを帯びることになる。すなわち、家畜の育種でも、コピーとオリジナルは近代化の黎明期に時を同じくして現れるのである。以下では、前者を〈均質化する技術〉、後者を〈差異化する技術〉と名付けてみよう。

ただし、この二つの技術は明確に境界付けられるものではないし、混同されたり混合されたり、あるいは融合して一つの技術になったりしてきた。そもそも育種の実践においては、良質で均質な種苗（種子や種畜）を生産することが目標であるので、二つの技術として区別する必要はない。しかし、近親交配による性質の劣化はよく知られており、均質化と劣化のバランスをとるために、交配する系統の選択や異系交配を組み合わせることは合理的である。ということはやはり、方向性が異なる技術として捉えることに意味がないわけではない。そして、それらが進化や遺伝に関する生物学の異なった考え方とつながっていることはデリーが論じたとおりである。さらに、本章の論点である〈自然〉と〈技術〉のグラデーションという点でも、両者を質的には同等の力とみなすか、それとも〈技術〉に〈自然〉に対する優越性を与えるかは大きな違いである。この違いは、冒頭の節で述べた産油国と石油メジャーの対立にも見られるほか、ゲノム編集を自然突然変異と同等の変化とみなすかどうかという論点でも現れている。ベンヤミンの比喩は、このような違いを二〇世紀における社会変化として把握する上で役に立つと考える。

そうした議論を展開する前に、ベイクウェルの育種方法に現れている動植物の複製技術が、どのような歴史的・モノ的な文脈で、生物と人間の間に、あるいは〈自然〉と〈技術〉の間にどのような関係をもたらしてきたのかを、牛以外の家畜や作物も含めて検討しよう。

〈均質化する技術〉 近親交配から集団遺伝学へ

前節の冒頭に書いたように、〈ここ〉ではない離れた匿名の市場に向けて生産する作物や家畜の生産性を向上するという経済的な契機が、動植物を改良する条件となったことは確実である。加えて、そのような条件の下で育種を行おうとする現場の農業者や篤農家がいなければ、動植物の複製技術は生まれなかったし、生物の遺伝学も発展しなかったであろう。技術は科学の応用分野ではない。両者は相互に浸透し、影響を及ぼし合う異なった社会集団の実践過程である。

一九世紀のヨーロッパの農産物市場は、食料を自給できない都市人口の増加以外にも、二つの要因で拡大したと考えられる。一つは、加工食品の需要と生産の増加が、パン用の小麦、砂糖用のテンサイ、ビール用の大麦、練乳缶詰用の牛乳、ハムやソーセージ等加工用の食肉など、品質が安定した農産物の量的な供給を促した。もう一つは、これらの農産物の貿易が活発化して、国境を越えた競争に農業者が応えねばならなくなったことである。ここには、鉄道や蒸気船などの輸送手段の革命ももちろん関係している。要するに現在へとつながる国際農産物市場が、一九世紀のヨーロッパと米国において始まった。

ベイクウェルの家畜育種も、そのような大きな社会変化の開始を見据えて、できるだけ均質な生産物を増産するための新しい育種法として行われたと考えられる。穀物については、英国の陸軍将校としてカナダで米英戦争に従軍したジョン・ル・クトゥール（John Le Couteur, 1794-1875）が小麦の品種改良にも興味を持ち、後代検定による選抜によって均質で種子量の多い小麦を作出できることを見出して一八三六年に出版した。小麦は自殖性（自家受粉する）植物なので、選抜によって特定の性質をもった近交系の植物を得ることができる。さらに、スコットランドの富農で育種家であるパトリック・シレフ（Patrick Shirreff, 1791-1876）もまた、パンを焼くために必要な性質を基準に選抜を行うとともに、そのようにして得られた近交系品種を交雑してハイブリッドを作成した。

ドイツの科学史家トーマス・ヴィーラントによると、[20] 二〇世紀初頭にメンデルの遺伝学が再発見される前に、多くの育種家が小麦のハイブリッドを試みていた。ハイブリッドの雑種強勢（大きさ、頑強さ、繁殖力、生産物の量などが向上する）現象は、ダーウィンも書いているように、すでに広く知られていたが、そのメカニズムは不明で結果も不安定で芳しくなかった。ドイツの育種家のヴィルヘルム・リンパウ（Wilhelm Rimpau, 1842-1903）は、一八七五年に生産性の高いイングランドの改良品種とドイツ小麦の交雑を試みたが、思うような成果は出なかった。リンパウは他の在来種との交雑試験を継続して一九九一年にその結果を出版し、ハイブリッドの第一世代は親世代の中間の性質で均質になるが、第二世代は親世代とは異なった性質のものも含むような多様な性質に分かれてしまうと書いており、F1ハイブリッド（一代交雑種）の特徴を的確に捉えていた。

同時代ドイツ（プロシア）の育種家フェルディナンド・フォン・ローハウ（Ferdinand von Lochow, 1849-1924）も、ベルリン近郊のペトクス地区に農場を所有して小麦やライ麦（他殖性）の交配試験を行った。彼は最も成功した品種であるペクトス・ライ麦をはじめとして多くの商業品種を育成し、種子会社を設立してヨーロッパ中に支店を広げた。F1ハイブリッドの本格的な商業化は二〇世紀の米国のトウモロコシと鶏まで待たねばならないが、一九世紀の時点ですでに家畜や穀物の品種改良によって、農産物の複製技術が少なくともヨーロッパの数か国で広がっていたことがわかる。

生命はＤＮＡを鋳型に用いて自らを複製する機構であることから、複製技術を単にオリジナルをコピーする技術と捉えるのでは意味をなさない。コピーはオリジナルの模倣で、オリジナルはコピーよりも真正さを主張する。しかし、複製技術はこの関係を破壊し、オリジナとコピーの境界を取り払う、あるいはオリジナルよりも真正なコピーの世界をつくり上げる。ベンヤミンが取り上げた写真や映画は、その表現のモチーフである現実の人物や風景、そして社会生活の一コマを、芸術家の視点で理想化したものであった。写真にとられた美しい風景は、たまたまその場所を通りかかった旅人の肉眼では目にすることができなかったり、映画で描かれる人々の日常生活は、個性的な俳優たちと演出家によって劇的な場面となったりする。

家畜や作物の改良でも、近交系育種によって遺伝的に同一な生物の大量生産が可能になるだけでなく、異なった近交系品種同士を交雑すると雑種強勢現象により、親の近交系品種よりも性質が向上した均質なF1ハイブリッドが得られる。しかし、第二世代以降は均質性が失われて性質も劣化する。F1ハイブリッドは、オリジナルでもコピーでもない何物か——ボードリヤールに倣って近代における複製技術のシミュラークルと言ってもよいだろう——の大量生産なのである。

F1ハイブリッドの試みに見られるように、農産物の複製技術は育種の商業化だけでなく、農産物の量的な増大を目指していた。穀物では種子の数、家畜では乳牛の乳量や鶏の産卵数など、量的な性質と呼ばれるものの改良が重要な目的であった。これらの量的な性質を基準にして後代検定を行い、その親世代の家畜を選抜して集団全体の性質を改良するのがベイクウェル以来の家畜育種法であった。穀物では親世代の種子の系統を識別して保存しておくことが必要で、上述のローハウが普及させたことから「ドイツ式選抜（German method of selection）」として知られた。しかし、量的性質の遺伝は制御するのが非常に難しく、そこから統計学を駆使した米国のシューアル・ライト（Sewall Wright, 1889-1988）や英国のロナルド・フィッシャー（Ronald Fisher, 1890-1962）らの集団遺伝学が発展することになる。

すなわち、商業的な育種家による技術的な実践が、自然科学としての生物学や遺伝学に先んじていた。ダーウィンが育種家の実践から自然選択説を構想したように、穀物や家畜の複製技術は自然選択を説明する集団遺伝学に影響を与えた。例えば、ライトはハーヴァード大学で学位を得て一九一五年から米国農務省畜産局に一〇年間勤務した後、シカゴ大学の動物学講座に移った。畜産局では、近親交配をメンデル遺伝学で説明する実践的な研究を行ったが、シカゴ大学ではその結果に基づいて進化のメカニズムに関する理論構築に取り組んだ。ライトは一九三二年に「進化における突然変異、近親交配、交雑、および選択の役割(The roles of mutation, inbreeding, crossbreeding and selection in evolution)」と題する論文で、その後の進化生物学に大きな影響を与えた適応度景観(adaptive landscape)の構想を発表している。

ライトの適応度景観とは、遺伝子型の膨大な組み合わせの平面に対して、集団の適応度の平均値――つまりその組み合わせの遺伝子頻度の平均値――を高さとして可視化した仮想的なマップである。マップ上に多数存在する山(ピーク)が、現実に起こり得る適応進化の遺伝子型を表すことになる。ライトやフィッシャーが取り組んだ穀物や家畜の量的な性質(表現型)は、メンデル遺伝学のような単一の遺伝子の変異では説明がつかなかった。そこで、複数の遺伝子が表現型に影響を与えていると考えられた。しかし、二〇世紀初頭の突然変異の研究から考えられた集団内の変異数は、ショウジョウバエで四〇〇個、もっと高等な動物では一〇〇〇個以上になると予想されていた。これらの対立遺伝子の多様性がつくる表現型の多様性は膨大なものになるはずである。しかし、現実の表現型は限定されている。このことをフィッシャーは、無限遺伝子座モデル(infinitesimal model)と表現した。そこで、遺伝子型の組み合わせによって、適応度に差が生じるが(マップ上の山と谷)、現実に起こり得

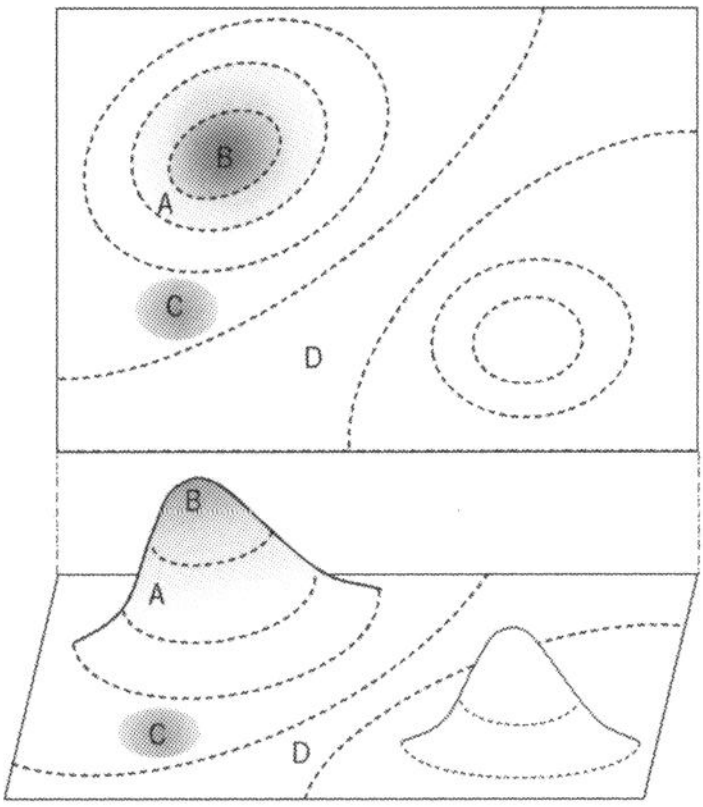

平面は起こり得る遺伝子型の組み合わせを，高さはある環境での適応度を表す．環境の変化は遺伝子型の組み合わせの適応度を変えるため，地形全体が変化する．
A．適応している左上の山に突然変異が起こると，多様な変異がふもと近くまで広がる．集団の多様性は高くなるが平均適応度は減少する．
B．逆に，人為選択で適応度を上げると集団は山の頂点に集まるが，多様性は減少する．
C．集団の一部が選択されて遺伝的浮動が起こり，小集団内での交配が進むと適応度は下がり，多様性も減少する．
D．さらに近親交配を進めて純系の集団をつくると，適応度はさらに下がって，多様性は失われる．

Wright S (1932) Figure 4 とその本文中の説明に基づいて筆者が作図した．

図 1-3. 適応度景観

る表現型は限定され、それを適応度景観というモデルで把握することができるのではないか、という発想である。

ライトの一九三二年の論文では、適応度が変化する要因として、論文タイトルにある「突然変異、近親交配、交雑、および選択」を挙げている。近親交配と交雑は、もちろん農業における育種に関係する。選択には、人為選択のほか、生息域の環境や他の生物種の変化による自然選択が含まれる。例えば、近親交配を続けると、ある特定の遺伝子型への固定が起こって集団の多様性は極限まで減少して、適応度も下がる。そうすると、その集団のマップ上の山（それなりの大きさで裾野が広がっている）は消滅して、ある一つの点、つまり品種に凝集する。また、自然環境の変化は、山を別の位置に移動させる。交雑も山の位置を変化させるが、多様な遺伝子型の組み合わせが生じて品種は分解し、マップ上の多様な点に分散する。そのような解釈がなされていた[21]。

ちょっと進化の理論に踏み込んだ話になってしまったが、農業の複製技術から集団遺伝学に至る近代的な実践と理論の流れの中で、以下の三点が示唆的である。第一に、近親交配やハイブリッドのような育種技術も、環境の変化による自然選択も、進化が起こる適応度景観という同じ地平の出来事として同列に考えることができる。つまり、生物の進化という観点では、〈技術〉と〈自然〉の区別に意味はない。適応度景観は、生物の遺伝子型と表現型の関係、つまり生物の内なる自然のあり方を可視化したものである。生物の〈内側の自然〉を進化が起きる地平として理解することが、近代における自然観の一つの特徴であろう。第二に、環境が変化したときに起こる自然選択による進化を考える場合に、生物の外側にあって選択圧となる自然は、その生物とは異なる自然環境として別に考える必要がある。すなわち、〈自然〉は〈内側の自然〉と〈外側の自然〉の二つの異なった対象として理解される。この点は、現代における「自然さ」の議論にも影響している。第三に、適応度景観という考え方のもとでは、適応度が極大となる山が複数存在する。それらはつねに局所的、ローカルな範囲内での極大値であって、全体としての最適値ではないし、複数ある山の位置や高さも環境の変化によって動的に変化し得る。それは、たくさんの原テロワールが存在する在来種の分布のようなものであろう。それが、選択や交雑によって一つの山に集中したとしても、潜在的に存在し得る遺伝子型の組み合わせ＝多様な表現型のなかの一つのあり方〈無限遺伝子座モデル〉に過ぎない。そこには、ただ一つの真正性を表すアウラもオリジナルもない。

ベイクウェルから始まった複製技術と集団遺伝学は、特定の品質の農産物を大量に供給するという目的のもとで、〈技術〉と〈自然〉、人為選択と自然選択、オリジナルとコピーを区別せずに、生物集団の遺伝子頻度の平均値をどのように均質に操作できるかを追求してきた。それは、生物の〈内側の自然〉を平準化しようとする実践と理論であると言えよう。マーガレット・デリーが有機体・全体論的アプローチと呼んだこの実践と理論は、一九世紀ヨーロッパ社会の大きな変化、すなわち資本主義的な生産様式が広がり、労働者が都市へ集住し、そして人びとが国民国家に統合される、そのような過程の一部として出現したと考えられる。地域ごとに異なった原テロワールで育ってきた遺伝的に多様な在来種が、商業的な育種家による近親交配と選抜という複製技術を経て、国民国家のなかで広く栽培・飼育される遺伝的に均質な品種として確立する。さらに、その農産物の貿易が行われるだけでなく、品種自体が交配用に国境を越えて移動して遺伝子を増幅させていった。しかし、現在においても、量的な表現型と遺伝子型の関係は解明されておらず、量的形質遺伝子座（quantitative trait locus: QTL）解析がゲノム科学の一つのテーマとなっている。

〈差異化する技術〉　テロワール　ハイブリッド　生物学的錠前　ブランド

デリーによるもう一つの生物学の理論潮流、遺伝的構造体アプローチは、一八世紀の英国でサラブレッドの血統主義から始まった。有機体・全体論的アプローチに至った複製技術とは異なり、集団ではなく個体の改良を目的とし、改良の焦点は量的性質ではなく質的な表現型であった。一九世紀には、犬の犬種ごとに犬種クラブができて隔離繁殖が行われ、純血種（purebred）の血統がつくられた。犬種は集団であるが、血統書は個体レベルで記載される。評価の基準も、競走馬の場合はレースでの成績はもちろんであるが、見た目の美しさやその血統の特徴が重視される。ここでのポイントは、純血種を雑種から隔離して守り育てることである。資本主義的な社会変化による労働者＝消費者の拡大に対応する複製技術とは対照的に、競走馬や愛玩動物の所有者である社会階層を労働者から差異化することが、この技術の背景にある。ただし、それは資本主義と無縁ではなく、二つの商品や社会集団の間に差異を形成して、その差異を利用して価値を収奪することも、後述するように資本蓄積のもう一つの戦略である。

血統主義が地域と結びついたものが、前述した農産物の地理的表示制度におけるテロワールである。もとより、競走馬や愛玩動物は農産物ではないが、特定の作物や家畜のテロワールを維持するためには、単なる表示やマーケティングだけでなく、それらの繁殖を隔離して品質を実質的に差異化することが必要である。そのようにしてコピーを禁止するモノの側面がなければ、地域ブランドに真正性やアウラは生じないであろう。地理的表示制度による複製禁止が法的な錠前（legal lock）であるとすれば、生物自体に複製禁止機能を作りこむことは生物学的な錠前（biological lock）と呼べるだろう。F1ハイブリッドはそのような技術である。

メンデルの遺伝学は、エンドウ豆の質的な差異を遺伝する一つの単位によって説明するものであった。二〇世紀初めにメンデル遺伝学を再発見したウィリアム・ベイトソン（William Bateson, 1861-1926）は、突然変異による断続的な進化を主張して、ダーウィン以来の連続的な進化を信じる統計学者のカール・ピアソンと鋭く対立した。メンデル派とダーウィン派の論争は、一九四〇年代に進化論の近代的総合という形で統一されるのだが、農業分野でもほぼ同じ時期に量的遺伝学と近交系育種がハイブリッドや人工授精の技術によって統合されている。

前節でオリジナルでもコピーでもない技術として扱ったF1ハイブリッドは、一九世紀から知られていた現象を利用した技術だが、メンデル遺伝学によって理論的な枠組みを与えられた。すなわち、異なった近交系品種のホモ接合体同士を交雑させることで、ヘテロ接合体（ホモ接合やヘテロ接合といった用語はベイトソンによる）となって雑種強勢現象が起こる。と言っても、なぜそうなるのかは不明で、雑種強勢の多くは量的性質なのでどの遺伝子が関係しているかわからない。ホモ接合によって潜性（劣性）遺伝子が表現型として現れる近交系を、交雑によってヘテロ接合にすることで潜性遺伝する形質は消滅するが、それだけで説明できる現象ではない。ただ、F1ハイブリッドにおいては、近親交配によって〈均質化する技術〉と、交雑によって他から区別される優れた個体を作り出す〈差異化する技術〉、これら二つの育種戦略が融合しているということは言えるであろう。

家畜とくに乳牛と肉牛における人工授精の技術は、優れた雄を多数の雌に掛け合わせる点でサラブレッドに由来する発想である（もっとも、競走馬のサラブレッドでは自然繁殖以外を認めていない）。しかし、乳量や肉量は量的形質であり、後代検定によって用いる雄を選抜することはベイクウェルの方法に起源がある。後代検定の結果をどのように使い、どの雄を用いた人工授精がもっとも量的形質を改良できるかが統計学的な量的遺伝学によって洗練されてきた。これもまた、二つの育種戦略の融合の結果と考えることができる。

このように、有機体・全体論的アプローチと遺伝的構造体アプローチは、その実践的な技術においても決して排他的ではなく、融合と分岐を繰り返してきた。一九世紀後半から集団遺伝学と量的遺伝学に発展した〈均質化する技術〉に対して、サラブレッドに由来する〈差異化する技術〉は競争馬と愛玩犬などに留まっていた。しかし、二〇世紀のメンデル遺伝学の発見を契機に、〈均質化する技術〉との融合や突然変異の誘発など、新しい技術の展開が始まる。そして、二〇世紀後半に分子生物学によって遺伝的構造体の解明が進むと、育種における主要な技術になっていく。〈均質化する技術〉と〈差異化する技術〉は、ともに生物の繁殖を人為的にコントロールしようというドメスティケーションの発展型であり、一九世紀から二〇世紀にかけてのヨーロッパと北米を中心とする資本主義社会の展開と拡大を反映していると想定するべきであろう。

資本主義との関連の具体例として参考になるのは、やはりF1ハイブリッドの技術であるが、この技術の商業化は、日本の養蚕が最も早い。東京帝国大学農科大学の外山亀太郎は、一九〇一年頃からメンデル遺伝学の再発見に関する論文を読み、一九〇二年から蚕業指導者として招聘されたシャム（現タイ王国）のバンコクで、蚕を用いてメンデル遺伝学の再現実験に取り組んだ。[22] そこで、F1ハイブリッドの雑種強勢現象を目の当たりにした。帰国後の一九〇五年に外山は、蚕糸業界誌である『蚕業新報』に書いた「蚕種類の改良」という一文で、次のように述べている。[23]

製種家の注意を煩はさんとする事は、一代限りの種類を持へる事である。之は最も蚕種家の方では面白い問題である。即ち一代の間或性質を休眠せしめて、善良の性質丈を発現させることで、若し之を他の人が複製するときには直に分解して不良なる種類となる、之は蚕種製造家の事業保護上一の良方であるかと思ふ。（大日本蚕糸会（編）『日本蚕糸業史第三巻』、三七〇頁）

この「一代限りの種類」は育種者の権利を保護する。つまり、二代目を「複製」しようと育てても

「善良の性質」は得られないし、親系統が何かを伏せておけば一代目の生産方法も企業秘密〈トレード・シークレット〉にできる。これが生物学的な錠前である。そしてここに、種苗生産が小規模な育種家から産業となる条件があった。蚕のF1ハイブリッドは、当初は国立の原蚕種製造所で生産されたが、一九三〇年代には片倉製糸、郡是製糸などの製糸企業が、農民を組織した養蚕組合に対して「特約取引」と呼ばれる集団独占契約で供給するようになった。桑、蚕種、蚕、繭、生糸という商品連鎖の川下に位置した製糸企業が、F1ハイブリッド蚕種を独占的に販売する企業にもなることで、蚕から繭の生産は同一資本に挟まれた労働過程に変わっていった。[24]

すなわち、〈差異化する技術〉は、雑種強勢の一代目の生物を親世代や二代目と差異化するだけでなく、その特別な種苗の育種者を、その種苗を購入して育てる農業者や他の育種者から差異化する。一代目は〈均質化する技術〉とみなせるが、他者にはどのようにして複製したのかが隠されている。差異化によって複製を独占する点で、一種の生物学的な知的財産権保護技術と考えることができるだろう。知的財産権は、ある行為を人間の知的活動による〈技術〉とみなして、その材料や労働力となる〈自然〉と差異化することによって、前者が後者に対して経済的に優位に立つことを一時的に正当化する。それによって、〈技術〉の開発を促進する制度である。複製技術が人為選択の〈技術〉と自然選択の〈自然〉を同列に扱っていたのに対して、〈差異化する技術〉は両者を峻別する点に特徴がある。

しかし、単に差異化するだけでは利益は限られている。それを増幅するためには、遺伝的に同一の蚕による均質な繭の大量生産という複製技術が必要であった。したがって、F1ハイブリッドは、〈均質化する技術〉と〈差異化する技術〉の融合である。それは、サラブレッドの馬主のような誰か特別な人のための育種ではなく、市場の匿名の沢山の人びとに向けた商品のための育種技術である。この画一的な複製に伴って、一九一六年に三三一七種あった蚕の品種数は、一九三五年には三一〇種に激減した。[25]

ところで、養蚕のF1ハイブリッドでは、繭を買い取って加工していた製糸会社が、機械製糸に適合する品質の蚕種を開発して養蚕組合に契約販売していた。これは、商品連鎖の川上と川下が同一資本となって農民を挟みこむ垂直的統合であるが、蚕の飼育自体は農民に委ねる点が、現代のF1ハイブリッドのブロイラー産業と同じである。餌となる桑の栽培と蚕の飼育には、天候や病害といった〈自然〉のリスクが伴う。それだけでなく、蚕の飼育は伝統的に農民の家の中で女性が担ってきた。それは、子供を育てるのと同じように、付き切りで世話をしなければならないケア労働である。F1ハイブリッドの蚕種が養蚕組合に配られて、科学的な飼育管理法が浸透しても、女性によるケア労働が不要になったわけではない。一九二九年に当時の大手製糸会社であった鐘淵紡績は、この養蚕工程を全面的に工場化しようとして失敗した。蚕の飼育が機械的な労働に馴染まなかったためである。[26] 結果として、企業は〈自然〉のリスクやケアを自分たちから切り離して、安定な〈技術〉に投資する。ここでも、〈技術〉と〈自然〉を差異化する原理が働いている。付言すると、米国のブロイラーにおいても、鶏の雛を飼育する部分は女性が担っていた。このような女性の労働を差異化することの意味については、第3章で改めて論じたい。

次に、一九三〇年代からF1ハイブリッド化が進んだ米国のトウモロコシについてである。一九〇〇年代初めに遺伝学者のジョージ・シャル（George Shull, 1874-1954）がトウモロコシのF1ハイブリッドの雑種強勢現象を確認し、コネチカット州農業試験場のドナルド・F・ジョーンズ（Donald F. Jones, 1890-1963）が、異なったF1ハイブリッド同士をさらに交雑するダブルクロスの手法を一九一七年に確立した。F1の親世代の近交系品種は収量が相対的に低いため、販売できるF1種子の生産量が低い（混同しないように書くと、F1作物の種子生産量は高い）ことを解決するために、二重に交雑を行ったものである。このダブルクロスは異系統間の交雑ではあるが生産される作物は均質で、かつ生産量を増加させる点で、〈均質化する技術〉として捉えることができる。

ジョーンズの方法を、アイオワ州の富裕な農業者（父親は農務省長官や副大統領を務めた人物）のヘンリー・A・ウォーレス（Henry A. Wallace, 1888-1965）が取り入れて、一九二四年にダブルクロスのハイブリッド・コーンを商業化し、その二年後に、後にパイオニア・ハイブレッド社となる種子企業を立ち上げた。同社は二一世紀には遺伝子組換え種子の最大手企業となり、現在は農薬企業と合併してコルテバ・アグリサイエンス社となっている。ハイブリッド・コーンは一九三〇年代から五〇年代にかけて米国のコーンベルトで普及し、経済学や経営学のイノベーション研究の教科書に取り上げられる事例となった[27]。それまで種子を自家採取してきた農業者は、ハイブリッド種子の製造企業によって差異化されたことになる。

尚、ハイブリッド・トウモロコシ種子の製造には、花粉親となる品種からタッセルと呼ばれる雄花を手作業で除去することが必要であった。しかし、一九五〇年代初期に前記のジョーンズらが、テキサスの農業試験場で見つかった細胞質雄性不稔（細胞質にあるミトコンドリア遺伝子の変異と細胞核遺伝子との相互作用によって花粉ができない）の個体を交雑し、ダブルクロスを作出することに成功した。[28] タッセル除去が不要になることで、ハイブリッド種子製造コストは大幅に低下した。細胞質雄性不稔は、他の作物のF1ハイブリッドを作成する上で、重要な技術となる。

細胞質雄性不稔は一九〇四年にキダチハッカ（summer savory）で発見され、一九二〇年代にはタマネギのハイブリッドに応用された。しかし、トウモロコシや幾つかの野菜の商業栽培に普及するのは、一九五〇年代になってからである。この技術もまた、細胞質雄性不稔を持っている個体を在来種や野生種（後には突然変異の誘発によって得られた系統）から探し出してハイブリッド品種と交雑するという点で、特別な個体を作り出す〈差異化する技術〉である。しかし、その目的や効果を考えると、ハイブリッド種子の製造コストを下げて、さらなる均質な生産物の大量生産を可能にするという点で〈均質化する技術〉とも言える。そのような意味でも、F1ハイブリッドは二つの方向性の〈技術〉が融合したものと考えることができる。

さて、ハイブリッド・トウモロコシは飼料用である。種子会社が垂直的統合でトウモロコシを買い取るならば、今度は家畜の遺伝学に向かうのは必然であろう。一九四二年にパイオニア・ハイブレッド社の養鶏事業部門はトウモロコシで培ったF1ハイブリッドの技術を用いて、ダブルクロスによって年間産卵数を増やした採卵鶏の品種Hy-Lineを開発した。A・ウォーレスの息子のヘンリー・B・ウォーレス（Henry B. Wallace, 1915–2005）がこの事業を担当し、独立してハイライン（Hy-Line）社を設立した。穀物と違って産卵数が限られている鶏では、試行錯誤を重ねて最適な交雑の組み合わせを見つけることに多大のコストと労力がかかるだけでなく、廃棄される雛が多数出てしまう。トウモロコシで成功したパイオニア・ハイブレッド社のような企業体でなければ、事業化は難しかった。[29] このハイブリッド雛の製法は秘匿されたが、やはりハイブリッド・トウモロコシ種子企業として成長していたデカルブ（DeKalb）社が追随した。現在、世界の採卵鶏用ハイブリッド雛の種鶏市場は、ドイツのＥＷグループ（Erich Wesjohan Group）とオランダのＨＧグループ（Hendrix Genetics Group）の二グループの寡占状態である。ハイライン社はＥＷグループ、デカルブ社はＨＧグループの子会社になっている。

ハイブリッド採卵鶏やその原種は、一般消費者には馴染みはないが、関係者にとってはよく知られた固有のブランド名を持ち、有名な企業によって品質――産卵数、卵の重量、飼料摂取量、鶏の耐病性や耐寒性など――が保証されている。それぞれのブランドが、特徴を持ったオリジナルな真正性を有していると言える。そして、ハイブリッドであることから、その製造方法は生物学的錠前によって隠されている。そこに秘匿された芸術作品のようなアウラも付随している。

例えば、ＥＷグループに属する日本の㈱ゲン・コーポレーションは、ＥＷ傘下の育種企業から原種を輸入して受精卵を産ませ、生まれた種鶏ひなを提携孵化場に供給する企業である。孵化場で生産された採卵鶏が、日本国内の鶏卵生産者へと販売される。ゲン・コーポレーションのウェブサイトには、最終的に販売される採卵鶏がカタログとして掲載されている。ハイライン社から輸入した原種を使って販売される鶏種は、マリア、ボリス・ブラウン、ソニアのようにブランド名が付けられ、飼育管理方法を記したファイルをダウンロードできる（二〇二二年一〇月現在、https://www.ghen.co.jp/lineup.html）。

自動車や家電などの工業製品は、均質な量産品でありながら、固有名や「諸元」「スペック」などの記号によって差異化されたオリジナルでもある。ハイブリッド採卵鶏もそのような真正性をまとったコピーであると考えられる。

〈差異化する技術〉その二　突然変異誘発から遺伝子操作へ

メンデル遺伝学の発見者の一人であるオランダのユーゴー・ド・フリース（Hugo de Vries, 1848-1935）は、進化の突然変異説を提唱した。すなわち、メンデル遺伝学とあわせて、遺伝子が突然変異することによって断続的な進化が個体レベルで起こるとするもので、ダーウィン派の連続的で集団遺伝学的な進化と一時的にではあれ対立した。これが、マーガレット・デリーが遺伝的構造体アプローチと名付けた生物学の端緒の一つである。

一九二七年に米国の遺伝学者ハーマン・ジョーゼフ・マラー（Hermann Joseph Muller, 1890-1967）は、ショウジョウバエにX線を照射すると突然変異を誘発できることを見出した。その翌年には、ミズーリ大学のルイス・スタドラー（Lewis John Stadler, 1896-1954）がトウモロコシと大麦へのX線照射による突然変異を報告した。ここから、放射線や化学物質による突然変異の誘発を、植物の育種に利用する試みが始まる。

突然変異育種によって最初に商業栽培された品種は、一九三八年にオランダ領であったジャワ島で報告された黄緑色の葉をもつタバコであった。蕾のX線照射による染色体異常であり、F1ハイブリッド品種として育成されてクロリナ（Chlorina）と名付けられた。この黄緑色の葉は葉巻の表面に使われたと言うが、第二次世界大戦で消滅した。[30]

放射線照射による育種には、蕾や種子などに高線量の放射線を短時間照射する急照射と、植物体そのものに低線量の放射線を長期にわたって照射する緩照射がある。植物生体への緩照射は、実験圃場のなかに線源を置くガンマフィールドという施設で行うことによって、より多くの線量を照射することが可能であった。最初のガンマフィールドは、米国ニューヨーク州のブルックヘブン国立研究所（Brookhaven National Laboratory）に一九四八年に設置された。日本では、一九五七年に農水省の農業技術研究所（当時）にガンマ線照射施設がつくられ、一九六六年にガンマ線の緩照射によって半矮性（化学肥料を施しても倒れにくい）水稲品種レイメイが育成された。この施設が一九六〇年に茨城県常陸大宮市に移され、コバルト60を線源とするガンマ線照射塔を中心にした半径一〇〇メートルの円形圃場を有するガンマフィールドとして設置された。ちなみに、ここで対象となっているのは栽培作物だけであり、蚕を除く家畜では放射線照射は行われていない。

放射線照射が突然変異を誘発するメカニズムは、前述のような染色体異常もあるが、基本的には放射線のエネルギーがＤＮＡの二本鎖を切断する際に働く細胞の修復過程でエラーが生じ、ＤＮＡ塩基配列の欠失や置換をもたらすことによる。結果として、特定の遺伝子が働かなくなったり、機能が変わったりすることによって、表現型に差異が生じる。ただし、表現型の差が現れるのは起こした突然変異の一部である。ＤＮＡの一本鎖のみの切断では修復エラーは生じない場合が多いし、大規模な塩基配列の欠失は致死的な影響を与えて後代個体自体が観察できないこともある。ガンマ線をイネに照射した最近の研究では、表現型の変化が観察された系統のＤＮＡ塩基配列の変化は、七割程度が四〇bp（塩基対）以内の小さな欠失であった。急照射では二割程度で九〇〇〇〜一万三〇〇〇 bp の大きな欠失が見られたが、緩照射では認められなかった。また、両方の照射で一塩基の置換が一割未満で認められたほか、染色体の逆位もわずかに起きていた。[31]

このようなメカニズムの説明は、二〇世紀半ばに遺伝子の本体がＤＮＡであることが解明され、その後の分子生物学と遺伝子工学の隆盛があって初めて可能になったものである。〈差異化する技術〉の第二段階は、遺伝的構造体アプローチによる生命理解と並行して進み、遺伝子組換えやゲノム編集といった技術による育種に結実していく。

話を戻すと、緩照射が行われる常陸大宮市のガンマフィールドでは、照射塔から一〇メートルの位置で一日八時間照射すると一日二グレイの線量となっていて、これは日本の自然放射線量（バックグラウンド放射線）の約三〇万倍に相当した。二〇〇〇年代にガンマフィールドの放射線育種場長を務めた中川仁は、この線量が一〇〇〇年分の自然放射線の累積量となり、進化を加速するものだと国際原子力委員会（International Atomic Energy Agency, ＩＡＥＡ）が二〇一一年に刊行した本の第3章で述べている。[32] その章の冒頭で引用されているのは、ＩＡＥＡの植物育種遺伝学部門長のピエール・ラゴダ（Pierre Lagoda）がニューヨーク・タイムズの記者に語った次のインタビュー内容である。[33]

自然突然変異は進化のエンジンです。私たちはここで自然を模倣しているのです。私たちは時間と空間を圧縮して、育種家が生きている間に仕事ができるようにしています。私たちは、ちょうどよい変異体を選ぶことができるように、一万から一〇〇万種の突然変異が生じるように努力しています。（*The New York Times*. Aug. 28, 2007）

このインタビューでは、遺伝子組換え作物への消費者の批判的なスタンスについても質問されているので、放射線や化学物質による突然変異育種が〈自然〉であることをことさらに主張しているのかもしれない。しかし、中川も強調していることは、放射線（および直接言及してはいないが化学物質も）による突然変異の誘発は〈自然〉の延長にあるということだ。人為的な突然変異の誘発は自然環境での進化を「加速」、あるいは逆に育種の時間を「圧縮」するに過ぎない。誘発される変異は、自然に起きる変異と変わらない。そのような主張である。序章でも同様な理由によって、ゲノム編集が人為的な突然変異誘発と変わらないと主張されていたのを見た。つまり、〈自然〉の延長に放射線照射があり、さらにその延長にゲノム編集があることになる。

また、ダーウィンとその後継者たちによる有機体・全体論的アプローチが、進化における「自然選択」を育種における「人為選択」と同型のものと考えたように、メンデルからド・フリースを経由する遺伝的構造体アプローチの人びとも、進化で見られる「自然突然変異」と育種で行う「人為突然変異」は質的には変わらないと主張しているとみることもできる。確かに、突然変異育種の歴史をまとめたオランダのファン・ハルテンは、それらの育種を論じる前に、一七世紀までに知られていた自然突然変異の例を挙げている。接ぎ木でキメラが生じたフィレンツェのビザリア・オレンジ、中国の耐寒性イネ、多様な花の色が生じた日本の朝顔などである。その延長線上に、放射線や化学物質で人為的に突然変異を誘発させる育種が行われたとする。[34] もっとも、自然突然変異といっても、栽培作物で新しい有用な品種が生じた例であり、あくまでも育種の実践における出来事である。

そして生物の進化の観点からは、個体で起きる自然突然変異が遺伝的な多様性をもたらすことと、その多様性が環境や性選択によって繁殖可能な集団として選択されて均されていくことは、異なったメカニズムである。前者に着目するのが遺伝的構造体アプローチ、後者が有機体・全体論的アプローチであり、その統合により現代の進化生物学が成立したのであった。ところが、この二つのアプローチに、進化に関する生物学的な認識つまり〈自然〉と、農業における育種の実践つまり〈技術〉の違いが重なる。そして〈技術〉は〈均質化する技術〉と〈差異化する技術〉に分節化できたことを確認しよう。この絡まり合いを歴史的に解きほぐすと、以下のようになるだろう。

最初に近親交配による〈均質化する技術〉とサラブレッドに見られる〈差異化する技術〉の分節が一九世紀に起こり、前者から有機体・全体論的アプローチによる自然選択説が生じた。遺伝的構造体アプローチによる遺伝現象の認識は二〇世紀初めのメンデルの育種実験による遺伝学の再発見から始まり、二つのアプローチの統合を経て、二〇世紀前半からハイブリッドや突然変異誘発育種のような〈差異化する技術〉の発展が生じた。一九世紀までは技術から自然科学の認識が生じていたのが、二〇世紀では逆に科学が技術に応用される部分が生じてくることは、他の領域でも一般的にみられる傾向である。二〇世紀の初めまで、生物の進化はダーウィンにしてもメンデルにしても、育種の実践から理解されており、進化と育種、〈自然〉と〈技術〉の連続性は前提とされていた。

すなわち、〈均質化する技術〉の節で適応度景観について論じたように、生物の進化もベイクウェル型の育種も、〈内側の自然〉つまり生物の遺伝子型が表現型へと接続するメカニズムに依存している。人為選択や交雑は、対立遺伝子の頻度を変えて遺伝的な多様性を操作することで、生物集団の表現型を変えていくが、それは自然選択で起きていることと質的には異ならないと認識されていた。したがって、突然変異誘発育種についても、自然突然変異の延長であるとみなすことに違和感はなかったであろう。

ところが、〈外側の自然〉のあり方が、〈差異化する技術〉では異なってくる。人為選択や交雑は、人間が必要な表現型の生物を選ぶことによるが、突然変異誘発育種では生物を日常の三〇万倍の放射線量に暴露する。上掲のインタビューにあるように、人為選択や交雑に頼っていた育種家が「生きている間に仕事ができるように」「時間と空間を圧縮」するという点で、突然変異誘発育種は〈外側の自然〉を大幅に操作する点に特徴がある。

放射線と化学物質で誘発して育成した品種は、国内の制度に従って品種登録されるだけでなく、国連の食糧農業機関（Food and Agriculture Organization of the United Nations, ＦＡＯ）とＩＡＥＡの共同プロジェクトで維持されている突然変異種データベース（Mutant Varieties Database）に登録されてきた。このデータベースには二〇一六年の時点で三二二二品種が登録されており、その約四八％は穀物である。なかでも最も多い穀物がイネであるが、これは国別の登録品種数で一位が中国、二位が日本、三位がインドであることから、近年の突然変異種はアジアが中心になっていたことがわかる。二〇世紀中葉に設置された米国、ノルウェー、スウェーデン等のガンマフィールドは、年々厳しくなる放射線防護基準とそのためのコスト負担の増加から、二〇世紀末期には次々と閉鎖されていったからである。そして、日本の常陸大宮市のガンマフィールドも、線源を更新する予算の獲得ができず、二〇一八年にその作物への照射を停止した。

その代わりに欧米の育種関連企業が注力したのが、遺伝子操作による育種技術、つまり一九九〇年代に植物に応用された遺伝子組換えや二〇〇〇年代からのゲノム編集の技術である。遺伝子組換え技術では、培養細胞に特定のDNA配列をウイルスやプラスミドといった運び屋（ベクター）を用いて、あるいは物理的な手段を使って導入する場合が多い。ただし、その遺伝子がゲノムのどこに挿入されるかは制御できない。ゲノム編集では、DNA配列の特定部位に特異的なヌクレアーゼによってDNA二本鎖を切断する。その修復エラーがDNA塩基の欠失や置換になる点は、放射線による突然変異の誘発と同じである。しかし、ゲノム編集はピンポイントで標的遺伝子を狙い撃ちできるので、運に頼る放射線育種よりも圧倒的に効率が良い。さらに、狙った部位に目的のDNA配列を挿入することで、より精緻な遺伝子組換えを実現できる。

これらの遺伝子操作育種では、生物体は細胞レベルに還元される。植物であれば遺伝子操作した細胞から生体を再生することができるが、動物の場合は受精卵や配偶子の細胞を用いる。また、遺伝子操作にあたっては、導入したいDNA配列や導入に際して必要なツール、例えば、プラスミド、プロモーター、抗生物質抵抗性マーカー、制限酵素、ガイドRNA、DNA二本鎖切断酵素などの生体高分子を試験管内で合成したり、大腸菌を使ってクローニングしたりする。ここでは、生物に備わっている〈自然〉の様々な物質や機能が、遺伝子を操作するための〈技術〉の要素として組み合わされている。ゲノム編集で多用されるクリスパー・キャス9（CRISPR-Cas9）は、細菌のウイルス防御機能を改造したものである。そして、DNA二本鎖切断後のエラーによるDNA配列の欠失や置換は、突然変異誘発の際と同様に、細胞内の修復メカニズムが作用する際の偶然に依存する。

結果として、交雑や突然変異誘発では〈内側の自然〉に委ねていた部分、つまり遺伝子の構造が生物の特性につながる経路、その少なくとも一部が〈技術〉によって制御される。そこで用いられる〈外側の自然〉は、非日常的な量の放射線や化学物質といった環境の物理化学的なエネルギーではなく、〈自然〉の生物材料を組み合わせた酵素反応である。遺伝子組換えやゲノム編集は、〈自然〉と〈技術〉を絡み合わせ、混ぜ合わせて、両者の境界など無意味であるかのように、けれども〈自然〉の生殖過程を大きく変えていく。

すると、〈差異化する技術〉の行きつく先は、F1ハイブリッドの養蚕や養鶏で見たような〈自然〉と〈技術〉の峻別ではなく、コピーに対するオリジナルの隠蔽でもなく、両者をもつれ合わせることにあるようにも見える。この点について、ベンヤミンの第二の論点を思い出して次節で論じよう。

遺伝子操作育種における「解放」

この最後の節では、上の疑問に加えて、これまでの議論をまとめておこう（「表1-1〈均質化する技術〉と〈差異化する技術〉の対照表」を参照）。

まず、遺伝子操作育種は知的財産権主張において、〈技術〉を〈自然〉から明確に区別していることを確認しておきたい。これらの技術は、前節で示したように、要素の組み立てという面では〈自然〉と〈技術〉が交錯しているが、それらの構造を明確化することによって、例えば、DNAやRNAの塩基配列、アミノ酸配列、プラスミド・ベクターの構築、欠失や置換が生じた部位の位置情報などを明示することによって、特許として権利主張することができた。交雑や突然変異誘発による品種

表 1-1.〈均質化する技術〉と〈差異化する技術〉

	〈均質化する技術〉	〈差異化する技術〉
育種目的	大量生産される工業製品の原材料を商品化する	特定の性質について既存の作物や家畜から差別化する
育種方法　18〜19 世紀	集団を対象とした有用形質の選抜と近親交配，量的形質に基づく後代検定	個体を対象とした血統書と先祖の質的形質に基づく異系交配
融合した育種方法	F_1ハイブリッド	
育種方法　20〜21 世紀	近交系育種	交雑，突然変異誘発育種
		遺伝子組換え，ゲノム編集
生物学の考え方	有機体・全体論的アプローチ	遺伝的構造体アプローチ
Derry(2020)による	集団遺伝学	分子生物学
進化論への貢献	自然選択による連続的な進化	断続的な突然変異
ベンヤミンの枠組み	複製技術，コピー	オリジナル，真正性，アウラ
〈自然〉と〈技術〉の関係	連続性，同質性	断続性，異質性
知的財産権	品種登録	品種登録，テロワール
	トレード・シークレット	トレード・シークレット，特許

は品種登録と育種者権、F1ハイブリッドはトレード・シークレットであったのに比べると、コピーを排除する〈技術〉の権利保護はより強力になったと言える。

　芸術作品の著作権、地理的表示制度におけるブランドやテロワールも知的財産権であった。特許は一般消費者に向けたものではないが、育種という見えない部分でオリジナルをコピーから区別する。ブランドやテロワールのようにアウラは付随しないけれども、オリジナリティの確保という点では法的な強制力がある。

　ここで見られる〈自然〉と〈技術〉の混ざり合いと〈技術〉の権利保護の強化は逆説ではない。むしろ、〈自然〉のなかに〈技術〉が織り込まれることによって、〈自然〉を客観的な——そのモノ自体を関係者に流通可能で再現可能な——言葉で記述できたことが遺伝子操作した生物の特許を可能にした。つまり、遺伝子を操作するためには、その遺伝情報の塊をＤＮＡに精製し、塩基配列として読み出し、切り取り、書き換えることが必要であって、それがより詳細に個々の生物の特性を特許のクレーム（権利主張の範囲）として記載し、その範囲を侵害した場合には訴えることを可能にすることにつながった。もちろん、特許制度は技術革新を促進するための経済政策なので、遺伝子組換え技術による産業創成を目指していた一九八〇年代のベンチャー資本や米国政府の意図も背景にあるだろう。それでも、遺伝子組換え技術を通じて、生物がＤＮＡやアミノ酸の配列の情報として特定されたという、モノとしての側面が必須であったはずである。

ところで、これと似た逆説のように見える技術の効果について、ベンヤミンは「器械装置から解放された現実の姿を、映画の描写がまさに現実に器械装置を徹底的に浸透させることによって与えてくれる」と書いている。すなわち、〈技術〉の徹底的な浸透が、〈技術〉から解放された現実の姿を明らかにするということだ。ここで、人間が「器械装置から解放」されるという想定は、史的唯物論と弁証法に囚われたベンヤミンの楽観的な技術観であるとの解釈が一般的で、実際にそうであろうと思う。

しかし、〈技術〉の徹底的な浸透が〈技術〉から解放するというという理解は、特許について上に述べたような近代科学による客観性の構築において、普通にみられる。すなわち、周囲の条件を技術的に制御して「人間が配慮を尽くした」実験や観察が、「人間の影響を排した」客観的な自然を再現・観測可能にするという理解である。この前提にあるのは、私たちの日常は人為的な〈技術〉と〈自然〉が分かちがたく相互に浸透しあっているという現実である。したがって、〈自然〉を理解するためには、〈技術〉の徹底的な介入によって人為的な影響を排除し、混合状態の現実から純粋な〈自然〉を単離しなければならない。ここで必要になる介入とは、現実を細かく分解して、どれが〈自然〉かを判別して再構成する〈技術〉である。ベンヤミンの技術による技術からの解放というテーゼは間違っていたと思われるが、複製技術についての観察にはやはり鋭いものがある。

画家はその仕事において、対象との自然な距離を観察する。それに対してカメラマンは、事象の組織構造に深く侵入してゆく。それぞれが獲得するイメージは、はなはだしく異なっている。画家によるイメージが全体的なものであるのに対し、カメラマンによるイメージはばらばらに寸断されたものであり、その諸部分は、のちにある新しい法則にしたがって集められる。(ベンヤミン「複製技術時代の芸術作品」、六二三頁)

これは近代科学の特徴である、機械論的で還元主義的な自然理解に基づく技術の表現である。〈自然〉は全体を構成する小さな要素に分割され、それらの要素の機能や要素間の関係を特定することで再構成される。ここには、役割を持った部品から構成される機械のアナロジーが働いている。ベンヤミンが考える複製技術も同様で、機械のなかで部品がどのような役割を果たしているのかを調べるように、カメラマンも「事象の組織構造に深く侵入してゆく」。遺伝的構造体アプローチによる〈差異化する技術〉において、遺伝する物質の構造を追い求めたメンデル、ド・フリース、ベイトソンに倣って、外山亀太郎、ジョーンズ、ウォーレスは、ホモ接合とヘテロ接合という構造の表現を手掛かりに、F1ハイブリッドの商業化に成功した。その後、分子生物学は機械論的で還元主義的な科学の成功例として、「ばらばらに寸断された」要素を、遺伝子組換えやゲノム編集の「新しい法則」によって再構成してきた。

これに対して、有機体・全体論的アプローチの集団遺伝学やその先駆けとなった〈均質化する技術〉は、集団として現れる様々な表現型を操作しようとした。生物の特性を細かく分解し、有用な複数の表現型を選び出して、何らかのメカニズム、あるいは確率分布を想定してその再構成を試みる点で、このアプローチも十分に機械論的である。しかし、集団を個体に、遺伝現象を特定の物質に、という還元主義的な側面は相対的に弱かったと思われる。とは言え、この二つのアプローチと技術は、一八世紀後半から開始されたことも含めて、人間と生物が関わる領域での近代的な複製技術に相当すると考えてよさそうである。

では、このように機械論的に再構成された〈自然〉とはどのようなものだったのだろうか。そしてそれは、ベンヤミンが言うような何らかの「解放」をもたらしたのだろうか。もっとも、「解放」はユダヤ─キリスト教的な「救済」の語り（ナラティブ）の一つであり、世俗的には、封建的伝統社会の桎梏からの科学的合理性による人間の「解放」を意味する。しかし、ここでの「解放」とは、人為的な〈技術〉と〈自然〉が混交している現実から、何を排除したのかという問いである。

〈均質化する技術〉では、特定の表現型に着目した近親交配によって、在来種にみられる地域ごとの雑多な性質を排除して、大量生産の「鋳型」となる近交系品種を作り出した。これは言わば、「地域性からの解放」である。進化的に見るならば、それまで地域の自然環境や社会慣習のなかで混然と行われてきた自然選択と人為選択の影響を断ち切って、ある有用形質を意図的に伸ばす育種方法である。その意味では、部分的にではあるが「〈外側の自然〉からの解放」でもあった。

初期の〈差異化する技術〉では、個体ごとの血統書を整えることによって、ヨーロッパの在来馬とアラブ種の混血から在来種の影響を取り除き、純粋なアラブ種の末裔としてのサラブレッドを作り出した。ここでも「地域性からの解放」がみられるが、それは同時に「集団からの解放」でもあっただろう。

〈均質化する技術〉と〈差異化する技術〉が組み合わされたF1ハイブリッドの作出では、ホモ接合で潜性遺伝する形質を取り除くとの推定によって近交系品種の問題点を克服し、雑種強勢現象を実現した。このときに種子や雛の供給量を確保するために用いられたダブルクロス、ハイブリッドの交雑のための細胞質雄性不稔といった技術は、「労働からの解放」でもあった。

そして、〈差異化する技術〉の現在形である遺伝子操作の技術は、生命の本質を個体からＤＮＡに転換する。育種が行われる主な場は個体ではなく細胞になる。特許で権利主張されるのはＤＮＡの塩基配列であり、生命のアイデンティティはゲノムの同一性にある。生命は「個体からの解放」によって操作可能な情報となる。それは「〈内側の自然〉からの解放」である。ただし、これらの「解放」が意味するところは、本来あるべき姿に戻るということではない。むしろ、これまで生命に付随していた様々な関係性が、少しずつ断ち切られ、モノとしての側面が露わになっていく過程である。これは、ベンヤミンの楽観主義とは反対に、資本主義社会における価値の収奪として捉えることができるのだが、その議論は後の章に委ねたい。

資本主義社会において収奪された価値は資本として蓄積されるが、現代においては知的財産という形態の生産手段にも転換される。上記の「解放」の過程は、知的財産の蓄積の過程と表裏一体である。

近交系、サラブレッド、F1ハイブリッド、突然変異誘発、遺伝子組換えと進むに従って、ブランド、トレード・シークレット、植物育種者権、特許と移り変わり、秘匿されたり、法的保護を受けたりすることで、芸術作品とは異なるアウラを獲得する。

加えて、ベンヤミンの『複製技術時代の芸術』と育種技術の歴史の相違点として再度確認しておきたいことは、次の点である。すなわち、〈均質化する技術〉はコピーを、〈差異化する技術〉はコピーに対抗するオリジナルを生産する。コピーとオリジナルの対比は、二つの技術の方向性、生物学の二つのアプローチをうまく表現していて有用である。しかし、〈差異化する技術〉は複製技術が出現する前の魔術的な技術ではない。〈差異化する技術〉が本格化するのは、〈均質化する技術〉が一般化した後、二〇世紀にメンデル遺伝学の再発見によって遺伝的構造体アプローチが始まってからである。そして、アウラとしてのブランドやテロワールをまとうのは、この近代的なオリジナルである。それ以前の在来種の原テロワールは、確かにオリジナルではあるが、その世界にはオリジナルしか存在しないゆえに、礼拝的価値を持つ宗教芸術とは異なってアウラも存在しない。オリジナルな生物や農産物にアウラを付属させるのは、コピーからオリジナルを遡って、オリジナルの優位を血統書につくり上げる一八世紀のサラブレッドの思想からである。

最後に、『複製技術時代の芸術』で言及された自然と人間との関係の変化について、簡単にコメントしておく必要があるだろう。そこでベンヤミンは、第一の魔術的な技術、第二の科学的な技術という区分を設けて、それぞれが自然と人間の間にどのような関係をもたらすかを論じている。すなわち、第一の技術は自然の支配を目指し、一回限りの礼拝的価値をもたらすが、第二の技術は自然と距離を置いた「遊び」を目指し、何度も繰り返される展示的価値をもたらす。そして、複製技術の時代では、第一の技術が衰退し、機械を用いた第二の技術が中心になることで、人間は解放されるとする。

この二つの技術の解釈と予測についての理論的枠組みは、二〇世紀初頭の写真や映画を微細に観察し宗教的な絵画や彫刻と比較した記述と必ずしも一致しない。例えば、自然の支配／自然との遊びという二項対立は、複製技術を用いた芸術の理解に資するとは考えにくい。また、自然との距離についても、呪術師（第一の技術）と外科医（第二の技術）を対比させている記述では逆転している。呪術師（画家）は患者（対象）と自然な距離を保っているが、外科医（映画の撮影技師）はその深部に侵入していく。こちらの観察のほうが、機械論的な科学技術の記述として妥当である。残念ながら、この理論的枠組みは採用できない。

本章の枠組みでは、〈均質化する技術〉も〈差異化する技術〉も科学的な第二の技術である。真正性やアウラは第二の技術としての〈差異化する技術〉に付随するものと考えた。とすると、魔術的な第一の技術に相当するものは存在するのかどうか、また、科学的な第二の技術が二つの方向性を持つのはなぜなのか、これらが次章以降に残された課題となる。

第2章 〈均質化〉と〈差異化〉
——遺伝資源は誰のものか

〈均質化〉と〈差異化〉

この章では、〈均質化する技術〉と〈差異化する技術〉は、〈自然〉と〈技術〉の関係をどのように捉え、何を目指すのかを考えることで、生物の育種技術にこの二つの方向性や目標として〈均質化〉と〈差異化〉が生じた理由を探る。そのために、ベンヤミンのコピーとオリジナルの対比を敷衍して、次のように捉えなおすことを考えよう。

生物の育種における〈均質化〉は、簡潔にまとめるなら、〈自然〉としての生命過程の一部を〈技術〉によって代替して、地域ごとに多様で複雑な部分を捨象して、可能な限り単純で均質な工業材料として商品化あるいは（生産のための資源として）資本化することである。それは〈ここ〉ではない離れた匿名の市場や生産者に向けたものであり、前章の最後では、「地域性からの解放」とも表現した。結果として、様々な用途で用いられてきた作物や家畜は、国境を越えた工業製品のサプライチェーンに商品や資源として組み込まれる。ただし、〈技術〉で代替できるのはあくまでも一部であり、サプライチェーンは〈技術〉と〈自然〉が混交したキメラになる。

キメラは異なった遺伝子型の細胞系列が同一個体のなかに存在する生物であり、前章で植物の接ぎ木の例について言及した。一方、生殖細胞のゲノム編集で生じるのはモザイクである。受精卵にゲノム編集を行った際に、切断されたDNA二本鎖の修復が終わる前に細胞分裂が始まると、編集された細胞とされていない細胞が混在するモザイク胚になる。二〇一八年に中国で生まれた双子のゲノム編集ベビーの片方は、モザイクであったとされる。つまり、モザイクは同一個体に由来する。しかし、キメラの細胞系列は異なった個体に由来する。〈均質化〉における〈技術〉と〈自然〉は、異なった人やモノの配置に由来すると考えれば、モザイクよりはキメラの比喩のほうが適切であろう。

〈自然〉の〈均質化〉は〈技術〉と〈自然〉のキメラを生じさせる。人為選択や交配では〈技術〉の関与は僅かである。突然変異の誘発も植物の修復機構に任せている。遺伝子組換え技術は、微生物の酵素やウイルスの感染性を組み合わせたものである。生物の育種は〈自然〉の能動性を引き出すことで、育種企業と消費者に利益をもたらす。ここで、〈技術〉としてのポイントは、〈自然〉の能動性にはコストがかからないという点である。この点は、農業生産の利益率を高め、大規模に産業化することを可能にする。

養蚕による生糸の製造、採卵鶏やブロイラーの生産で見られた資本による垂直的統合では、蚕や鶏を飼育する女性農業者が、天候や病害などの〈自然〉の影響下に留まっていたことを思い出してほしい。完全に人工的な環境で行われる現代の植物工場でもなければ、〈均質化〉が進んで工業化した農業も〈技術〉と〈自然〉のキメラである。同様に、農業である以上は気候、土壌、植生による適地があり、〈均質化〉による「地域性からの解放」も部分的なものでしかない。気候変動によって産地が変動することは、私たちが今、目の当たりにしていることである。

ただし、蚕や鶏を飼育する農業者は、単に〈均質化〉にあたって〈自然〉として取り残されたのではなく、垂直的統合を行う資本――生糸の製造や鶏の飼料と鶏肉の加工を行う企業――が意図的に資本化せずに取り込んだ側面がある。蚕も鶏もF1ハイブリッドとして〈差異化〉され、その作製技術はトレードシークレットとして秘匿されているため、農業者は自分たちで繁殖させることができない。さらに、日本の蚕や北米の鶏の飼育では、対価をほとんど支払われない女性のケア労働――対象生物に愛情を注いで生活時間の多くを割いて育てることが求められる――がサプライチェーンに組み込まれた。その上で、資本側は自然災害のリスクを負わずに済む。結局、「地域性からの解放」「労働からの解放」に取り残された――意図的にであれ、非意図的にであれ――モノや人が負の方向に〈差異化〉される。ここに、〈均質化〉と〈差異化〉が連動する作用点がある。

その〈差異化〉は、これまでは〈技術〉であると思っていた過程のなかに格差を設けて、優位になる〈技術〉とその資源として利用される劣位の〈技術〉に分け、後者を〈自然〉として扱う。サラブレッドや優良品種の作出には、育種のための資源が必要である。交雑や放射線照射によって資源を改変してエリート品種を選抜すると、資源となった品種や系統はその価値を切り下げられる。F1ハイブリッドの垂直的統合への女性農業者の従属も同様である。さらに、遺伝子操作技術による育種では、操作される生物だけでなく、操作に用いるDNA塩基配列の遺伝情報も資源として用いられる。生物や種子は「人類の共有財産」、遺伝情報は「公知」、つまり社会に公開されている知識であるとして、無償で用いられる。一方で、遺伝子操作された生物や生産物には知的財産権が主張され、他方で、資源となる生物や知識は対価を支払われることなく利用される。

モノや人が緩やかに結びついて閉じたシステム＝〈技術〉を考えてみよう。このシステムを外部環境＝〈自然〉に向けて拡大していくのが〈均質化〉である。〈均質化〉は〈自然〉を取り込んで〈技術〉に転換していく。これに対して、システムの内部に格差を設けるのが〈差異化〉である。〈差異化〉はシステム内にサブシステム＝〈技術〉をつくり、システム内の残りの部分を〈自然〉に戻してしまう。この運動が繰り返されると、システム内部には複数のサブシステムが入れ子状あるいは重なり合って乱立し、いくらか内側に階層化された多数の〈技術〉と同様にいくらか外側に階層化された多数の〈自然〉のキメラが生じる。このようなイメージで〈均質化〉と〈差異化〉を考えてみたい。

第1章でみたように、〈均質化〉は〈差異化〉に先行する。あるいは、〈差異化〉は〈均質化〉を前提に起こる。オリジナルとアウラは、コピーの後にやってくるのだ。メンデルはダーウィンの後で発見される。ただし、ここで問題になるのは、なぜそのような二つの運動が繰り返し起こるのか、何がそれを駆動しているのかである。

ところで、〈差異化〉がもたらす非対称性を、世界システム論とエコロジーの統合を試みているジェイソン・ムーアは収奪と呼ぶ。対価が支払われる労働の場合に資本蓄積が実際に起これば搾取と言われる。収奪は搾取と異なり、本来持っていた価値を切り下げられたり、あるいは全く対価が支払われなかったりすることで、土地や生命の価値を奪い取ることである。これに対して、搾取は――この概念を労働だけでなく資源にも拡張するならば――世界システムの内部で、一定の価値体系の下で資本化された労働と資源において起こる。そこで、経済的な部分に着目するならば、〈差異化〉においては収奪が起こり、価値が〈均質化〉＝資本化された世界システムに包摂された場合には搾取が起こると考えることができる。

この章では、生物関連技術における〈均質化〉と〈差異化〉が分化する時間的・空間的な場として、ムーアが提案している新たな世界システム、世界＝生態において自然と資本主義が共‐生産されるとする歴史的な説明の有効性を考える準備を行いたい。ムーアの理論については第3章で詳しく説明するとして、まずは具体的な事例を取り上げよう。ゲノム編集に代表される遺伝子操作技術の知的財産権を介した〈均質化〉と〈差異化〉について、その歴史および帰結を検討する。この事例では、〈自然〉と〈技術〉の境界をどのように設定するかが争点になってきた。そしてこの検討は、序章で提起した問題への部分的な回答にもなるであろう。さらに、その境界設定の制度である生物の知的財産権への対抗運動として現れた農民の権利の概念、生物多様性条約の遺伝資源へのアクセスと利益配分の仕組みについても検討したい。

どのようにしてゲノム編集技術が形成されたか

一九八〇年代に遺伝子組換え技術が一般化して以降、ゲノムの特定の場所を狙ってDNA配列を改変したいという願望は、様々な分野の生物系の研究者に存在したが、中心となったのは基礎医学・薬学などの医療部門であった。放射線照射などの突然変異誘発ではランダムに変異が生じるため、ゲノムのどのDNA配列が改変されるかは不明で、遺伝子組換え技術でも導入遺伝子が入る場所を制御できなかった。特定のDNA配列（または遺伝子）の機能を抑制する方法としては、アンチセンスRNA、RNA干渉（RNAi）と呼ばれる方法があったが、一〇〇%の機能抑制はできなかった。結局、遺伝子操作技術は個体のゲノムに変異を導入するという点で〈差異化〉を目的としていたが、均等ではないにしても非特異的に変異を起こしてしまうので〈差異化〉は不十分であったことになる。

そこで、ゲノムの狙った場所に変異を入れる、遺伝子ターゲティングが次の目標になった。注目されたのが、真核生物のＤＮＡ二本鎖が切断されたときや減数分裂の際に起こる相同組換え（homologous recombination, ＨＲ）を利用することである。この相同組換えでは、切断された染色体と切断されていない相同染色体との交叉が起きて、相同染色体（ペアになっている染色体）のＤＮＡ塩基配列に基づいた修復が行われる。この現象を解明しようと、主として酵母（最も単純で利用しやすい真核生物）とマウスを使った研究が行われた。マウスが使われた理由は、ヒトと同じ哺乳類であって、遺伝子の機能を解明するために、突然変異を起こしたマウスが実験動物として医療部門で有用だったからである。突然変異マウスは、遺伝病や他の様々な疾患のモデル動物として、医薬品の研究開発にも用いることができる。

遺伝子型と表現型に変異を導入する〈差異化〉が遺伝子操作技術の目的であるが、その技術はあらゆる生物に用いることができる点で、多様な用途で行われる多種の生物の改変方法を〈均質化〉する側面もある。ここには、人間を対象とする遺伝子の改変も含まれる。特定のＤＮＡ配列の改変技術は、基礎医学・薬学の分野から、より強く求められていた。現在ゲノム編集が盛んに行われている植物を対象とする農学分野では、そのような要請は相対的に弱く、相同組換えに関する技術の研究開発は遅かった。なぜなら、植物の場合は、従来の突然変異誘発や遺伝子組換えの技術によって、目的とする表現型が、少なくとも機能が分かっている遺伝子については、ある程度達成できたからである。これは、植物は一世代で得られる種子の数が多く、交配実験も比較的容易であるため、組換え効率が低くても変異した大量の集団から目的の表現型を選抜することが可能だったからだと考えられる。

これに対して、出産数の少ない動物では、遺伝子を改変する効率を上げることが必須であった。また、人間を対象とする臨床医学においては、遺伝子を生体内に導入する初期の遺伝子治療のアプローチが成功しなかったことから、特定の疾患関連遺伝子の改変を行うことへの期待もあった。さらに、医療部門は農業部門に比して、研究費、研究者、研究機関が量的に勝っている。研究の中心である高所得国では、食料の増産よりも医療・保健に関わる市場が大きく、国家予算もより多く配分されるからである。すなわち、モノと人の配置が、特定のDNA塩基配列に突然変異を導入するための相同組換え技術の研究を促進し、それが後述するようにゲノム編集の技術形成につながっていったと考えられる。

医療部門が先行したことは、一九七〇年代の遺伝子組換え技術の黎明期と似ている。初期の遺伝子組換えベンチャー企業は、インシュリン、成長ホルモン、インターフェロンなど、遺伝子組換え医薬品を大腸菌で生産することから始まった。そして、その技術は特許のライセンス契約として、あるいは吸収合併によって、大手の製薬企業に取り込まれた。農業分野で作物の遺伝子組換えが進んだのは、それらの製薬企業が同時に農薬を製造していたからである。しかし、農薬と育種（商品としては種子）は別である。そこで、製薬企業は多数の種子企業を買収した。結果として、分子生物学、組換え実験規制への適合、特許、信頼性保証、安全性試験、製造承認申請などの製薬企業が保有する業務慣行（モノと人の配置）が、遺伝子組換え種子の製造と認可において重要な役割を果たした。人・モノ・金で量的に勝る医療部門が、農業部門を取り込むことによって、育種におけるモノと人の配置を変更したのである。

ゲノム編集に先行する相同組換え技術では、一九八九年にマリオ・カペッキ（Mario R. Capecchi）らが特定の遺伝子を完全に壊した（ノックアウトした）ノックアウトマウスを開発した。ここでは、標的とするDNA配列に似せた配列を含むベクターをデザインして、導入したい配列と薬剤耐性遺伝子をマウスの胚性幹細胞（ES細胞）に注入し、相同染色体ではなく導入したDNA配列と標的配列との間で相同組換えを起こす。その頻度は低いが、耐性となった薬剤で相同組換えが起こったES細胞（非常に低い頻度だが）を選抜する。このES細胞をマウスの胚に入れてキメラマウスをつくり、通常のマウスと交配を重ねて、キメラではなくなったノックアウトマウスを選抜する。

しかし、相同組換えを利用するノックアウトマウスの作製は、極端に簡略化した上記の説明でも想像がつくように、かなり複雑で時間とコストがかかるものだった。一九九〇年代初めに私は企業で医薬品の基礎研究に携わっていて、疾患モデルとしてノックアウトマウスの作製を検討したが、ES細胞での相同組換えの効率が低く、選抜したES細胞系列が十分に入ったキメラマウスも作成効率も低く、それらの技術の習熟にも時間がかかり、うまくいったとしても実験開始からノックアウトマウスの作製までに一年以上はかかる。さらに、キメラマウスの作製と交配のために系統の違うマウス集団を継続的に維持しなければならないこともあり、その企業の一研究室にとってはコストと時間が成果を上回るため断念した経験がある。

そこで、より効率的に特定の遺伝子をノックアウトする方法の探索が行われ、一九九六年に起きた二つのブレイクスルーがゲノム編集技術の端緒となった。どちらも、ＤＮＡを切断する酵素であるヌクレアーゼを使って、特定の場所でＤＮＡ二本鎖を切断する。一つは酵母の部位特異的メガヌクレアーゼでＤＮＡ二本鎖を切断するとマウスの細胞での相同組換えの効率が上昇するという報告、[1]もう一つは真核生物の転写因子ジンクフィンガータンパク質（ｍＲＮＡに転写するＤＮＡ塩基配列と結合する）に細菌のヌクレアーゼを融合させた部位特異的人工酵素（zinc finger nuclease, ＺＦＮ）を開発したという報告である。[2]このうち、汎用性が高かったのは後者であり、特定のＤＮＡ塩基配列と結合するジンクフィンガータンパク質を遺伝子工学的にカスタマイズすることで、様々な配列に対応することができた。初期の開発者は、ジョンズホプキンス大学のスリニヴァサン・チャンドラセガラン（Srinivasan Chandrasegaran）ら、一九八六年から部位特異的な制限酵素の開発を試みてきた研究者である。[3]しかし、その基本特許は二〇〇〇年代に米国のサンガモ・バイオサイエンス（Sangamo Bioscience、現在はSangamo Therapeutics に社名変更）社が取得し、目的とするＤＮＡ塩基配列へのカスタマイズには煩雑な操作が必要で高額な費用がかかった。サンガモ社は遺伝子治療を目指す医療ベンチャー企業である。ちなみに、部位特異的メガヌクレアーゼは、フランスのバイオ医薬企業であるセレクティス（Cellectis）社が特許を取得したが、医療分野での本格的な開発には至らなかった。

部位特異的なヌクレアーゼ（site specific nuclease, ＳＤＮ）によって狙ったＤＮＡ二本鎖を切断する、これがゲノム編集としてカテゴリ化される技術の基本戦略である。ＤＮＡ二本鎖が切断されたときの修復経路は、真核生物では前述の相同組換え（ＨＲ）のほかに、非相同末端結合（nonhomologous end-joining, ＮＨＥＪ）がある。ＤＮＡ二本鎖切断が起きたとき、相同染色体の代わりに相似したＤＮＡ塩基配列の断片を入れておくと低頻度だがHRが起こる。しかし、そのような条件がそろわなければ、NHEJ経路によって切断された末端同士が酵素的に再結合されるが、NHEJ修復は一塩基〜数塩基の挿入や欠失のようなエラーが発生する確率が高い。一塩基の挿入や欠失は遺伝情報をタンパク質に翻訳する際の三塩基による暗号を書き換えるフレームシフト変異を引き起こし、その遺伝子の機能を破壊する場合がある。すなわち、ゲノム編集によって、遺伝子をノックアウトした細胞を選抜することができる。また、その際に新たに導入したい配列のDNA断片を混在させれば、HRを介したノックイン（DNA塩基配列の挿入）も可能になる。ZFNは特異性が低かったり、コストが高かったりといった問題点があったが、二〇〇〇年代には動物での研究が徐々に行われるようになっていった。

さらに二〇一〇年には、DNA塩基配列と結合するジンクフィンガーの部分を植物病原細菌キサントモナスの転写活性因子に代えたTALEN（Transcription activator effector-like nuclease）がミネソタ大学とアイオワ州立大学のグループによって開発された。[4] このゲノム編集技術はZFNの特異性を高め、融合タンパク質の遺伝子工学的な作製を簡便にするものだった。この特許は、前出のセレクティス社——一九九〇年代にメガヌクレアーゼの特許をとった医療ベンチャー企業——が二〇一一年に上記二つの大学からライセンスを獲得した。セレクティス社は癌の免疫療法の基礎的技術としてTALENを用いているとしている。また、この最初の論文では、TALENの効果を遺伝子操作のモデル生物であるシロイヌナズナ（植物）とゼブラフィッシュで試している。二〇一〇年代には、ゲノム編集の応用が期待される領域が医療部門からそれ以外の部門へと広がりつつあったことを示唆して興味深い。

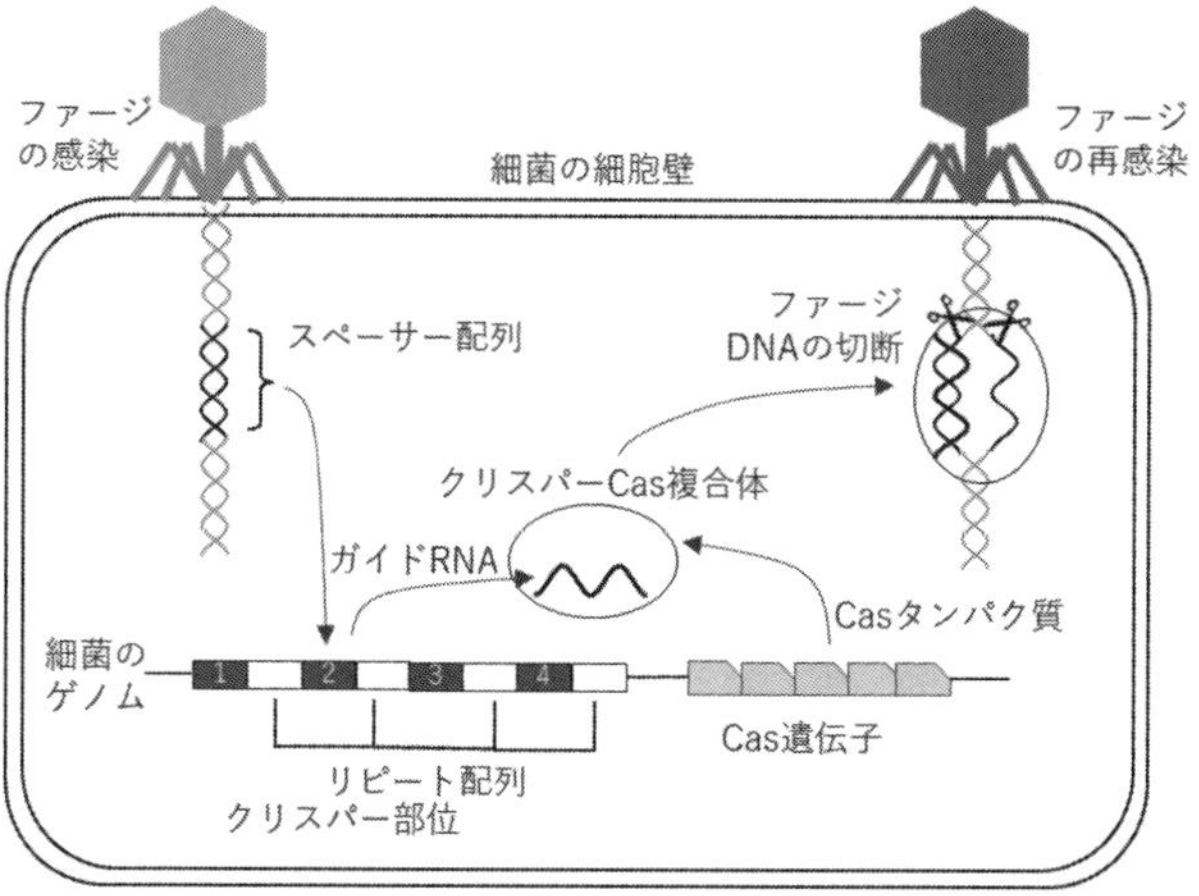

図 2-1. 細菌のウイルス防御機構としてのクリスパー・キャスシステム
細菌に感染するウイルス（ファージ）の DNA の一部をスペーサー配列としてゲノム上のリピート配列の間に記憶し，その配列の RNA と Cas タンパク質の複合体で再感染したファージを無力化する．
Ledford, Heidi (2017), CRISPR's Mysteries. Nature 541, 280-282. に基づき筆者が作図．

この後、二〇一二年にカリフォルニア大学バークレイ校のチーム、ボストンのブロード研究所（ハーバード大学とマサチューセッツ工科大学の共同プロジェクト）のチームがそれぞれ独自にクリスパー・キャス9（CRISPR-Cas9）によるゲノム編集の技術を開発した。この技術は、細菌や古細菌、つまり原核生物のウイルス防御機構を用いたもので（図2-1）、特定のDNA塩基配列への結合をタンパク質ではなくガイドRNA塩基配列が担うため、標的部位へのカスタマイズが非常に容易になった。二つのチーム間の特許係争は完全に解決していないが、多くの医薬企業や医療ベンチャー企業へのライセンスが行われている。

TALENやクリスパー・キャス9によるゲノム編集は二〇一〇年代後半から急速に普及したが、その背景には二〇〇五年に次世代シークエンサー（DNA塩基配列を解読する装置、第2世代と呼ばれる）が開発され、様々な生物の全ゲノム配列が次々と解読されてゲノム情報のデータベースが整備されつつあることも関わっていると考えられる。一九九〇年代では、ノックアウトの対象となる遺伝子やDNA塩基配列は限られていた。それが二〇一〇年代以降になると、ゲノムのDNA塩基配列上の遺伝子の位置や機能との関連（アノテーションと呼ぶ）が少しずつわかってきた。また、同じ生物種のDNA塩基配列の多様性や他の生物種の遺伝子との関係に関する情報も拡充し、塩基配列の変異と機能変化の関連性について考えることができるようになった。このようなゲノム情報が、〈自然〉を〈技術〉に媒介する〈均質化〉の役割を果たしていると考えることができる。

ただし付言すると、ゲノム編集技術はNHEJ修復のような細胞内で能動的に発現する機能のエラーに依存している。したがって、研究者の意図した結果は相対的に低い確率でしか得られない。ゲノム編集は合成生物学というカテゴリで語られることが多いが、対象生物の細胞に依存するという点では、必ずしも人間の意図通りにはならない部分がある。第3章ではこれを氾濫と呼ぶが、合成技術というよりは人工知能で使われる生成技術という言葉の方がふさわしいであろう。

ゲノム編集の汎用化と特許

以上、医療部門で進展したゲノム編集技術の形成を概観したが、この技術は植物よりも動物に適していた部分があった。相同組換え技術でDNAをES細胞に注入したように、部位特異的なヌクレアーゼも編集したい細胞にマイクロキャピラリー（ガラス製の毛細管）を刺して物理的に注入することでゲノム編集ツールを細胞内に導入することができる。ZFNやTALENを使って遺伝子のノックアウトを行う場合は、細胞内に注入するのはタンパク質だけである。遺伝子組換え生物（GMO）の規制を定めたカルタヘナ法では、細胞外で加工された核酸（DNAやRNA）を含む生物をGMOと定義しているので、タンパク質のみを細胞に注入しても遺伝子組換えにはならない。クリスパー・キャス9の場合は加工したRNAを入れるが、ゲノム編集が終わるとこのRNAもヌクレアーゼのキャス9も分解されて失われるため、やはり遺伝子組換えには該当しないと解釈できる（ただし、どのゲノム編集でもノックインで細胞外から何らかのDNA配列をゲノムに挿入する場合は、GMOになる）。しかし、相同組換えによるノックアウトマウスでは、選抜マーカーとして薬剤耐性などの外来遺伝子が組み込まれているのでGMOに該当し、拡散防止措置が必要になる。

ところが、植物の場合は若干話が異なる。植物細胞は硬い細胞壁に囲まれているため、マイクロキャピラリーを使ったインジェクションはできない。そこで、遺伝子組換え技術と同様に、植物細胞に感染する細菌とプラスミド（外殻タンパク質のないウイルスのようなもの）を用いた導入システムを使う場合がある。その場合は、ゲノムのどこかにゲノム編集ツール（ガイドRNAとヌクレアーゼ）を発現させるDNA塩基配列を組み込むので、その時点では明らかに遺伝子組換えである。しかし、ゲノム編集が終わった後に未編集の植物と戻し交配を繰り返すことで、ゲノム編集はできているがゲノム編集ツールは失われている個体を選抜することができる。この個体には、外部で加工した核酸は含まれていないので、GMOではなくなると解釈可能である。

このように、DNA二本鎖の切断による遺伝子機能の破壊は、動物でも植物でも、いくつかのステップを踏むことで、カルタヘナ法（生物多様性条約のバイオセイフティに関するカルタヘナ議定書に対応する国内法）の遺伝子組換え規制を免れることができる。ただし、植物については、序章で紹介したように、環境省の審議会「カルタヘナ法におけるゲノム編集技術等検討会」での専門家による議論で認められることが必要であった。そこでは、DNA二本鎖の切断は自然界でも起こり得ること、放射線などによる突然変異誘発育種と技術的に連続していることが確認され、突然変異誘発育種は規制対象外であることから、SDN-1タイプのゲノム編集技術も規制しない方針が認められた。

しかし、突然変異誘発育種は主に植物で行われてきた技術だが、ゲノム編集は医療部門で相同組換えによる動物のノックアウト技術から始まった。そして、動物のノックアウト技術は遺伝子組換えと考えられてきた。そうすると、ゲノム編集が植物の突然変異誘発育種と技術的に連続しているという議論には注意が必要である。確かに、DNA二本鎖の切断を介した遺伝子機能の破壊であることは同じであるが、ゲノム編集の主な目的はノックアウトマウスの作製と人間の遺伝的疾患の治療であった。したがって、医療部門で開発された技術が農業部門に転用されたと見るべきであり、そこには、生物に普遍的な要素である遺伝子と細胞システムのモノとしての側面があり、同時にそれらのモノの知識＝特許によって媒介される企業、大学、ベンチャーの人と資金が医薬から農薬や種子へ再配置されるという側面があった。

ノックアウトマウスや他のモデル動物の作製において、二〇〇〇年代からゲノム編集技術が用いられていくプロセスは、〈自然〉に任せていた部分を〈技術〉で代替する〈均質化〉として考えることができる。ゲノム編集を用いたノックアウトマウスの作製では、ES細胞を分離して相同組換えを起こし、選抜して胚に入れるプロセスは不要で、受精卵に直接ゲノム編集ツールを注入すればよい。キメラマウス（モザイクになる危険はある）を戻し交配する必要もない。自然に起こる低頻度の相同組換え、マウスの胚の分化や交配といった部分を技術的にショートカットすることができた。それは同時に狙ったターゲットに特化して、より精緻な改変を行うという点で〈差異化〉でもあり、ES細胞やキメラマウスは陳腐化して（少なくともこの技術においては）排除され、〈技術〉ではなくなる＝〈自然〉に戻される。ここで、〈差異化〉には技術的に特異性を付与するとの意味だけでなく、特許（知的財産権）によって他の〈技術〉に対して優位に立つとの意味も含まれる。

動物におけるゲノム編集はカルタヘナ法の遺伝子組換え規制を免れて、普通の実験室で汎用的に使うことができた。このことは、GMOに対する批判や規制をトラウマとして抱えてきた植物育種の研究者の目に魅力的に映ったと想像される。米国では、二〇一〇年代からゲノム編集を用いた作物種子の開発が本格化した。中心となったのは、ゲノム編集技術の基本特許のライセンスを持つ農薬・種子企業と幾つかの農業・食品ベンチャー企業である。

例えば、二〇一〇年に米国の農薬企業ダウ・アグロサイエンス社はZFNを用いてフィチン酸合成遺伝子をノックアウトしてリン酸含量を増やした飼料用トウモロコシを、二〇一六年には同じく農薬・種子企業のデュポン社がクリスパー・キャス9を用いてwaxy遺伝子をノックアウトしてアミロペクチン含量を増やした工業用トウモロコシを開発している。このとき、ZFNは医療ベンチャーのサンガモ社から、クリスパー・キャス9はカリフォルニア大学バークレイ校の特許を医療ベンチャー企業であるカリブー・バイオサイエンス（Caribou Bioscience）社経由で、それぞれライセンスを取得している。ちなみに、ダウとデュポンは合併して農薬・種子部門を独立させ、二〇一九年にコルテバ・アグリサイエンス（Corteva Agriscience）社となっている。

また、前出のフランスの医療ベンチャー企業であるセレクティス社はＴＡＬＥＮのライセンスを取得しているが、二〇一〇年に米国ミネソタ州に農業部門に特化したセレクティス・プラント・サイエンス社という子会社を設立した。二〇一五年に同社はカリックス（Calyxt）社に社名変更している。カリックス社のホームページによると、同社はＴＡＬＥＮを開発して最初に特許を取得したミネソタ大学のダニエル・ヴォイタス（Daniel Voytas）が共同設立者で科学部門の主任である（二〇一一年の総説論文の著者所属にもセレクティス・プラント・サイエンス社の名前がある）。したがってカリックス社はＴＡＬＥＮの基本特許を所有し、二〇一五年に脂肪酸デサチュラーゼ遺伝子をノックアウトして不飽和脂肪酸を減少させたダイズ、翌年にポリフェノールオキシダーゼ遺伝子をノックアウトして切断時に断面が褐変することを抑制したジャガイモ、そのほかアルファアルファ、小麦などゲノム編集作物を次々と開発した。米国の基準でも、これらはＧＭＯとみなされず、表示義務も課されていない。

カリックス社は、植物に関する合成生物学企業であると自らを位置づけ、顧客の持つ資源や生産物の利用に高い価値をもたらすことをビジネスモデルとしている点が興味深い。すなわち、開発した作物の栽培、種子の販売、農産物の食品への加工と販売は行わず、研究開発に専念する。編集したＤＮＡ塩基配列やその配列を含む生物の特許を取得し、川下の種子・食品企業へライセンスすることによって利益を得る。半導体の設計のみを行うファブレスと同様の戦略である。このビジネスモデルによって、製品の生産と市場投入にかかる時間とコストを節約し、継続的に新技術を次々と開発することができる。重要なのは知識とスピードであり、知識による〈差異化〉に特化した戦略を特許制度が支える。

相同組換え、メガヌクレアーゼ、ZFN、TALEN、クリスパー・キャス9と展開した遺伝子ノックアウトは、標的とするDNA塩基配列の範囲を拡大し、対象とする生物種を拡大し、用いられる分野を拡大し、GMOの規制から自由になり、ノックアウトに必要な労力と経費と時間を節減する汎用的なゲノム編集技術となって普及した。このような〈均質化〉とともに、前節の最後に記したゲノム情報のデータベース化という *in silico*（イン・シリコ、コンピュータ内の意味）での〈均質化〉が、ゲノム編集技術の利用をさらに容易にした。これらがゲノム編集の汎用化の様相である。汎用化の結果、広範なアクターが生物をゲノム編集する技術開発に参入し、競争が激化する。この競争の基準となるのが、特許による〈差異化〉である。特許は、ゲノム編集技術の基本特許だけでなく、特定の機能を明らかにした遺伝子やDNA塩基配列の情報、そのDNA塩基配列をゲノム編集することで得られる新たな配列と機能の情報について、二〇年間の独占的な権利を確保することが可能である。

生物医学研究データベース　ヴァーチャルな〈自然〉

次世代シークエンサーの開発以降、莫大な量の生物のゲノム情報や関連するメッセンジャーRNA、タンパク質、生体機能などの情報が蓄積され、データベースとなって様々な形で利用されるようになった。新型コロナウイルスに関して、変異株の系統やDNA塩基配列の情報を一般向けに公開したウェブサイトをご覧になった方も多いだろう。速やかにアップデートされるデータベースの情報は、変異株に対するワクチンの開発にも役立っている。データの供給源は個々の研究機関や研究者である。ヒトゲノム計画の際に設けられた一九九六年のバミューダ原則（解読したゲノムデータは速やかに共有しなければならない）によって、学術論文を投稿する際に、研究結果のデータベースへの登録が義務付けられている。ゲノム編集に限らず、基礎的な生物学や生態学から医学や薬学までの広範な領域の研究にとって、データベースは必要不可欠な資源であり、それを利用するための研究分野であるバイオインフォマティクスとその専門家も増えている。

　現在は、人間以外の生物種では、研究用のモデル生物、作物、家畜、一部の昆虫、微生物など、人間と関係の深い生物が主だが、作物の野生種や絶滅危惧種などの野生生物の情報も増えている。これらは研究支援目的でつくられた情報ではあるが、サイバー空間におけるヴァーチャルな〈自然〉として捉えることができるかもしれない。今や生物学、少なくともその一部は、データサイエンスになっている。ただし、ヴァーチャルとは非物質的という意味ではない。リアルな〈自然〉に「人間に依存しない」モノとしての側面と「人間の働きによる」人為の側面があるように、ヴァーチャルな〈自然〉はサーバ内のデータとして何重にもコピーされ、インターネット回線を通じて世界中に流通しシリコンチップのなかで物理的に複製される。何と言っても、電源とコンピュータとインターネット回線がない世界では利用できないし、読み出しや書き換えに電力を消費し、あらゆるコンピュータ内のデータがそうであるように、時として利用者の意思に反抗して劣化し消滅する。決して非物質的な存在ではない。そのような意味で、ヴァーチャルな〈自然〉とリアルな〈自然〉の違いは、物質か非物質かではなく物質の性格の違いであり、それは他の人やモノとの関係性の違いである。[5]

代表的なデータベースは、米国のNational Center for Biotechnology Information（ＮＣＢＩ）のGenBank、欧州のEuropean Bioinformatics Institute（ＥＢＩ）のEuropean Nucleotide Archive（ＥＮＡ）、日本のDNA Data Bank of Japan（ＤＤＢＪ）で、相互にゲノム解読データを共有し、使用料のかからない国際的な公共データベースInternational Nucleotide Sequence Data Collaboration（ＩＮＳＤＣ）を形成している。データ・サーバの維持にはコストがかかり、米欧日の国家が負担している。これらのデータベースは、多様な生物種のゲノムのＤＮＡ塩基配列情報のほかに、細胞や組織ごとの遺伝子発現（メッセンジャーＲＮＡに転写されること）情報、タンパク質の３次構造に関する情報、遺伝子の機能に関する情報、一塩基多型（single nucleotide polymorphism, ＳＮＰ）の情報などの下位データベースも付属し、それらを含めた統合的な検索も可能である。[6] さらに、これらのデータベースは分析や設計のためのソフトウェアも提供していて、例えば、ＤＮＡの塩基配列やタンパク質のアミノ酸配列の相同性を検索するＢＬＡＳＴ、クリスパー・キャス９のガイドＲＮＡの配列を設計するCRISPRdirectなどをウェブ上で利用することができる。

生物多様性条約におけるデジタル配列情報の技術専門家部会のローデンらによると、[7] 一九八〇年代から二〇一九年までに蓄積されたＩＮＳＤＣのデータは二億一二〇〇万件、三二一〇億塩基にのぼる。その七六％がヒト以外の動植物、微生物などであり、残りがヒトおよびモデル動物である。データ利用者の所属国は米国（二二・七％）、中国（一五・四％）、インド（六・二％）の順であった。また、米国ＮＣＢＩのGenBankにタグ付けされているゲノムデータの原産国は、中国（一八・二％）、米国（一七・四％）、カナダ（九・一％）の順であった。ただし、この原産国タグを付したデータの割合は二〇一九年でやっと五〇%に達したところであり、以前のデータには標本の入手先が不明のものが多い。

生物に関する知識は、生物の定義、体系的な分類と命名法、進化系統樹による関連付け、共通する構成分子の構造と機能、とくに遺伝物質としてのDNAとRNAの塩基配列などによって、生物種やその環境と科学者や育種者の文化的背景を超える〈均質化〉が進んできたと考えることができる。これは多くの自然科学に共通する知識共有の進展パターンであり、対象とするモノとそれに関わる人間の双方をそれぞれ結びつける。つまり、生物の分類体系や生態系という認識と、分野ごとの科学者コミュニティや産業（医薬産業、種苗産業、農薬産業、食品産業など）が形成される。もちろん、この過程でローカルな在来種や農業者の一部は排除されるかもしれない。このように理解したときに、ゲノム解読データを中心とする *in silico* でのデータベースの作成と利用は、これまでの〈均質化〉に何を付け加えるのだろうか。

これまでの知識の共有は、非商業的な部門では学術雑誌、商業的な部門ではそれに特許が加わるものであった。それらの文献に記載されるDNAとRNAの塩基配列、タンパク質のアミノ酸配列、代謝物の化学構造式、生息環境などのテキストとしての記述に加えて、モノとしての遺伝子組換え用ベクター、微生物、細胞などが、無償または手数料のみで共有されていた。さらに、実験材料や機器の商業的供給もまた、〈均質化〉を支えてきた。その結果、対象とする生物種、個々の学術分野、個々の産業分野、商業・非商業部門の境界を超えて、生物に関する知識の共有が行われてきた。そのような境界横断的な共有の拡大に対して、データベースが刷新するものはない。ゲノムを解読した塩基配列も学術雑誌や特許で公開されてきたのであり、内容的にはデータベース化による変化はない。

データベース化によって刷新されることは、スピード、オープンサイエンスへの志向、そして統合化、これら三点ではないかと私は考える。

第一にスピードである。学術雑誌は査読に時間がかかり、特許も公開までタイムラグがある。一九九六年のバミューダ原則は、ゲノム配列情報の速やかな登録を呼びかけていた。その後、二〇〇九年のトロント協定に発展し、ヒトゲノム情報だけでなく、対象を他の種を含む生物一般のRNA、タンパク質、代謝物、対象生物の付加情報にまで拡大し、論文発表前にデータを登録することが規範となった。それを学術雑誌の編集者や研究費の助成機関が、研究者に義務付けている。情報公開の早期化は、研究開発の加速化をもたらす。これは、新型コロナ・パンデミック時の対応のように、保健・衛生上の問題に対する公共的な対策にとって重要な場合がある。このような加速化は、一九九一年にロスアラモス国立研究所のポール・ギンスパーグが開発した物理学や情報科学関係の論文のプレプリント（査読前の原稿）を保存・公開するサーバであるアーカイヴ（arXiv）でも見られる。その後、生物学分野では二〇一三年に開始したバイオアーカイヴ（bioRxiv）、医学分野では二〇一九年に開始したメドアーカイヴ（medRxiv）がある。確かにコロナ禍では、刻々と変わる変異株や研究の最前線を把握するために、これらのプレプリント・サーバは非常に役に立った。しかし、研究開発の加速化には、別の要因も働いているだろう。すなわち、公開スピードと研究スピードの上昇は、単位時間あたりに発表される研究成果を増加させ、開発企業の株価の上昇スピードを上げることで、研究開発へのベンチャー資本の投資を増加させる。その結果、上述したカリックス社のように、研究開発に特化したビジネスモデルも有効になる。研究開発の加速化は、知識の生産を競争の場とする資本主義経済の特徴と言える。

第二はオープンサイエンスへの志向である。上記の米欧日の三つのデータベースを合算したINSDCの運営費は、少なく見積もって年間五〇〇〇万USドルとされるが、[8]無料で利用できる。データベース内の情報は、共通のフォーマットでパブリック・ドメインに属している、つまり誰もが自由に利用可能な公共財であるということである。これには、情報科学分野が先行したオープンソースや、学術雑誌のオープンアクセスの考え方が影響しているであろう。ただし、大学や企業の研究者以外の人びと、農業者、データのもとになった在来種を育ててきた地域社会、さらに医学情報であれば患者が簡単に利用できるかと言えば、そのような設計にはなっていない。専門の研究者でも相当学習しないと使いこなせないのが実情である。また、米欧日の政府が税金から運営費を支出しているということは、第一の研究の加速化と同様に、それらの国家にとって、オープンなデータベースを前提にした技術革新の競争が重要であるということである。競争の場を、モノの生産やコスト競争から、まだ参入障壁の高い研究開発、設計、デザインに関する部門に移したい高所得国の思惑がないとは言えない。

第三は統合化である。ゲノムのDNA塩基配列情報に、RNAへの発現情報、タンパク質、代謝物、対象生物の付加的情報が統合されることで、DNA塩基配列と環境と機能の相互連関を把握することが可能になりつつある。生態学や農学の研究者であれば、これらの情報に生息地や農地の気象や衛星画像のデータを組み合わせることで、気候変動や環境変化と生物の相互作用についてシミュレーションを行うことができるであろう。あるいは、進化生物学では、古生物学、古気候学、考古学等のデータを参照しながら、生物の進化や作物・家畜のドメスティケーションの過程を再構成する研究にも有用であろう。そしてもちろん、ゲノム編集を用いた育種学では、特定の機能を備えた品種の開発に威力を発揮するに違いない。しかし、対象とする生物の由来や生育環境についての付加的情報は十分に得られているとは言えない。先述したように、原産国タグを付したゲノム情報の割合は二〇一九年でやっと五〇％に達しただけである。つまり、情報の統合化には依然としてＤＮＡ塩基配列情報への偏りが見られる。とくに原産国に関する付加的情報の欠如は、後述する遺伝資源から得られる利益の配分について問題となる。

以上のように、生物情報のデータベース化は、公的研究機関や企業の研究開発サイドから見ると、非常に大きな可能性を秘めた研究支援システムである。もはや、それなしには基礎研究も商品開発も進まないと思う研究者も多いのではないだろうか。ただし、そこで主流となっている農業部門の育種研究は、二〇世紀後半からの工業的農業を前提として、新たな知識の生産による付加価値を高く評価する競争環境に適合した研究開発モデルのように見える。このようなタイプの研究開発が、二一世紀の食料・人口・環境が絡み合う問題群に対してどの程度有効かどうか、また市場がどのように評価するかは、現時点では何とも言えない。まずは、ゲノム編集においてデータベースがどのように利用されるのか、その実例をみてみよう。

血圧を下げる効果があるとされるＧＡＢＡ（gamma-amino butanoic acid, γアミノ酪酸）を多く含んだトマトがゲノム編集で作出されて、サナテックシード社より日本国内で市販されている。ＧＡＢＡを合成するグルタミン酸脱炭酸酵素は通常は酵素自身の構造によって不活性化されているが、植物がストレス状態になって細胞内のカルシウム濃度が上昇すると、不活性化を担っている部分が変形することで酵素活性が上昇する。そこで、この酵素の不活性化に関わる構造部分のＤＮＡ塩基配列をクリスパー・キャス９を使って除去することで、常にＧＡＢＡの合成が起こるように変異させたトマトである。[9]ところで、トマトのグルタミン酸脱炭酸酵素のものと推定される遺伝子の一部は知られていたが、その全体像は分かっていなかった。ＧＡＢＡトマトの開発の前段階で関わった筑波大学を中心とする研究グループは、二〇〇八年の論文[10]によると、遺伝子の発現に関するＥＳＴ（expressed sequence tag）のデータベースを検索して、この酵素の三つの遺伝子SlGAD1~3を発見した。そして、見つかった遺伝子をクローニングし、そのアミノ酸配列をモデル生物であるシロイヌナズナと比較している。結果的に、最も重要な役割を果たすSlGAD3のゲノム編集を行うのだが、標的とするＤＮＡ塩基配列の探索にデータベースは有用であることがわかる。

さらに、サナテックシード社が農水省に届け出た情報提供書によると、ゲノム編集によるオフターゲット（狙ったＤＮＡ配列以外の部分に変異が起こること）の可能性を検討するために、データベースにウェブ上で作動するソフトウェアを用いている。すなわち、CRISPRdirectおよびCas-OFFinderという二つのソフトウェアを用いて、作成したクリスパー・キャス９のガイドＲＮＡの塩基配列がトマトの全ゲノム配列のどこと結合し得るかを*in silico*で検索した。その結果、遺伝子やその発現に関与する領域に六か所のオフターゲット候補配列が見つかった。その六か所について実際に調査して、変異のないことを確認している。このように、データベースを用いた分析は、オフターゲット効果の探索にも威力を発揮する。

ＧＡＢＡトマトの開発は、ＳＤＮ-1による典型的なゲノム編集で、編集対象とする酵素遺伝子の探索にデータベースが用いられた。この酵素の一部が酵素活性を抑制していることは先行研究で知られていたが、将来的には遺伝子産物の生化学的な情報もデータベースに統合化されるかもしれない。また、オフターゲット効果の有無については、全ゲノムを解読して確認することは無駄が多くコストがかかる。トマトのように参照可能な全ゲノム配列がデータベースに存在するならば、オフターゲットが起こり得る配列をソフトウェアで探すことは効率のよい方法であろう。

そのほか、今後ゲノム編集が有望な育種方法がいくつか考えられているが[11]、ここでは量的形質遺伝子座（quantitative trait locus, QTL）の編集、新たな（デ・ノボ de novo の）ドメスティケーション、人為的なアポミクシスによる半数体の誘導、以上三点を簡単に紹介しよう。

序章で少しだけ言及したQTLは、第1章で〈均質化する技術〉の対象であった農産物の量的性質（種子数、子実の大きさ、家畜の大きさ、産卵数、乳量など）に関連する一群の遺伝子で、複数の遺伝子が相互作用して働いていると考えられるため、現在でも改変が困難な形質である。ゲノム編集は複数の遺伝子を同時に改変できるため、有望視されている。ただ、そのためには、それらの遺伝子座をゲノム内で同定するQTLマッピングが必要で、そこにゲノムや発現情報のデータベース解析が役立つ可能性がある。QTLの同定と編集は、農業生産量の向上を通じて、食料問題の解決に寄与し得ると考えられる。

デ・ノボのドメスティケーションは、作物の野生種がもっている乾燥や水害への耐性、高温や低温への耐性、塩害耐性、害虫や病気への抵抗性などの形質を栽培種に導入しようとする際に、栽培化が進み過ぎて交配が困難になっている場合について、いきなり野生種の複数の遺伝子を編集して栽培型に転換しようとするアプローチである。野生種が栽培種になるにあたって変異する遺伝子はすでにある程度分かっているが、データベースを用いて野生種の有用遺伝子を探索したり、栽培種との間で全ゲノムを比較したりすることが有用であると考えられる。このようなストレス耐性品種の開発は、気候変動に対する適応策として今後ますます重要になるであろう。

最近イネで進んでいる多年草化も、デ・ノボのドメスティケーションを応用できる可能性がある。現在、多くの作物は一年草である。多年草にすることで、毎年種子を買ったり、育苗したり、田植えをしたりすることは不要になる。不耕起栽培や除草しない自然農法と組み合わせることで、大幅にコストや環境負荷を削減できる。現在の品種でも多年草栽培は可能だが、多年草化により適した形質や作物を開発する際に、ゲノム編集技術が役立つかもしれない。

最後に、アポミクシスとは交配によらない無性生殖であり、親の形質をそのまま受け継いだ半数体を生成する繁殖形態で、いくつかの植物で見られる。これをF1ハイブリッドに応用すると、毎回交雑することなしに、つまり農業者は種子を買う必要なしに、雑種強勢現象を再現できる。すでにイネでゲノム編集を用いた基礎研究が成功している。この場合も、複数の植物種について横断的にアポミクシスに関連する遺伝子を探索することが考えられるが、データベース解析による支援があると容易になるであろう。

以上のように、ゲノム編集を用いた作物や家畜の育種において、パブリック・ドメインに属するデータベースを利用して遺伝情報の解析を進めることは、現在の重要な問題に対処する上で必要な基盤技術となっている。しかし、そのようなデータベース解析によって発見された遺伝子、遺伝子座、遺伝子と形質の関連性、それらを用いて開発されたゲノム編集生物が特許出願されて経済的な利益を生み出す場合、知的財産権が孕む根源的な問題が生じる可能性がある。すなわち、データベースの情報は遺伝資源か？　それは生物多様性の保全にどんな意味をもつのか？　その情報を用いて得た利益は誰のものか？　という一連の問題である。そしてこの問題は、遺伝資源の提供者と利用者の差異、データベースを用いた研究開発能力の差異にも関係することから、生物多様性条約や食料・農業植物遺伝資源条約において多国間の枠組みで議論されている。[12]

デジタル配列情報へのアクセスと利益配分

生物多様性条約で二〇一〇年に採択された名古屋議定書（二〇一四年に発効）の正式名称は「生物の多様性に関する条約の遺伝資源の取得の機会及びその利用から生ずる利益の公正かつ衡平な配分に関する名古屋議定書」である。この文言は生物多様性条約自体が採択された当初からＡＢＳ（access and benefit-sharing）と言われてきたものである。ＡＢＳには、遺伝資源へのアクセスにあたって、資源原産国の国内法に従って事前同意を得ること、遺伝資源提供者と相互に合意する契約を結ぶこと、この契約に従って公正かつ衡平に利益を配分すること、以上三点が含まれる。

生物多様性条約は保全が第一の目的で、その対象は野生種だけではなく飼育種や栽培種、そしてゲノムや遺伝子も含まれる。[13]第二の目的が生物多様性の持続的な利用、第三が遺伝資源の利用に伴う利益の配分で、この二つがＡＢＳの根拠である。名古屋議定書では、ＡＢＳの内容である事前通知、相互合意、利益配分の三点を「先住民の社会及び地域社会が保有する遺伝資源」およびそれらの社会が保有する「遺伝資源に関連する伝統的な知識」に関わる権利についても「確保することを目指して、適宜、立法上、行政上又は政策上の措置をとる」（名古屋議定書、第五条、第六条、第七条）とした。伝統的知識は、議定書として明確に定義はされていないし、その権利の保障が義務化されているわけでもない。しかし、資源供給国が国内法において伝統的知識を定義し、事前通知、相互合意、利益配分の義務を定めるならば、資源利用国は従わなくてはならないだろう。

さらに二〇一六年の第一三回締約国会議（COP13）からは、デジタル配列情報（Digital Sequence Information, DSI）が多国間交渉の問題として扱われている。二〇一八年に行われたDSIに関する生物多様性条約の専門家部会ではその定義と範囲が議論された。DSIは3グループと付属情報に分類され、グループ1がDNAの塩基配列からRNAへの転写まで、グループ2がエピジェネティックな制御を含むタンパク質のアミノ酸配列、グループ3がそれらのタンパク質から生合成される細胞内の代謝物、そして付属情報にはグループ1から3までのデータに付属する機能や環境に関する情報のほか、遺伝資源の利用法や伝統的知識も含まれる。[14] 範囲が拡大するほど、利益配分が生じる機会は大きくなるが、データ利用の追跡は困難に、法的要件は曖昧になる。これらの情報が特許や商品化など何らかの利益を生じる可能性がある場合に、その情報へのアクセスと利益配分をリアルな遺伝資源に関する現在のABSの枠組みでどのように管理することができるのか、あるいはそもそもDSIはABSの枠組みに含めるべきではないのか、遺伝資源の提供側とされる国々と利用する側とされる国々との間で合意の道筋は立っていない。

遺伝資源が生物やその一部（植物であれば種子や挿し芽）を意味する場合、その遺伝資源の利用は追跡したり監視したりすることが可能である。したがって、事前通知や相互合意によって利益配分を行うことに意味がある。しかし、パブリック・ドメインにあるデータベースの情報や付属情報をもとに現在のゲノム編集技術を用いる場合、データへのアクセスを制限することなしに、それらの利用を追跡したり監視したりすることは難しいと考えられる。

例えば、ある研究チームが、乾燥地域で生育されてきた在来種のＤＳＩから乾燥耐性に関わる遺伝子の候補を探す。データベースに付随する遺伝子の発現情報、論文や伝聞による生存環境や生育方法の情報から、候補となる地域や在来種を探し出し、そのゲノム情報から鍵となるＤＮＡ塩基配列を特定することができるかもしれない。そして、所有している近代品種にある相同配列に、必要な変異をゲノム編集で発生させることで、乾燥耐性品種を育成することが可能かもしれない。モノとしての生体試料のやり取りも、現地との交渉も必要ない。ヴァーチャルなＤＳＩだけでリアルな品種をつくることができる。ここで、編集された有効なＤＮＡ塩基配列は、参考とした在来種のＤＳＩと完全に同一である必要はない。その場合、ＤＳＩを利用したことは確定できない。

一般的に、資源原産国・中低所得国は、より広範囲のデータベース情報を遺伝資源とみなし、それらにＡＢＳを適用することを主張する傾向がある。例えば、二〇一八年の第一四回締約国会議（COP14）の後に各国が提出したＤＳＩに対する意見書において、ブラジルはＤＳＩと伝統的知識を遺伝情報に含めてＡＢＳを実施することを主張している。遺伝資源が豊富なブラジルは、この主張と同じ内容の国内法を既に整備している。[15] 二〇〇一年に制定した遺伝遺産法のもとで、ＡＢＳを担う遺伝遺産管理局（ＣＧＥＮ）が設立された。ここで、遺伝遺産（genetic heritage）とは遺伝的起源をもつ情報として定義されており、ABSを制度化する時点でDSIは包含されていたとする。ただし、本格的に遺伝情報のABSを制度化したのは、二〇一七年に電子的な登録システム（SisGen）を運用開始してからである。遺伝情報の利用者は、特許や論文や商品化など成果物が出る任意の時点でシステムに登録し、承認を得る必要がある。そして、国家基金への支払いまたは個別の保全プロジェクトへの貢献が義務付けられる。

資源原産国であるが同時にINSDCデータベースの第三位の利用国でもあるインドも、生物多様性条約と名古屋議定書はDSIの概念を含むものであり、生体試料と同様にABSが必要だと主張している。さらに、遺伝資源はDSIを用いた生化学的な組成物、合成したDNAにも拡張されるとし、それらもABSの枠組みで対応すべきだとする。ただし、DSIの利用を商業的と非商業的なものに分け、後者にはより簡略化した手続きを考慮すべきとする。

これに対して、資源利用国・先進国は、遺伝資源をより限定的に解釈し（データベース情報は含めないかグループ1に留める）、ABSの対象とはしないという意見が多い。そして、データベース情報の自由な利用が、作物や家畜を含めた生物多様性の保全に貢献すると主張する。それは確かにその通りと思われるが、データベース化による三点の刷新について見たように、データベース情報の自由な利用は研究開発と知識を市場競争の中心に据える経済システムに適合するものであることも確かである。これは先進国の国家戦略でもある。日本では、二〇一九年に内閣府の統合イノベーション戦略推進会議が「バイオ戦略二〇一九」（バイオ戦略は二〇三〇年に世界最先端のバイオエコノミー社会を実現することを目標にしている）という提言書を出し、その「具体的な取り組み」の最初に「バイオとデジタルの融合のためのデータ基盤の整備」が取り上げられている。[16] 生物関連データベースの維持と拡充、そして統合化は、このような戦略のもとに国家予算を投入して行われている。

これは知識の〈差異化〉のガバナンスの問題である。〈技術〉による〈均質化〉の産物であるデータベース上の知識をヴァーチャルな〈自然〉＝誰もが自由に利用できるパブリック・ドメインとみなすことで、その利用によって生じた新たな知識をより優れた〈技術〉として価値づけることが〈差異化〉である。新たな知識はモノとなることで、ヴァーチャルな〈自然〉からリアルな〈技術〉が生み出される。もちろん、ヴァーチャルな〈自然〉は資源原産国のリアルな〈自然〉と〈技術〉に由来するのだが、その部分が見えなくなっている。見えなくなっている理由は、それらが〈均質化〉されてグローバルに移動可能な記号に変換されているからである。知的財産権等による〈差異化〉は、この〈均質化〉が前提である。知識が定型化された情報として〈均質〉になっているからこそ、それを取り引き（ライセンス）することが可能になる。第1章でみたように、オリジナル（〈差異化〉）はコピー（〈均質化〉）の後にやってくるのである。資源原産国が求めるＤＳＩのＡＢＳは、〈均質化〉されたヴァーチャルな〈自然〉に過去の〈技術〉としての価値を取り戻そうとする試みであり、ヴァーチャルな〈自然〉を材料に新たな〈技術〉を合成しようとする資源利用国と対立する。そもそも遺伝資源は「資源（resource）」なのか、それともブラジルが法制化したように先祖から伝え継がれた（inherited）「遺産（heritage）」なのか、それが対立の主要な軸であり、そこに生じる軋轢がガバナンスを要請する。

その意味では、資源原産国も資源利用国も、〈均質化〉の後で〈差異化〉を行おうとしている点は共通である。〈差異化〉のベクトルが過去（潜在的なもの）に向かっているのか、未来（顕在的なもの）に向かっているのかの違いである。ここで注意しなければならない点が二つある。第一は、資源原産国と資源利用国のカテゴリは、排他的ではなく重なり合っていて流動的で、そのつど内部の矛盾を無視して政治的につくられることである。資源原産国として挙げたインドもブラジルも、同時に資源利用国であり、国内に遺伝資源を利用する産業や研究機関がかなり多く存在する。さらに、このカテゴリが国家を単位としてつくられていることも、政治的な経緯によるものである。第二は、過去の遺産と未来の技術の対比を、単線的な技術の発展経路と捉えてはいけないことである。ここでの過去と未来の対比は、技術による〈均質化〉によって見えなくなったもの、しかしその背後に存在する潜在的なものと、〈均質化〉によって前面に見えるようになったもの、顕在的なものとの違いである。ゲノムのDNA塩基配列のデータベースでは、DNAが前面に押し出されている。しかし、グループ2と3の情報があり、さらに付属情報がある。付属情報に含まれる伝統的知識は潜在的なものの一例であり、リアルな遺伝資源を遺産として育み維持してきた地域社会と自然環境の相互作用が積み重なったものの一部である。

その上で、このような〈均質化〉の後で〈差異化〉によって価値をつくりだす戦略は、ここで取り上げたデータベース化に限らない。その前のリアルな遺伝資源を定義するプロセスも同様な〈均質化〉であり、さらに農業生物の「品種」をカテゴライズするプロセスも〈均質化〉であったと捉えることができる。その時点で、名古屋議定書における現在の対立軸は形成されていたと考えられる。

対象を拡張するならば、〈技術〉によって〈自然〉を〈均質化〉し、その上で〈差異化〉して〈技術〉の格差をつくると同時に劣位とされた〈技術〉を〈自然〉に戻すという営みは、多くの科学技術の展開過程で見られる。現代の技術革新においては、その技術がもたらす特性、コスト、品質など何であれ競争を行うためには、〈均質〉な場としての市場が必要である。アクターネットワーク理論の主導者の一人であるミシェル・カロンによると、この市場を成り立たせるプロセスとして、受動化と計算的エージェンシーの配置がある。[17]受動化は、対象を人間や関連する行為者から切り離し、評価や移動が可能な受動的商品とすることである。計算的エージェンシーは受動化された商品の価値を測る装置や人間である。これをどのように配置するかが多様なアクター間で決められて、一時的に安定することで〈均質〉な市場の準備が整うことになる。

以上の議論は次の章で集中的に行うとして、ここでは、名古屋議定書に至る前の対立軸の形成過程について見ていこう。それによって、ゲノム編集時代のDSIに関する対立の背景とともに、〈均質化〉と〈差異化〉による〈自然〉と〈技術〉の境界付けが遺伝資源、遺伝遺産、生物多様性をめぐってどのように行われてきたかを考えたい。

種子戦争と農民の権利

遺伝資源の原産国と利用国の対立の原型は、種子戦争（seed wars）と呼ばれ[18]、一九九二年の生物多様性条約にABSを埋め込むことになった国際政治上の論争である。国連の食糧農業機関（FAO）は、一九七九年に「植物遺伝資源に関する国際的申し合わせ（International Undertaking on Plant Genetic Resources）」（以下、IU）を準備する際に「すべての遺伝資源は人類共通の財産で自由に利用できる」

との方針を示した。しかし、ヨーロッパの主要国は「植物の新品種の保護に関する国際条約（UPOV条約）」に基づいて、これに反対した。UPOV条約は種子企業の団体である国際種子業者連盟（Fédération Internationale du Commerce des Semences：現在は国際種子連盟 International Seed Federation に改称）の圧力を受けた西欧六か国によって一九六一年に起草され、六八年に成立した。七〇年代末でも加盟国は一〇か国に留まっていたが[19]、改良品種の育成者に知的財産権を付与して加盟国による保護を義務付ける。IUの方針に反対したのは、加盟国の種子企業が育成した改良品種の知的財産権を守るためには、無償で勝手に利用されては困るからである。

ところで、遺伝資源の原産国側の立場に立ったNGO（Rural Advancement Fund International：現在の名称は ETC Group）も、その改良品種のもとになっている在来種を育ててきた農民の権利（farmers' rights）を主張し、やはり拒否した[20]。このNGOは、米国の環境活動家パット・ムーニー（Pat Roy Mooney）と農学者のキャリー・フォウラー（Morgan Carrington "Cary" Fowler Jr.）らが一九七七年に設立したものである。改良品種の知的財産権を主張するヨーロッパ諸国は、一六世紀の「コロンブス交換」から、一八世紀から盛んになったプラントハンターによる有用植物の探索まで、世界中の遺伝資源を収集して利益を上げたにもかかわらず、その補償を行ってこなかった。その反省も含めて、UPOV条約のように育種企業の知的財産権主張が強まるなかで見えなくなっていた在来種を、〈自然〉から〈技術〉へとカテゴリを転換するとともに、農民をその〈技術〉を作り上げた主体として再定義することを試みる、言い換えると、潜在的なものとしての在来種と農民を顕在化させる試みが農民の権利の概念であった。

もっとも、フォウラーによると、農民の権利という考え方は、米国の植物遺伝学者ジャック・ハーラン（Jack R. Harlan）に由来する。ハーランは一九七五年に「消えゆく遺伝資源（Our Vanishing Genetic Resources）」というエッセイをサイエンス誌に寄稿し、遺伝的多様性を保持していた在来種が近代品種に置き換えられて消滅の危機に瀕していることに警鐘を鳴らすとともに、それらの在来種の育成に果たした農民の役割について論じていた[21]。

私たちがしばしば「原始的な」と呼ぶ農業社会の自給自足農民は、作物についての深い知識と変異に対する鋭い目を持っていた。人為選択はしばしば非常に強く、人が植えることを選択したものだけが生き残った。原始的な農業システムで現われた最終産物は、可変的で、統合されていて、適応した個体群で、在来種と呼ばれる。（Harlan, J. R. 1975）

このようなハーランの考え方は、後の章で述べる日本の在来家畜研究会の設立の理念にも、影響を与えていたと考えられる。第1章で在来種について述べたように、「可変的で（variable）」あること、つまり遺伝的な多様性が在来種の特徴である。これに対して、UPOV条約で保護の対象となるためには、区別性（distinctiveness：既存品種と区別できること）、均一性（uniformity：形質が均一であること）、安定性（stability：世代間で形質が安定していること）という近代品種の三要件（頭文字をとってDUSと呼ばれる）を満たす必要がある。遺伝的に多様な在来種は、もちろん均一性や安定性のような、近親交配を重ねた上で得られる〈均質化〉の要件を満たすことができない。ローカルで長期的な在来種と農民の権利の関係は、明確に規格化された近代品種とその育成者権（ＵＰＯＶ条約）の関係とは、まったく違うものである。

近代品種のＤＵＳは〈均質化〉を促す基準であり、その土台の上で改良品種が登録されて他の品種との〈差異化〉が行われる。遺伝資源の知的財産権を考える場合、遺伝資源としての基準、つまり競争が行われる知識の市場がモノと人の配置によって形成されることが〈均質化〉である。ＵＰＯＶ条約と対応する国内法（日本の場合は種苗法）、それらを運営する組織やモノの配置が、〈均質化〉を支えている。これに対して、在来種と地域社会や農民との関係は、地域によって異なっており、〈均質〉にはなっていない。それは第1章で述べた原テロワールの関係である。〈均質化〉は〈技術〉が〈自然〉に作用することで生じるが、〈均質化〉されないものは〈自然〉として残される。農民の権利は、この〈均質化〉からの氾濫なのである。

先に述べたＦＡＯのＩＵは一九八三年に採択されたが、八九年に付属書が加えられ、「自由な利用」は無償を意味するのではなくＵＰＯＶ条約とは矛盾しないこと、農民の権利を認めることがＦＡＯの総会で決議された。この付属書で農民の権利とは、「農民、とくに原産地及び多様性の中心地域における農民が植物遺伝資源の保全、改良、提供に対して、過去・現在・将来にわたって貢献していることに由来する権利である」（Annex II: Resolution 5/89）とされた。理念としては認められた形だが、その権利をどのように保護するかについて具体的な方策は定まらなかった。

一方、ＵＰＯＶ条約は一九九一年に改正され、加盟国が増加するとともに、改良品種育成者の権利が拡大強化された。バイオテクノロジーの進展に対応する形で、種苗を増殖する段階でも権利者の許諾が必要になり、対象を全植物に拡大し、保護期間を特許と同じ二〇年に延長するなどの変更である。この時点で、植物の遺伝子組換え技術は商品化の直前まで来ており、DNA塩基配列の特許化も行われていた。また、改変した生物体としては、一九八〇年代前半に遺伝子組換え細菌や化学処理種子の特許が認められており、遺伝子組換え植物は特許での保護が可能であることが明らかになっていた。改正前のUPOV条約は特許と育成者権の二重保護を認めていなかったため、米国は二重保護禁止規定を留保することを条件に一九八〇年に加盟していた。一九九一年の改正により二重保護が認められるようになり、遺伝子組換え植物はUPOV条約に基づく国内法と特許によって、二重に保護されることが可能になった。

ただし、改正UPOV条約は特許に比べると権利の範囲は緩やかである。例えば、一九八二年に同条約に加盟した日本は、対応する国内法として一九九八年に新種苗法を制定した。この法律では、育成者権が認められて種苗登録された品種の種子を、農家が自家採取することが（二〇二〇年の更なる種苗法改正までは）認められていた。しかし、特許が認められた植物については、自家採取はできない。二重に保護された品種の場合、より強力な特許法が〈差異化〉の効力を発揮する。さらに特許法の出願手続きがより簡便であることから、遺伝子組換え植物はもっぱら特許法で保護される傾向にある。ちなみに、UPOV条約制定の中心であった種子企業は、一九九〇年代に遺伝子組換え技術を手中に収めた医薬・農薬企業にほとんど吸収合併されてしまった。UPOV条約の権利主体も医薬・農薬企業になる。主要な技術と企業、モノと人の配置の変化が、制度の選択やその内容を変えてきたと考えることができる。

他方で、一九九二年に署名が開始された生物多様性条約では、ＩＵでの農民の権利に関する議論や遺伝資源原産国の主張を受けて、「諸国が自国の生物資源について主権的権利を有すること」および先住民や地域社会の「伝統的な知識、工夫及び慣行の利用がもたらす利益を衡平に配分すること」が前文に書かれた。国家に遺伝資源の主権的権利を認めることは、「人類共通の財産で自由に利用できる」とする当初のＩＵの前提からすると、大きな転換である。このように、遺伝資源の権利は、金属等の天然資源やエネルギー資源と同様に、その資源が存在する国家に帰属することとなった。遺伝資源への農民の貢献は個別の主体を特定することが困難であり、知的財産制度の枠組みに先住民や地域社会を権利主体として組み込むことは難しい。結局、遺伝資源は〈自然〉なのであり、国家がＡＢＳのような権利補償制度の受け手となることは、止むを得ないであろう。

ところで、生物多様性条約の枠組みでは、遺伝資源の原産国と利用国の二国間関係でＡＢＳを行うことになっていた。しかし、遺伝資源は長い歴史のなかで交換され移動してきたために、原産地が複数あったり、不明だったりする場合があり、改良品種の育成には、複数の国にまたがる遺伝資源が必要になる場合もあることから、権利補償に関する交渉は多国間で行われることが望ましい。また、農業作物の品種改良に関する利益配分は、野生生物を含むすべての生物を対象にする生物多様性条約とは別の枠組みで制度化すべきとする考え方もあった。そこで、ＦＡＯはＩＵを生物多様性条約と整合するように改定する方針を固め、一九九四年から各国との交渉を開始した。七年に及ぶ交渉の結果、「食料農業のための植物遺伝資源に関する国際条約」（International Treaty on Plant Genetic Resources for Food and Agriculture, ＩＴＰＧＲ）が二〇〇一年にＦＡＯ総会で採択された。

ＩＴＰＧＲの特徴は「多数国間の制度」（Multilateral System, ＭＬＳ）である。これは、イネ、小麦、トウモロコシ等の三五種類の食用作物と八一種の飼料作物の品種で、「締約国の監督下」にある「公共のもの」を登録した遺伝資源のプールを作成し、そこから定型化された資源移転契約によって利用したい国がアクセスする制度である。「締約国の監督下」にない自治体や民間の品種、「公共のもの」でない登録品種は対象にならない。そして、利用した遺伝資源を使って育成した新品種が利益をもたらした場合、その利益の一部をＦＡＯが運営する利益配分基金に拠出し、その基金を遺伝資源原産国・途上国の遺伝資源保全や技術移転の活動に用いる。遺伝資源のプールに公共性を付与することで、簡便かつ円滑にＡＢＳが実施できる制度と言える。

しかし、農民の権利については、ＩＵの付属書に引き続き認められたが実質的な進展はなく、「これを実現する責任を負うのは各国の政府である」（第九条九・二）とされた。実際に、先住民や地域社会が育ててきた遺伝的に多様で〈均質化〉されていない在来種を、上の国際的なＭＬＳの枠組みに載せることは難しい。すなわち、遺伝資源という〈自然〉のなかにも〈技術〉に基づいた境界が引かれ、ＭＬＳが利用できない自治体や民間の商業品種、ＭＬＳの対象となる国家の「公共」品種、そしてＭＬＳに適合しない在来種、この三つが〈差異化〉される。もっとも〈自然〉として扱われる在来種がＭＬＳに適合しない理由は、地域の農民が主体的に遺伝資源を提供して利益を得ることを支援する仕組みや組織が不十分であるほか、そもそもＡＢＳを前提とした知的財産権の枠組み自体が、在来種や在来知の多様性を捕捉できないという問題もあると考えられる。

例えば、資源と科学技術の両方を保有するインドは、生物多様性条約やＩＴＰＧＲの交渉で資源国側の先導的な役割を果たし、いち早く国内法を整備した。しかし、知的財産権の枠組みに沿って構築された農民の権利やABSの制度は、在来種を近代品種に転換したり、在来知を科学的知識に翻訳したりすることを、利益配分を得るための要件にするものであった。

インドとブラジルの農民の権利を比較研究したカリーヌ・ペシャールによると[22]、インドの二〇〇一年の国内法（Protection of Plant Varieties and Farmers' Rights Act）は、改良品種を育成する育種家と同等あるいはそれ以上の権利を農民に与えようとするものだった。すなわち、収穫物を販売するだけでなく、その種子を保存、再播種、交換、共有する権利を、在来種だけではなく、登録されている商業品種についても（ただし表示を付けない限りにおいて）認めた。さらに、農民が育成した品種（在来種）については、種子企業がそれを遺伝資源として利用した場合には、ITPGRのMLSと類似した基金方式で利益配分が行われる仕組みも整備された。しかし、種子企業が在来種を利用したかどうかを追跡・立証するために、在来種の特徴を文書化して公開する必要があった。ところが、そのためには、区別性、均一性、安定性という近代品種のDUSを満たすことが求められた。しかし、それは遺伝的に多様で可変的な在来種には適さない。農民の権利を知的財産として実現しようとすると、結局、在来種は在来種でなくなってしまう。在来種を近代品種のように〈均質化〉した僅かな農業者だけが、利益共有の仕組みに適合することになった。

また、インドの薬草に関する伝統的知識の保護実践をフィールド調査した人類学者の中空萌は、国家の生物多様性法の枠組みで利益配分に結びつけようとする際に、インドの文化人類学者が在来知を現代の科学的知識に翻訳する過程を民俗誌として描き出している[23]。そこでは、科学的知識の枠組みが一方的に在来知を切り取るわけではなく、薬草の栽培や販売に関する多様な知識との融合が起きていた。いずれにしても、静的な伝統的知識の利用によって得た利益を地域社会に配分するという単純な想定は、実際には動的に変化している現場の知識に適合しない。地域社会では〈均質化〉からの逃走や〈自然〉と〈技術〉の境界の越境が常時起きていることを示唆していて興味深い。

そして、二〇一〇年に生物多様性条約の名古屋議定書が採択され、データベースにおけるDSIの問題が認識されるに至る。農民の権利が初めて取り上げられたFAOのIUから現在のDSIまで一連の動向は、遺伝資源に関する国際的な制度と慣行（レジーム）の形成と持続として捉えることができる。IUの前提は、遺伝資源は人類共通の財産であり自由に利用できるというものだった。しかし、農民や先住民からの遺伝資源の収奪に反対するNGOから始まり、新技術を知的財産権で囲い込む遺伝資源の利用国・先進国と企業に対して、遺伝資源の原産国への利益を求める原産国・中低所得国の対抗的な権利主張をもたらした。遺伝資源に関する新たなレジームは、遺伝資源を国家の主権的権利であると認め、多国間交渉によってABSを行うという枠組みで、IUの付属書から生物多様性条約への交渉過程のなかで一九九〇年頃から安定化し始めた。それまでの旧レジーム「人類共通の財産＝フリーアクセス」から、新レジーム「原産国の主権的権利＝利益配分をともなう限定アクセス」への変化である。

以上の経緯を表2-1に整理する。尚、これは主に植物に関するものであり、動物、家畜については、生物多様性条約と特許法以外での国際的なレジーム形成は遅れている。FAOは一九九六年に植物遺伝資源委員会を動物を含む食糧・農業遺伝資源委員会（Commission on Genetic Resources for Food

表2－1. 植物遺伝資源の〈均質化〉〈差異化〉〈自然〉の変遷

〈均質化〉の制度	〈差異化〉の方法	〈自然〉への対応	遺伝資源
FAO 植物遺伝資源に関する国際的申し合わせ(IU)(1983年) すべての遺伝資源は人類共通の財産で自由に利用できる	先進国がUPOV条約に基づく改良品種の育成者権を主張	NGOが農民の権利を主張	生体，種子，挿し芽，培養組織
FAO 同上　付属書　(1989年)	自由な利用は無償を意味しない 育成者権は最小限の制限に留める	農民の権利を理念として確認	生体，種子，挿し芽，培養組織
生物多様性条約 (1992年) 原産国に遺伝資源の主権的権利を認める	ABS(アクセスと利益配分)の枠組みで遺伝資源を利用	先住民と地域社会の貢献に適正な利益配分を確認 伝統的知識を確認	現実または潜在的な価値を有し，植物，動物，微生物その他に由来する資源
食料農業のための植物遺伝資源に関する国際条約 (ITPRG)(2001年)	国家が管理する公共品種の遺伝資源を多国間の利益配分(MLS)によって迅速簡便に利用	農民の権利は国家の責任	現実または潜在的な価値を有し，遺伝の機能的な単位を有する資源
生物多様性条約 名古屋議定書 (2010年) 以降のDSIを巡る議論	デジタル配列情報 (DSI) のオープンアクセスは維持し，その利用によって利益が出た場合にABSの利益配分で対応 (資源利用国)	DSI も遺伝資源であり同様に ABS を適用する (資源原産国)	公開データベースのゲノム情報など

and Agriculture）に改組したが、ITPRGに相当する動物資源の制度形成は行われていない。ただし、生物多様性条約には微生物や動物の遺伝資源も含まれるので、原産国が主権的権利を保有し、ABSによる利用が必要な状況は同じである。

この章の前半で見たように、ノックアウトマウスのような実験動物がゲノム編集技術の形成過程で重要な役割を果たしていた。しかし、それは遺伝的疾患に関する基礎医学の狭い領域で、かつ一九九〇年代以降に発展した遺伝子改変技術についてである。

〈均質化〉と〈差異化〉　資本化と収奪

上に示したレジームの形成は、競争のための〈技術〉の基準を作り出す〈均質化〉のプロセスである。このプロセスで、〈技術〉と〈自然〉の間に境界線が引かれる。この章の最初の節に記したように、その基準に適さないモノや人はキメラとなった〈技術〉に〈自然〉として組み込まれる。DUSに準じない在来種、科学知に翻訳できない伝統的知識は境界線の〈自然〉側に出されたうえで、DSIに付属する公知の情報として利用される。DSI自体は〈均質化〉されているのだが、ヴァーチャルな〈自然〉として扱われる。そこからリアルな〈技術〉を生成するのは〈差異化〉の働きである。〈均質化〉されたヴァーチャルな〈自然〉と〈技術〉を用いた〈差異化〉の競争は、市場での優位と知的財産権を目指して行われてきた。この競争の勝者と敗者の間にも、〈技術〉と〈自然〉の境界線が引かれ、後者は陳腐化して市場から退出するか、ライセンスを獲得する際の交渉材料として勝者の〈技術〉に組み込まれる。

すなわち、〈技術〉と〈自然〉の間に境界線が引かれ、〈自然〉とされた側に不利益が生じることには、少なくとも二つのメカニズムがあることがわかる。一つは、〈均質化〉の基準に合わないために、利益を上げる競争の場から〈自然〉の側が制度的に排除されることである。ここで、〈均質化〉の基準は必然ではなく、人とモノの配置がつくる場の影響を受けたものであり、排除といってもその場外に追いやられるのではなく、〈差異化〉によって同じ場で利用され商品の一部とされながらも利益は配分されない。もう一つは、〈均質化〉された場における競争の結果として、それまで〈技術〉であったものの一部が〈自然〉として価値を切り下げられて〈差異化〉されることである。新しい〈技術〉は古い〈技術〉を資源=〈自然〉として〈差異化〉し、その関係を知的財産権によって固定化する。〈技術〉の内側にさらに境界線が引かれ、〈技術〉内〈自然〉が増殖する。

つまり、最終的に〈差異化〉によって優位な〈技術〉によって〈自然〉が資源として利用されることとは同じであるが、その前の段階で〈技術〉と〈自然〉の間に境界線が引かれるメカニズムが異なる。

前者では、制度の形成を含む〈均質化〉によって〈均質〉な〈技術〉とそれに適さない〈自然〉が分離される。ここで見たような遺伝資源をめぐる〈均質化〉の制度は、主権的権利や知的財産権に関わるものである。制度の基準に適わないモノや人は、制度の形成に際して、まとめて集団として分離される。私たちは、主権を欠いたものや知的財産権で保護されないものを〈自然〉とみなし、それを資源として利用する〈差異化〉に対価を支払わない。そこで、〈自然〉とみなされたモノや人が境界線によるカテゴリ化に異議を申し立てた。それが在来種、農民の権利、先住民の伝統的知識を見直そうとする運動や主張であったと考えることができるだろう。この現象は、後の章でカテゴリからオーバーフローする氾濫として読み替える。

後者の場合、すでに〈均質〉な〈技術〉として資本化されているものの一部が、個々の技術革新の実践としての〈差異化〉の働きによって〈自然〉に転化される。遺伝資源に関する〈差異化〉の中心にあるのは、既存の価値体系を作り変える技術革新の競争である。一つの研究論文、一つの特許出願が、特定の〈技術〉を資源として利用し、それを上回る価値を創出することで、その〈技術〉の価値を切り下げる。そしてそれは、同じ対象、同じ分野、同じ商品の競争相手の〈技術〉も価値を減じられる。科学論文や特許における先取権競争は、それが先取権であるがゆえに一番手しか評価されない。二番手には、発見の栄誉も特許の権利も与えられない。その意味では、価格に関する市場競争よりも激烈である。

さて、そこでこの章の最初の節で取り上げた、ジェイソン・ムーアの『生命の網のなかの資本主義』である。〈差異化〉によって〈自然〉とされた資源を、無償または安い価格で利用することは、ムーアに倣うと収奪（appropriation）と呼べるであろう。収奪は〈差異化〉の裏面である。主権的権利や知的財産権で保護されないことは、資本主義の世界では収奪——対価を支払われずに利用されること——の対象になることである。例えば石油は、産油国が権利主張する以前、欧米の石油メジャーが採掘から販売までを支配していた。鉱物やエネルギー以外にも、土地、水、大気、奴隷、女性、家事労働、あらゆるものが収奪の対象となってきた。遺伝資源も同様で、「人類共通の財産で自由に利用できる」という前提のもとで、主としてヨーロッパ諸国のプラントハンター、科学者、育種家、企業から収奪されてきた。在来種や伝統的知識を収奪して得た利益に対しては、バイオパイラシー（生物資源の権利侵害）という批判が行われてきた。

ムーアは収奪を搾取（exploitation）から区別する。搾取は対価の支払われる労働から、過剰な価値を抽出することである。これに対して、技術革新による〈差異化〉から価値を抽出する場合は、ライセンスによって最終生産物の市場を独占することから生じる生産者余剰である。研究開発企業と製造企業が分かれている場合も、独占による後者の利益が前者に知的財産権の使用料として支払われる。〈差異化〉の裏側、研究開発に失敗したり、ライセンスが得られなかったりする場合には、その生物や遺伝資源は安い価格の〈自然〉として収奪されるか、あるいは忘却され、消滅することもあり得る。

そして、この収奪の前提となった「遺伝資源は人類共通の財産で自由に利用できる」という考え方、あるいは主権的権利や知的財産権の対象や範囲を決めている制度、そしてアクセスと利益配分の仕組み、これらが一定の期間に人とモノの配置として安定化することが、遺伝資源に関する〈均質化〉の制度であった。もちろん、そこには単に各国の代表間の交渉や専門家の助言から成立した取り決めだけではなく、それに先立って行われている遺伝資源の分解や分類や数量化、測定機器の開発や基準の策定など、モノの配置も重要な役割を担っている。ムーアの言葉では資本化（capitalization）である。資本化は〈自然〉の再生産過程にエネルギーや飼肥料を投入することで生産力を高めてきた。前の章で見てきた品種改良技術も、遺伝子改変技術も、そのような工業的農業の一翼を担っている。

しかし、資本化が進むと〈自然〉は安価ではなくなって、つまり収奪できる部分が少なくなって、最終的な生産物の利益率を減少させる。これは農家も同じである。ムーアは「商品化された種苗、機械、薬品への依存を通じて、コストがどんどん上がっていく体制に農家がからめとられてしまっているような状況」を「技術的踏み車」と表現している。[24] この「技術的踏み車」は、資本化の拡大によるフロンティア＝〈自然〉の減少、過度の収奪に対する〈自然〉の反乱によって、資本主義の世界＝生態に終焉をもたらしつつあるとする。この点は、遺伝子改変技術を含む工業的農業の限界と副反応について、本書が扱おうとする内容と重なる。その点でも、ムーアの理論を検討したいと考える。

本章では、第1章で導入した〈均質化する技術〉と〈差異化する技術〉の特徴である〈均質化〉と〈差異化〉が、ゲノム編集技術の形成や遺伝資源の利用をめぐる制度形成においてどのように交錯し、どのように〈自然〉と〈技術〉の境界線を引き直してきたかを概観した。次章では、それらの帰結をより広い文脈で検討するために、ムーアの資本化と収奪という概念でさらに一般化することを試みる。歴史社会学の理論である世界システム論の視点を導入することで、〈均質化〉と〈差異化〉という技術の二つの方向性が長期的な時間の流れの中でどのように現れ、〈自然〉と〈技術〉の関係にどのような帰結を生じさせてきたのかを検討することができると考える。

第3章　〈氾濫〉する自然と技術

——ただで収奪できる自然が資本主義を支えてきたのか

経済と環境の対立という擬制から世界＝生態へ

　新型コロナウイルス禍の世界では、経済活動とウイルス対策の両立が課題として報道された。環境問題を考える際に、経済と環境は両立するのかという古い問いも引き続き聞かれている。しかし、新型コロナウイルスのパンデミックも気候変動もグローバルな経済活動のなかで起きており、ウイルスや気候変動への対策もまた経済活動である。それらを対立するとみなすときに前提としているのは、ウイルスや気候変動が経済の外部にあるという考え方である。もっと一般化すると、自然と社会の空間的概念に基づく二元論である。しかし、序章で示したように、これは多分間違っている。人新世の現在、社会は自然の中にあるが、自然は社会の中でつくられる、という二重の関係がある。実際には、様々な財やサービスにおいて、社会と自然は分かち難く入り混じっている。そこで、自然＝社会が多様な人間と非人間の関係によって成り立っているという関係論的な視点が最初にある。

　第1章でも「自然と技術は互いに独立して、つまり無関係なままで人間によって混ぜ合わされているのではなく、モノとして互いに影響を与え合いながら変化している。〈自然〉も〈技術〉も、それら自体モノとしての自律的な側面と、人間によって「つくられる」側面の両方をもっている」と書いた。つまり、〈自然〉と〈技術〉の区分は実体的なものではなく、多様なモノと人の配置によって場面ごとに変化する。そしてこの配置は、複数のモノと人の相互作用によって流動的に変わっていくと考えよう。モノも人も能動的に動き、影響を与え合う。モノと人とは、この世界に存在するあらゆるもの（仮想的なものを含めて）の包括的な表現であり、モノ（人間以外）と人の区別は慣習的なものに過ぎない。それでも〈自然〉と〈技術〉という概念を用いるのは、それらの絶え間のない境界付け、その変動が現実の世界に無視できない影響を与えていると考えるからである。

このような考え方は、序章で紹介したドナ・ハラウェイのほか、ブルーノ・ラトゥール、ミシェル・カロン、ジョン・ローなどによるアクターネットワーク理論の影響を受けている。ただし、本書は〈自然〉と〈技術〉の境界付けの歴史に関する探究であることから、アクターネットワーク理論の方法とは異なって、より大きな概念、〈均質化〉と〈差異化〉、資本化と収奪といった概念を用いることで、歴史的・長期的な変動を理解しようと試みる。しかし、それらの大きな概念をある種の構造として、実体化、固定化して捉えることは避けなければならない。それらはモノと人の配置が起こる際に一時的に現れる傾向として観察できるが、どうしてそのような傾向が生じ持続するのかは、具体的な歴史に即して検討しなければならない。

その意味で、資本主義の歴史的な働きとして資本化と収奪の弁証法を考えるジェイソン・ムーアの『生命の網のなかの資本主義』の議論を取り込むことには、注意が必要である。確かに二つの傾向がどのように歴史的に生じたのか、育種や遺伝子改変の技術以外について、より広い時間的・空間的な尺度で検討することができるところが利点であるが、その多様性に注意を払い、安易に一般化することは避けたい。

一九七〇年代に提起されたイマニュエル・ウォーラーステインの世界システム論は、一五世紀のヨーロッパから始まった国際分業体制を資本主義の世界＝経済（world-economy）――つまり政治、経済、文化のうち経済のみで統合された世界――として把握した。国家という枠組みを社会と同一視せずに、国家を超えた分業体制が不均等発展につながってきたことを歴史的に実証し、開発に関する社会学や経済学の近代化論に一石を投じてきた。すなわち、途上国から先進国に至る単線的な近代化の道筋はないのであり、世界分業体制における中核と周辺の関係（不等価交換）が先進国と途上国という不均等発展をつくる。したがって、不等価交換が進めば進むほど、中核はより富裕に、周辺はより貧しくなる。このように世界システム論は理論的一般化を行ってはいるが、つねに現実の世界史に即して理論を展開し修正している。

ジェイソン・ムーアは、この世界システム論の歴史記述に環境史を接続し、現代社会の環境、エネルギー、食料に関する問題に答えようとするが、資本主義世界＝経済という把握では不十分であることから、経済と自然が二重に内部化する世界＝生態（world-ecology）という洞察に至る。二重に内部化とは、一方で、資本主義は自然の内部に生じてきたが、他方では、資本主義がその内部に自然を作り出しているということである。本書でも、第2章で述べたように、生物育種の科学技術による〈均質化〉は基準に満たないものを〈自然〉として資源化し、〈差異化〉は競争の敗者を〈自然〉として利用してきた、つまり、〈技術〉の内部に〈自然〉がつくられてきたと考えた。ムーアの場合は、もっと広範な意味で、資本主義の内部における〈自然〉の未開拓地（フロンティア）の形成を、植民地の拡大、作物や家畜の移動による産地の拡大、農業技術についても飼肥料の利用、灌漑の整備などと関連付け、このフロンティアからの収奪こそが資本主義の拡張を可能にしたと論じている。この二重の関係を認めるならば、自然を世界の外部にある別の実体とする二元論は採用できない。自然と世界＝経済は相互に浸透しあっているという考え方が、世界＝生態という概念による初期設定である。

もっとも、西欧による植民地支配の歴史に自然生態系を接続する記述は、ムーア以前に無かったわけではない。ウィリアム・H・マクニールの『疫病と世界史』（原著一九七六年）は、ヨーロッパ文明に付随していた感染症が一六世紀以降の植民地支配を有利に進めたことを実証した。[1] また、アルフレッド・W・クロスビー（Alfred Worcester Crosby）の『コロンブスの交換』（原著一九七二年）と『ヨーロッパの帝国主義――生態学的視点から歴史を見る』（第一版原著一九八六年）[2] は、感染症に加えて雑草や家畜のネオ・ヨーロッパ――南北アメリカ、オーストラリア、ニュージーランドなどの温帯の植民地――への進出が西欧の帝国主義的拡張を支えたと論じた。とくに後者の著作では、ネオ・ヨーロッパへ意図的・非意図的に連れてこられた家畜や雑草が逸出し繁殖したことが、植民地の環境を馴染みのあるものとすると同時に、安価な食料の供給源となったことを描いている。

ムーアはこれらの先行研究に基づきながら、安価な自然の収奪を資本主義に内在しているメカニズムと考える。したがってそれは、西欧による植民地支配で一度だけ生じたことではなく、今現在も続いているものとなる。以下では、ムーアが主張することを具体的な歴史に即して検討しよう。

資本化と収奪

まず、第2章の最後で述べた、自然の資本化と収奪についてである。自然の資本化（capitalization）とは、自然の一部を商品化し交換可能なものとすることである。世界システム論では、一四五〇年頃、つまり中世が終わって近世が始まる「長い一六世紀」から、最初は大西洋を中心とする地域で資本主義世界＝経済が始まったと考える。一五世紀におけるサトウキビのプランテーション、銀、銅、鉄の鉱山開発、植民地貿易のための造船用の木材生産、そして「コロンブス交換」と呼ばれる旧世界と新世界の間の生物の交換などが、初期資本主義において未開拓の自然の一部を商品として取り出す資本化であった。[3] ただし、資本化＝〈均質化〉できるのは自然のごく一部であり、資本化されない部分は最初の、つまり本源的蓄積における対価の支払われない収奪（appropriation）の対象となる。

資本の本源的蓄積（primitive accumulation of capital）は、マルクス経済学における本来の意味においては資本主義以前にそれを準備した権力関係、例えば英国の囲い込みによる農業者の生産手段からの分離である。その後、ローザ・ルクセンブルクは植民地における労働や自然の収奪に、エコフェミニズムは労働の再生産や生殖における無償労働に、ジャック・クロッペンバーグは種子企業が農民から種子生産を取り上げることに概念を拡張してきた。[4]

資本化と収奪の関係は、エコフェミニズムの助けを借りて、[5] 労働とその再生産が起こる場面を思い浮かべると理解しやすい。生産手段（例えば土地）から切り離された農民が自分の労働を商品として売る。企業はこの労働者の労働と原材料に対価を支払って生産を行う。ここで、労働は賃労働となって資本化される。ただし、労働は社会的必要労働時間を超えて行われ、それが剰余価値となる。これが搾取（exploitation）である。ところで、労働者が日々の労働を繰り返して生活していく（労働の再生産）には、企業が支払う賃金だけでは不十分で、労働者の家族、特に配偶者（構造化されたジェンダー分業により女性）が無償で家事労働を担うことによって、労働の再生産を担う。この無償労働は、結局、企業によって利用されることになるので、これが収奪である。したがって、資本化と収奪はセットになって起こる。労働の再生産における収奪は、女性だけでなく、労働者が居住する環境の自然（水、家庭菜園、ゴミ捨て場など）からも起きる。女性も生物としての自然も自ら再生産するため、継続的な収奪が可能である。

このような収奪は本源的蓄積と同じ意味であり、第2章の用語では〈均質化〉されない労働や自然についていて行われてきた。これに対して、すでに〈均質化〉されている労働や自然が、技術革新による〈差異化〉によって価値を切り下げられ〈自然〉として扱われる場合も、広い意味での収奪が起きる。第2章の最後で述べた収奪がこれであり、クロッペンバーグが拡張した本源的蓄積における農民の種子生産からの切り離しが、この〈差異化〉による収奪である。すなわち、トウモロコシ農民はトウモロコシを商品として販売する、つまりトウモロコシ生産は資本化されているが、その商品でもある種子を自家採取して生産に用いていた。そこにF1ハイブリッドの技術革新が起こる。農民は種子生産から切り離され、毎年種子企業からハイブリッド種子を買わなければならなくなる。トウモロコシ生産も、ハイブリッド種子を売る種子企業とトウモロコシを買い取る飼料企業にはさまれた安価な労働過程として、以前よりも低い価値に切り下げられる。これも収奪である。

ただし、ムーアは〈均質化〉と〈差異化〉を区別せず、それらによって起こる収奪の違いも考慮していない。ムーアの定義では、収奪は「四つの安価な自然」の対価を支払わない利用であり、労働力、食料、エネルギー、原材料がそれにあたる。そして、一つの資本化の事業のなかで、資本化されない収奪の部分が多ければ多いほど、投入した労働力当たりの資本蓄積が大きく、すなわち利益率が大きくなる。この章の目的は、〈均質化〉と〈差異化〉を資本主義経済における自然の資本化や収奪の歴史的な過程に接続し、その起源やメカニズムを考えることにある。しばらくムーアの議論を追っていくが、〈均質化〉は資本化と同義であり、〈自然〉の〈均質化〉＝資本化と〈技術〉の〈差異化〉のどちらにおいてもその裏面、つまり資本化されない場合や〈差異化〉で資源として利用される場合が収奪であることを確認しておこう。

さて、資本化と収奪はセットになっている。一五世紀に大西洋のマデイラ島から西アフリカのギニア湾に浮かぶサントメ島、そしてブラジルへと移動したポルトガル植民地でのサトウキビのプランテーションは、アフリカから連れてきた奴隷を労働力として、また植民地の森林をサトウキビの圧搾と加熱工程の燃料として、砂糖の生産を行った。栽培地の土壌、奴隷、森林の利用が対価の支払われない（あるいは非常に安い価格で手に入れる）収奪に相当する。そして、その収奪が難しくなって利益率が下がると、産地はより利益率の大きな、つまり収奪が容易な場所へと移っていく。

最初のプランテーションが一四二五年に建設されたマデイラ島の場合、一四五〇年に初めてヨーロッパへ砂糖が出荷されてから、一五〇五～九年に年間約一九〇〇トンの砂糖を算出したのが最大値で、その後、一五二九年には五四九トンに低下した。砂糖産地としては四分の三世紀ほどの寿命であった。その理由は利益率、つまり生産性の低下である。奴隷一人当たりの砂糖の生産量は、ピーク時の五七〇キログラム／奴隷から一五〇キログラム／奴隷に低下した。[6]
ムーアの解釈によると、プランテーションの開発当初は、森林伐採とその後の火入れによって、土壌がサトウキビ栽培の適地になっていた。しかし、栽培年数が経つにつれて、土壌の肥沃度は低下していった。さらに、砂糖加工工場のための燃料材を切り出すために、工場が立地する首都フンシャルの周辺の森林から伐採して、徐々に森林資源が枯渇するとともに、遠方から燃料材を運搬するコストも上昇した。さらに、大規模な単作（モノカルチュア）によって害虫や雑草が増殖し、土地当たりの生産性を落とすとともに、防除のための労働コストも上昇した。また、交易船に便乗してきたネズミの害も増えたという。
これらの問題は、自然そのものの枯渇や反乱に由来するというよりは、人間が人間と人間以外の自然を組織化したあり方と砂糖生産との関係に由来するとされる。土壌の肥沃さは森林の焼却によって、安価な燃料は工場の近隣の森林伐採によって、そしてもちろん安価な労働力はアフリカからの奴隷貿易によって、それぞれ歴史的につくられたものだからである。それは、人間によって「つくられる」側面を含んだ〈自然〉であり、モノと人の配置によって一時的に出現した。しかし、砂糖生産の資本化＝〈均質化〉は、ある限定された時間内に特定の数の労働力を使って、生産量を最大化することを要求する。土壌の肥沃さや森林の豊富さが回復するために必要な長い時間と、資本化による短い商品の時間とのずれが、問題の本質である。
次に例示するスペインが支配したペルー植民地のポトシ銀山も同じであり、ムーアは次のように書いている。[7]

枯渇するのは『資本主義』や『自然』ではなく、ペルー植民地でのように、地域固有の資本化と収奪の関係である。急激な発展と枯渇は、搾取率を増進するよう組織された人間と人間以外の自然との特定の関係の地域における発展の諸局面を表している。（ムーア『生命の網のなかの資本主義』、二三七頁）

ポトシ銀山は、スペインが一五四五年にペルー植民地（現在はボリビアに当たる地域）で発見し、インカ帝国から続いていた鉱山技術とその職人、そしてエンコミエンダ制によるインディオの強制的労働によって、つまり伝統技術と安価な労働力を収奪することによって、それまでのヨーロッパの鉱山よりも高い利益を上げることができた。エンコミエンダ制は、スペイン人入植者が現地のインディオをキリスト教化することの代償として、労働させることを認める制度である。しかし、発見から二〇年後でポトシ銀山の生産性は急落した。エンコミエンダを認められたスペイン人入植者はその権利の世襲を求めてスペイン王室と対立して反乱を起こし、高品位の銀鉱石は枯渇した。ところがその後、一五七一年にペルー植民地に新たに着任した副王が、精錬工程に水銀アマルガム法を採用するとともに強制集住とミタ労働の制度を導入したことで、ポトシ銀山の生産性は回復して一七世紀まで銀の生産は続いた。ポトシ銀山の銀は、後のメキシコの銀とともにスペインを通してヨーロッパとアジアに大量に流通し、世界に貨幣経済を拡張した[8]。

水銀アマルガム法は、銀鉱石を粉砕した粉末に水銀を加えて泥状のアマルガム（合金）とした後、加熱して銀を分離する方法で、含量の低い銀鉱石でも効率よく精錬することができた。しかし、そのためにリマの南西にあったウアンカベリカ鉱山での水銀の採掘が必要になった。ポトシ銀山とウアンカベリカ鉱山に労働者を供給したのが、エンコミエンダ制に代わるミタ労働である。ミタ労働は、一六指定地区のインディオの一八歳から五〇歳までの男子の七分の一を集落の長が引率して鉱山へ連れていき、最低限度ではあるが賃金を支払って一年交替で働かせる。年間およそ一万三五〇〇人の労働力になったとされる。鉱山での食料も、これら一六地方から運ばせた。また、地方の農耕組織も分益小作制から集住させたインディオに対する植民地政府のより直接的な管理へと移行した。

以上のように、精錬工程に水銀を加え、エンコミエンダ制を賃金を伴うが強制的なミタ労働に変え、同時に税の金納化を進めることで、ポトシ銀山で投入される有償の材と労働の量は増加し、水銀の生産に占める資本化の比率は上昇した。それによって銀の生産量が飛躍的に増え、低下した収奪の比率を考慮しても、労働生産性は一時的に高まったと考えられる。しかし、一七世紀になると、一方で、スペイン人入植者間の対立やダムの決壊による洪水などによってモノと人の配置が不安定化すると、収奪可能な自然の比率はさらに低下した。そして他方で、メキシコのサカテカス銀山で産出した銀がアカプルコ経由でアジアへ運ばれるようになり、近代世界システムにおけるポトシ銀山の重要性は低下した。

これら一五世紀の例によってムーアが主張していることは、資本主義的な発展は、人間と人間以外の自然により共-生産されたものであり、そこでは自然からの無償の価値の収奪が必須であることである。収奪の対象となるのは「四つの安価な自然」であり、労働力、食料、エネルギー、原材料がそれにあたる。「資本主義とは生態学的な体制そのものなのだ」(ムーア『生命の網のなかの資本主義』、三〇〇頁)。これが世界=生態という把握である。

同様のことが一八世紀後半からの英国が主導した第一次産業革命、二〇世紀の米国中心の第二次産業革命でも当てはまる。第一次産業革命では、オランダの泥炭、イングランドの石炭と鉄、スウェーデンとロシアの鉄、囲い込みによるイングランドの労働力、アメリカとロシアとインドの穀物などが「安価な自然」として供給されて、イングランドで工業製品が相対的に低いコストで商品化されることを支えた。産業革命は蒸気機関や様々な機械の発明によって開始されたとする一般的な見方とは異なり、石炭、鉄、労働力、食料など「安価な自然」の供給があってこそ、それらの機械を利用した労働生産性の向上が可能になったと考えるのである。

そして、新たに資本化されたエネルギーや素材を用いて製造された機械、例えば鉄道や蒸気船が、世界的な物流の網の目をつくることによって、収奪可能な「四つの安価な自然」のフロンティアが拡大した。一九世紀後半の北米では、鉄道の普及が土地所有関係を変革し、資本集約的な家族経営農場が広がって、安価な労働力だけでなく、無償で手に入る水と土壌が収奪された。そして、生産された安価な食料が、産業革命の中心地であるイングランドにおける資本化の比率を引き下げて、労働生産性を高めた。これが、資本化と収奪の結合が最も成功した例だとされる[9]。

では、どのようにして自然の資本化と資本化されない「安価な自然」が、つまり〈技術〉と〈自然〉が境界付けられるのか。自然は「蛇口をひねるようにして利用」されるのではない。マデイラ島の土壌や森林、ポトシ銀山の銀鉱石や水銀は、ある特定の時間や空間において、どのような人間と人間以外の自然の協働作業として「安価な自然」としてつくられるのだろうか。

自然の資本化と収奪における科学プロジェクト

自然の資本化と収奪に伴って行われているものが、自然を観念として、つまり直線的な時間、均一な空間、外的な自然として把握する科学や技術の実践である。ムーアはこれを抽象的社会的自然と呼ぶが、要するに科学によって把握された自然、社会の外部にあるとされる客観的な自然という観念のことである。

本源的蓄積がなされたいずれの時代にも、収奪と資本化の新たな地理学に適合する農学、植物学、そして（とりわけ）地図作成法の新たな知見が同時に生み出された。こうした分類学をはじめとする科学プロジェクトは、その時代ごとにグローバルな自然を無償の贈与の貯蔵庫として想像し直すうえで決定的に重要な役割を果たした。人間以外の富の新たな源泉をつきとめ、数量化することで、これらの科学・地図作成法・測量技術の革命は、各時代の世界＝生態の革命による決定的な達成を可能にしたのだ。（ムーア『生命の網のなかの資本主義』、二八八頁）

達成とは、資本化された自然に対する収奪の占める割合を増やすことである。ここで取り上げられている科学、農学、植物学、地図作成法などと資本化や収奪との関係は、ムーアによると、「土台／上部構造の関係では決してなく、一連の偶有的でありながら、同時に準決定的かつ『遠隔接続的』でもあるような連鎖的プロセスとして捉えなければならない」[10]とある。これは非常に分かりにくい。土台／上部構造というマルクス主義の経済決定論の代わりに、何を据えようというのか。

ムーアの目論見は資本主義の価値法則を経済だけでなく観念や道徳としての価値、つまり事実と対比される価値にも拡大することである。資本主義は単なる経済システムではなく、世界＝生態として自然の観念的把握を含む文化的なシステムとしても考えられることになる。したがって、「人間と人間以外の自然を地図化し、同定し、数量化し、測定し、コード化する一群の過程」である科学プロジェクトは、「資本主義の価値法則に内在する」[11]と記述される。ただし、資本主義の価値法則の中心にあるのは、抽象的社会的労働、つまり分業化で機械的となった賃労働を介して余剰価値を搾取することである。この辺りは、マルクス主義経済学の基本的な理論枠組みから逸脱しない。

この労働の抽象化のために上記の科学プロジェクトが生成し、また賃労働の普及と拡大が科学プロジェクトをさらに加速させる。同時に、科学プロジェクトは自然の収奪にも同様に作用し、それが抽象的社会的労働を支える。すなわち、資本化された労働の搾取、対価の支払われない四つの安価な自然の収奪、そして科学的観念の三者——資本、権力、科学と言ったほうが分かりやすいだろうか——が相互に絡み合って資本主義を構成しているのだが、あくまでも抽象的社会的労働による資本蓄積が、資本主義というシステムが作動する目的であるとする。そこで、「抽象的社会的自然とは、抽象的労働の量的拡大のために、世界の単純化、標準化、地図化を試みる一群のシステム的過程の呼び名である（傍点は筆者）」[12]と書く。ムーアは近代科学の形成が資本主義によるものだとは書いていないが、そこから派生した抽象的社会的自然という観念——農学、植物学、地図作成法による世界理解が例として挙げられる――が搾取と収奪を可能にしたと主張するのである。

例えば、植物学は植民地の植物を調査し、種名を確定し、異なった地域での効果的な栽培方法を見つけることに貢献した。ムーアは一八世紀スウェーデンの植物学者リンネが、ウプサラ大学植物園で行った産業的・製薬的な委託業務を通じて膨大な植物の分類体系を築いたことを引き、それが一九世紀後半の英国のキュー植物園の生物資源探査、二〇世紀に米国資本が支援した国際農業研究センターの活動へとつながっていったと論じている。[13] キュー植物園は一八四一年に王室付属から国家機関となり、大英帝国の植民地の植物を収集して持ち帰り、プランテーションでの栽培や産業利用を研究する役割が与えられた。ブラジルのゴムの樹をマレーシアへ、中国の茶をインドとスリランカそしてジャマイカへ、南米のタバコを南アフリカへ、ペルーのキナの樹（抗マラリア薬キニーネがとれる）をインドへ、ポルトガルのコルクをオーストラリアとインドへ、コーヒーを西インド諸島（カリブ海）と東インド諸島（東南アジア）へ。「英国は意思によって植物をシャッフルする」[14] と言われるような大規模な「コロンブス交換」を通じて、ポルトガルのサトウキビのように利益率の高い産地へと収奪を拡大した。

また、地図作成法については、オランダ東インド会社の地図作成オフィスの例が挙げられ、金融の合理化についても、同じくオランダのアムステルダム証券取引所（一六〇二年設立）、アムステルダム振替銀行（一六〇九年設立）が南米やメキシコの銀の流通を受けて多様な商品の取引を行い、世界の信用取引の基礎を築いた。数量化に関しては、フランス革命以後の「メートル法革命」が農村社会に近代的な交換メカニズムを導入したとされる。これらの科学プロジェクトは、自然を利用可能な形態に変えることによって収奪を促進したと論じられている。[15] しかし、利用可能になるならば、資本化されてもよいはずである。自然の資本化と収奪に対する科学プロジェクトの影響がどう違うのか、ムーアは言葉を濁している。

第二の問題は抽象的社会的自然による標準化、単純化、地図化、数量化のあらゆる実践――その焦点は収奪の領域に合わされる――が、商品生産の内部における同様の実践にも関係することだ。両者の契機がどの点まで似ていて、どの点まで異なっているのか――商品生産の内部と社会―生態学的な再生産の領域それぞれにおける標準化と単純化――は、本書が提起するも未だ解決を見ていない問題である。（ムーア『生命の網のなかの資本主義』、三六九頁）

個々の具体的な場面を考えるならば、これはさほど難しい問題ではない。この章でも前節で、資本化と収奪の関係について労働の再生産の例を挙げたが、これは生産手段から分離された労働の単純化・標準化・数量化が賃労働を組織したときに、それが難しかった労働者の家庭内の家事労働、例えば、労働者の身体的・精神的ケア、育児、住環境の維持など、複雑で家庭の状況によって大きく異なっていて組織できない労働が収奪の対象となった。もちろんそれは、雇用者や国家が意図的に組織しない側面がある。これらの家事労働は、企業の福利厚生や国家の福祉政策の一部として公共的に行うこともできるはずだからである。また、収奪は本源的蓄積であるので、賃労働も家事労働も、それが過去に埋め込まれていた地域的な文脈から相対的に分離されているということが前提としてある。

つまり科学プロジェクトは、単純化・標準化・数量化できる労働や自然とそれができない労働や自然の間に境界線を引き、カテゴリ化を行う。前者は資本化され、後者は収奪される。

植民地支配の場面では、支配側の植民者が植民地の農業や自然やコミュニティを部分的に破壊して、単純化・標準化・数量化を通してそれらを再組織化する。そこで、例えば、先行する植物学や気象学で植民地に適応できそうな作物が選択され、プランテーションが作られる。その生産と流通のためのインフラに投資が行われる。ここまでは資本化である。しかし、プランテーションで用いられる労働力、水、土壌、肥料などは、部分的に残っている植民地のコミュニティ、家族関係、自然によって再生産させたほうが安価である。ここでも、資本化されない残余が収奪の対象になり、資本化と収奪はセットになって起こる。収奪が大きいほど利益は大きくなる。そして資本化と収奪のカテゴリ化を行い、収奪の割合を決める際に利用されるのが、単純化・標準化・数量化を担う科学プロジェクトである。

第2章では、近代品種の三要件であるＤＵＳ——区別性、均一性、安定性——が植物育種者の権利保護に必要であることを述べた。しかし、遺伝的に多様な在来種はＤＵＳを満たすことができない。ということは、在来種は権利保護の対象にならないので、誰もが自由に無償で遺伝資源として利用できる。つまり収奪されるということだ。第2章の語彙で表すと、〈均質化〉は〈技術〉が〈自然〉に作用することで生じるが、〈均質化〉されないものは〈自然〉として残される。そこで、農民の権利という概念が提起されたが、デジタル配列情報への利益配分も含めて、実現していないことを確認した。

ここで、ムーアが見過ごしている科学プロジェクトと収奪の関係をもう少し細かく見てみよう。なぜならこの関係が、後でムーアが提起する「スーパー雑草現象」、つまり収奪されていたはずの自然が逆に負の価値を帯びる現象へと結びついていくからである。そして、この辺りのムーアの議論には精緻さが欠けているように思われる。

受動化と計算的エージェンシー

そもそも、単純化・標準化・数量化は収奪ではなく資本化＝商品化のための戦略である。この部分については、第2章のＤＳＩに関する記述の部分で言及したミシェル・カロンの市場についての論考が参考になるだろう。

カロンによると、市場を成り立たせているのは、商品となる対象の受動化、計算的エージェンシーの活性化、市場的突き合わせの組織化、市場的愛着＝接続、価格の定式化の五つである。[16] このうち、資本化＝商品化の最も基礎的な要件となるのは最初の二段階であり、それらが市場の外部で行われて初めて商品が市場に現れることから、ここでは受動化と計算的エージェンシーに焦点を絞り、それらによって自然の資本化と収奪が区分される際に科学プロジェクトがどのように関わるかを検討する。第一段階の受動化は、対象を人間や関連する行為者から切り離し、評価や移動を可能にすることである。第二段階の計算的エージェンシーの活性化は、受動化された商品の価値を測る装置や人間が配置されることであり、この二つのステップによって市場が準備される。

まず受動化である。自然と労働は、本源的蓄積のように、それらが埋め込まれていた地域的文脈から切り離されなければならない。さらにカロンの受動化の概念では、対象となるモノや人は切り離されるだけでなく、その特徴を自分自身にのみ付属させること、そして評価され、移動され、所有者を変えることができるように「フォーマット化」されることが必要である[17]。これらの一連の操作の全体が受動化であるとする。ここで、フォーマット化とは、それまで対象に書き込まれていた様々な関係性――生産者の労働や意図、生産された地域で蓄積されてきた文化、自然環境からの影響など――が消去され、新しい関係性を書き込める状態になることを意味する。ここで、フォーマット化されていることを確認するためのプロファイリング[18]が必要であり、それによってその対象が評価や移動に耐え得るように馴致されているかどうかが決定される。

労働者とその家族は囲い込みによって農村コミュニティ内での紐帯を失い、都市の孤立した労働者家庭として現れる。ある植民地で収集された在来作物は、征服者の国の植物園で作物自体の特徴を解明されて別の植民地での栽培が可能になる。プロファイリングによって見出されるのは、その対象自身の特徴というフィクションである。労働者は年齢と健康状態とある程度の知的能力――工場での規律・訓練に順化できること――を、実際にはそれらは労働者が育った地域社会で身に付け、家族や友人やモノとの関係によって維持されているものであっても、自ら生得的に備えているかのように扱われる。在来作物も原産地の気候風土や土壌微生物や栽培コミュニティとの関係がなかったことにされて、形態学的・遺伝学的な特徴に還元される。

ところが、このような受動化は切り離して移動すれば完成する単純なプロセスではなく、特に対象が自然と関わる場合には、複雑で困難なものとなってプロファイリングや馴致は失敗し、「氾濫」を

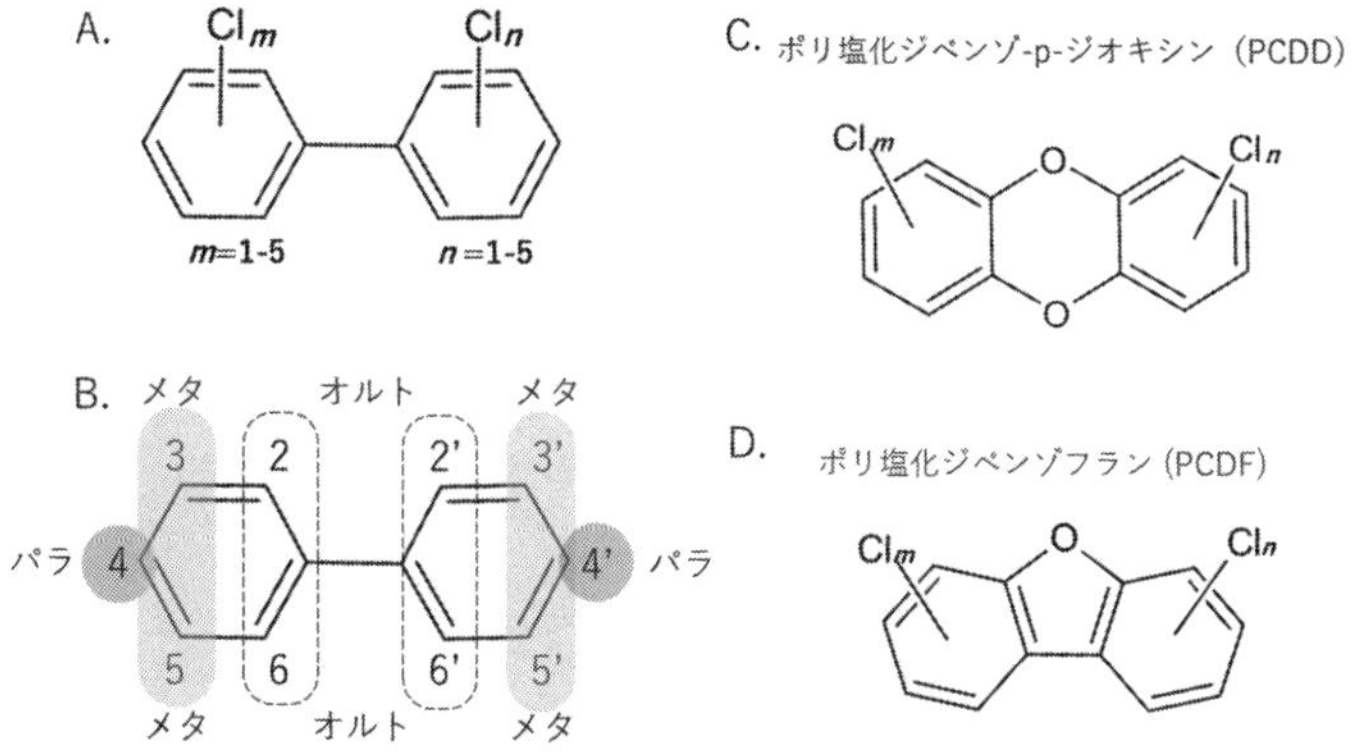

図 3–1. PCB の異性体の構造とダイオキシン
A. PCB の構造を示す．B. オルトの位置（2, 2', 6, 6'）に塩素が付くと 2 つのベンゼン環がねじれた構造になる．オルトの位置ではなく，メタやパラの位置（3, 3', 5, 5', 6, 6'）のみに塩素が付くと，2 つのベンゼン環は平面構造を維持する．このような PCB は 12 種類あり（コプラナー PCB）構造的にダイオキシン（C.）に類似して強い毒性を示す．D. PCB に混入していたポリ塩化ジベンゾフラン（PCDF）．以上筆者作成．

引き起こす、そうカロンは指摘する。現在みられる多くの氾濫の典型的な例は、化学産業が作り出した化学合成品である。開発当初は予想もできなかった反応として、自然環境への重大で長期的に持続する影響を引き起こしてきた。つまり、プロファイリングに失敗しているわけだが、そもそもフォーマット化が完全にできていなかったと考えられる。化学合成は人為的に惹き起こされる反応だが、その反応自体は純粋ではない天然の原料や触媒の作用によって自然に進行し、人間が完全に制御できるものではない。生成物は多様で、予期しない副産物を含む。

例えば、カネミ油症事件の原因物質であるPCB（ポリ塩化ビフェニル）である。構造式からは理論上二〇九種類の異性体が考えられる。そのうちの一二種類はコプラナーPCBと呼ばれ、ダイオキシン類と構造が似ていて毒性が高い。実際に生成する異性体は合成方法によって異なるが、当初のプロファイリングでは安全だとされていた。さらにカネミ油症事件では、ＰＣＢ製造時の副反応産物として、より毒性の強いポリ塩化ジベンゾフラン（ＰＣＤＦ）も混入していた。これらが氾濫である。生物の場合はさらに複雑で多様性や冗長性が高く、しかも能動的に作用することから、受動化・フォーマット化やプロファイリングができない氾濫がつねに起こり得る。

しかし受動化の問題をとりわけ熱くさせているのは、市場的財の世界において、生きた存在物（とりわけノン・ヒューマンな）が占める位置のいっそうの重要性である。ここでは、食品および健康産業（作物および種子、医療用遺伝子、組織、細胞、器官など）に浸透している遺伝子組み換え組織ＧＭＯについて指摘するだけで十分である。それぞれの事例において見いだされるべき均衡を達成するのは微妙である。というのも、これらの実体の（市場的）価値は、作用し、反応するその能力に由来するからであるが、他方、その商品化が可能であるのは、これらの品質が、かなり足枷をはめられ、馴致され、予見可能となったときだけのことであり、また生命に特有な氾濫がありそうもなくなったときだけなのである。（カロン「市場的配置（アジャンスマン）とは何か」、五四頁）

遺伝子操作技術でつくられた生物の完全なプロファイリングは、ゲノムでもタンパク質でも不可能であるし、現状では試行することもコスト的に見合わない。そして生物は能動的に作用する。氾濫の可能性は常にあるので、受動化は完成しない。完成しないことが、生物の能動性に部分的に任せることで資本化に必要なコストを下げて、収奪が行われている側面もあるだろう。しかし、次の計算的エージェンシーによって「足枷をはめられ、馴致され、予見可能」とされることによって商品化は行われる。その結果、化学物質の場合と同様に、氾濫が起こり得る。

次に、計算的エージェンシーの活性化である。これは対象の商品としての価値付けを誰がどのように行うかという問題である。カロンはこの価値付けを「品質計算」という用語で表している。品質計算は対象が開発される研究室から始まっており、企業の内外での交渉、需要者へのマーケティングの可能性、規制官庁の動向のヒアリング、表示や広告の作成など、多様な段階においてそれぞれ特徴的なエージェンシーによって行われる。重要な点は、それぞれの場面や参加するエージェンシーの種類によって、評価の対象となる情報や項目、そして品質計算の方法や道具が異なっていることである。

財とその買い手との間での調節は（もしうまくいくならば）、偶然の結果なのではなく、長い道程——それを通じて財が変容し、それと同時に、それを享受する人々もまた変容する——の結果なのである。この共同生産過程、もしそう言ってよければ、共同プロファイリングは、厳密な意味での市場取引のきわめて上流で始まることができる。というのも特定の場合において（例えば、生物遺伝学に由来する医薬品によってのように）、その出発点は、基礎研究の実験室で見いだされる。いったん商業取引が実現されてから、この過程が追求されることもある。この過程に参加するエージェントのリストは、当該の財に応じて異なる。このリストはかなり長くなり得るし、エージェントのアイデンティティとそのコミットメント様式はかなり可変的であるが、いずれの場合

でもこうした調節は集合的活動の帰結である。（カロン「市場的配置（アジャンスマン）とは何か」、五八頁）

カロンは現代社会の財やサービスを念頭に論じているので、遺伝子操作された生物で考えてみよう。最初に、企業内の研究プロジェクトは、市場規模と開発コストの計算を行って経営本部に予算申請を行う。経営者は他の経営資源や株式市場の動向を踏まえて、プロジェクトの成否を計算する。開発部門は第一次需要者である医療機関や農業者への調査を行って、商品化の可能性を計算する。法務部門は遺伝子操作技術を所管する政府機関に相談に行き、必要な試験や申請や届け出に関する書類作成のコストを計算する。営業部門は市場調査を行って、上市する際の表示や広告の効果を計算する。これらのエージェンシーとして誰が活性化されるのか、そしてとそれらに対してどのような計算項目・方法が割り当てられるのかは、これまでの市場的配置（アジャンスマン）の慣習を踏まえながら、その場面ごとに利害関係者間の交渉によって決定される。これが計算的エージェンシーの配置である。

一九九〇年代に商品化された遺伝子組換え作物の場合、種子の購買者は米国の農業者であり、日本の流通企業や最終消費者は計算的エージェンシーのリストから実質的に排除されていた。結果として、日本国内のサプライチェーンと消費者は遺伝子組換え作物に批判的な立場をとり、表示が行われる食品の市場では商品化することができなかった。これは遺伝子組換え作物という対象が潜在的に持っている特徴のプロファイリングが不十分であり、関係する計算的エージェンシーの配置に失敗したからである。これも氾濫として捉えることができるだろう。

商品の市場が形成される場合に必要となるモノや人の配置＝アジャンスマンは、固定的なものではない。アジャンスマンはドゥルーズ＝ガタリの『千のプラトー──資本主義と分裂症』で特殊な用い方をされており[19]、その用法の影響を受けていると思われる。それは多様な場面におけるモノや人の配置の意味であるが、歴史性を持ちながら時間軸上で変化する。遺伝子組換え作物の場合は、種子企業が農業者に新しい種子を商品化するというルーティンの上で、諸々の計算的エージェンシーが配置されたと考えられる。しかし、この新しい種子はそれ以上の関係性を他のエージェンシー、消費者や小売店や環境NPOや有機農業者にも及ぼす、つまり氾濫することがわかった。そこで、ゲノム編集技術での配置は、当初からかなり異なったものになっている。

ある場面でのアジャンスマンにおいて商品化＝資本化が部分的にであれ失敗した場合、資本化されなかった残余としての〈自然〉は収奪の対象となるというのがムーアから読み込んだ構図であった。しかし、収奪というのは資本を行為主体とした概念である。資本化されない、つまり商品としての受動化に抵抗する部分があり、それが潜在的なエージェンシーを動かすのだとすれば、それは〈自然〉の側に能動性があるのであり、それを氾濫（overflow）と呼ぶことはむしろ適切であるかもしれない。以下では、氾濫と思われる事例を幾つか検討しよう。最初は、第1章で取り上げた蚕のF1ハイブリッドにおける女性を労働力とした養蚕業の例である。

自然と労働の二重の収奪と氾濫

蚕のF1ハイブリッドにおける養蚕業の労働過程も、資本化されることがなく、収奪されてきたと考えられる。ここでの主な潜在的市場は、養蚕業に従事する女性たちの労働市場であるが、商品である蚕種と繭に挟まれた蚕についても潜在的に商品になり得るものと考えることができる。

沢辺満智子の『養蚕と蚕神――近代産業に息づく民俗的想像力』（二〇二〇年）は、古代から近世まで、蚕の卵（蚕種）をつくること、蚕を育てること、生糸を取ることについて農村で蓄えられてきた知識と実践が、国家と製糸企業とメンデル遺伝学を応用した科学知によって再編成されていく過程を詳細に描いている[20]。明治初期までの農村での実践も、江戸時代の各藩や明治政府の支配のもとでの富裕者向けの生産であったが、養蚕に携わる農村女性たちの間ではつくば市の蚕影《こかげ》神社を中心とする養蚕信仰が蚕神・金色姫の伝説とともに広がっていた。二〇世紀以降の蚕のF1ハイブリッド化と蚕種の統一、製糸企業による蚕種の供給と繭の買取による垂直的統合、農村男性が取り仕切る養蚕組合の成立などによって、女性の役割は組合員である男性の家庭内で蚕を育てる労働過程に切り詰められていった。それにも拘らず、養蚕信仰は廃れることなく逆に強化されて、養蚕を担う女性とともに国策としての蚕糸産業の隆盛を支えたとされる。この論点が非常に面白い。

蚕種製造の遺伝学、人工孵化法の開発、養蚕の温度・湿度・給飼時間や量の管理は、科学プロジェクトによる典型的な標準化・数量化である。また、生糸の品質が不安定であるという輸出先の米国からのクレームによって全国統一の蚕種検査が行われ、蚕種製造を免許制とする一九一一年の蚕糸業法の制定へと至る。当時、地域の蚕種家の製造によって三〇〇〇種以上あったとされる蚕種も、十分の一に統一されていく。これらはまさに〈均質化する技術〉であり、生糸生産の多くの過程が資本化されたと言える。

このような制度とF1ハイブリッドの普及によって、蚕種（蚕の卵）の自家生産は禁止され、農村から生産手段が奪われた。蚕を繭まで飼育するだけの養蚕農家は受動化され、その労働は商品化されてもおかしくはなかった。しかし、養蚕組合を介して製糸企業と契約して繭の代金を得ていたのは男性であり、実質的に蚕を育てていた女性の養蚕労働は賃労働化＝商品化されなかった。家事労働と同様で収奪されたと言える。同様に、蚕種と繭は換金できる商品であったが、飼育中の蚕はそうではなかった。蚕も商品化に失敗している。蚕は与えられた桑を自分で食べて脱皮を繰り返し成長していくが、その過程は無償である。つまり、養蚕農家の女性は男性と製糸企業によって収奪され、蚕は飼育する女性によって収奪されるという、二重の収奪の構図を描くこともできそうである。

受動化という観点では、女性と蚕は生活していた農村の家屋やコミュニティや信仰から切り離されることはなかった。さらに、女性と蚕の関係性もそうである。養蚕農家の家屋の特殊な構造は江戸時代末期から始まっていたとされ、その家屋という私的な空間で蚕と女性が共同生活を行ってきた[21]。それはハイブリッド化が進んだ二〇世紀になっても続いていた。また、養蚕農家の女性たちが養蚕組合の男性たちとは別に会合を持って交流していたことが、昭和初期のエスノグラフィーに描かれていた。そして、蚕影神社と金色姫物語への信仰、それらを含むと考えられる富士講や蚕和讃の信仰も続いていた。さらに、農村女性に継承されてきた養蚕技術は、蚕にとっての心地よさや不快といった心の状態を女性が身体感覚でとらえることによって、意味付けや価値付けがなされていた。それは、蚕が人為的に育種されてきた弱い虫であって、わずかな管理の失敗が病気や死をもたらすという命の脆弱性にも基づいていた。

つまり、農村地域で蚕に向き合う人間の身体とは、西洋近代が見出した人間像のように、自らの意志や理性によって主体的に技術を組み立て、蚕の命をコントロールできるような存在では決してありえないのである。むしろ、ここで中心になって自由に振る舞うことができるのは、常に蚕という虫の方なのだ。人間は自らの感覚を介して、蚕の感覚を受身的に感受しようとする存在であって、そこに依拠することで初めて技術を組み立てていくことができる、ここでは人間と蚕の間に、飼育する人間と飼育される蚕といった一般的な能動／受動の関係性は成立しえず、むしろ人間の方が蚕に拘束される存在である。（沢辺満智子『養蚕と蚕神——近代産業に息づく民俗的想像力』、二二七—二二八頁）

そして、このような「蚕のように感じ、蚕のように考える」態度を意味付けしてきたのが、養蚕信仰である。したがって、国策としての蚕糸産業が隆盛となればなるほど、とくに遺伝学的な科学知によって年一回であった養蚕が年三回、四回となればなるほど、養蚕農家の女性たちはより長くより濃く「蚕に拘束される」ことになった。したがって、女性も蚕も受動化されることはなく、近代科学の計算的エージェンシーではプロファイリングできない過剰なものをつねに抱え続けていたと考えられる。これは蚕の生命の能動性と脆弱性に由来する氾濫と言ってよいのではないだろうか。

第1章で書いたように、この女性と蚕の共同生活を全面的に工場化しようとした鐘淵紡績は失敗した。「紡績や製糸と違って、養蚕が扱っているものは、微妙な環境変化に翻弄される蚕の命」であり、

「蚕という小さな虫の命のリズムに合わせて、労働の方法を組み立てねばならない」からである。[22] しかし、綿紡績で成長した鐘淵紡績よりも前から生糸の製造を行ってきた片倉製糸と郡是製糸は、養蚕労働の工場化は行わず、生産された繭だけを買い取り続けた。過剰な生命の氾濫が標準化・数量化できないことを熟知していたのであろう。そして、女性と蚕の再生産過程を利用することで、生糸生産全体としての生産性は増し利益も極大化するのである。結果として、蚕糸産業の近代化によって逆に養蚕信仰は強化されたと沢辺は論じている。[23]

この事例は、農業や畜産業や医療といった生命にかかわる労働やモノが、必ず商品化＝〈均質化〉できないような過剰な生命の氾濫を伴うことを意味するわけではない。しかし、私たちの時代の科学と技術の現状を考えるならば、機械論的かつ還元主義的に捕捉できない過剰なものは当然存在する。物理化学的な製造現場でも、不良品は一定の割合で生じるので品質管理が重要である。生物の場合、細胞の中で何が起きているか十分にはわからない。詳細はわからないけれども再現性がある現象を使ってみる。そのような方法でＲＮＡ干渉やゲノム編集も行われてきた。遺伝子操作した後のプロファイリングも完全にはできない。したがって、何らかの過剰なものが残っている可能性は常にある。

すなわち、ムーアが強調してきた安価な〈自然〉の収奪は、資本化＝商品化できなかった〈自然〉の氾濫である。労働力、食料、エネルギー、原材料には、〈自然〉の氾濫が部分的に含まれていて、私たちはそれを収奪してきた。では、資本化＝商品化できないものは氾濫するのか、それとも収奪されるのか。これはカテゴリではなく視点の違いである。〈自然〉から見れば氾濫で、溢れ出た過剰なものを資本は収奪しようとする。ただし、資本が手に入れる最終産物は、養蚕の事例で言えば、繭である。養蚕農家の女性と蚕の共同生活は、繭以外の過剰なもの、身体感覚を介した虫と人の結びつきや養蚕信仰を産み出してきたが、それらは女性を過重な労働に自発的に縛り付けることで、相対的に安価な繭の生産を可能にした。では、彼女たちの養蚕信仰は収奪を促進するために内部化されたミクロの権力だったと言えるのだろうか。この問いに明確に答えることは難しい。一つ言えることは、氾濫のほうが収奪よりは範囲の広い概念だということである。そして、この過剰なものの存在が、〈自然〉からの継続的な働きであることを理解すれば、ムーアが「スーパー雑草現象」と呼ぶ一連の限界や矛盾も違った把握ができると思われる。

資本主義の内的矛盾か？〈自然〉の氾濫か？

除草剤耐性の遺伝子組換え作物（トウモロコシ、ダイズ、ナタネ、綿花）の栽培が世界的に拡大し、除草剤の継続的な大量使用をもたらしたため、除草剤が効かない雑草が出現した。ムーアはこれを、ミツバチの蜂群崩壊症候群や医療や畜産現場での抗生物質耐性菌などと併せて「人間以外の自然が資本主義的農業のテクノロジーによる規律よりも急速に進化を遂げていく」「スーパー雑草現象」と呼んでいる。[24] 自然から収奪していた価値が、逆に負の価値を帯びることで、蓄積した資本を取り崩しているというのである。

資本主義の農業‐生態学的なコントロール体制の長い歴史は、初期近代のプランテーションにおけるモノカルチャーと高度に管理された作業規律から始まった。今日、このコントロールの体制の歴史は分子生物学その他の学問プロジェクトと結びつくことで、世界システムの歴史的限界を画する閾値を超えてしまった。（ムーア『生命の網のなかの資本主義』、四九三頁）

しかし、端的に言って、除草剤耐性雑草や抗生物質耐性菌は人為選択による生物の進化である。選択圧が強ければ進化の速度は早まると考えられるので、何か異常なことが起きているわけではない。人為選択自体はドメスティケーションの初期から継続的に働いてきた。資本主義的農業という点では、モノカルチャーのような〈均質化〉の進行が選択圧を強めた、つまり量的に増強した側面はあると思われるが、人為選択のメカニズムが質的に変化した結果ではないと考えられる。

また、世界システムの歴史的限界としてムーアが含意しているのは、これまではある地域での自然の収奪が限界に達して生産性が低下したときに、別の地域が開発のフロンティアとして現れて、世界システムとしての生産性が維持されてきたことがもはや機能しないのではないかという危惧である。この見方は、分子生物学による農業生産のコントロールが限界に達して、もはや発展すべき自然のフロンティアが存在しないという前提に立っているように思える。しかし、農業生産も生物の機能についても、現在の分子生物学が改変可能なものは非常に限定されており、まだ広大なフロンティアが残されているのではないだろうか。そしてそのことは、除草剤や抗生物質の耐性とはあまり関係がない。さらに、自然をコントロールできる／できない、自然のフロンティアがある／ないという考え方自体が、ムーアが構想した世界＝生態系という一元論的な理論枠組みと矛盾している。

雑草や害虫も微生物やウイルスも増殖する際に常に遺伝的に変異しており、それが生物の多様性であり、冗長性でもある。生命の過剰さや氾濫の根源はこの多様性にある。農薬や抗生物質やワクチンは、ほとんどの対象を殺すか無毒化するが、生物は多様であるために一部の個体は生き残る。こうして薬剤が効かない生物が人為選択によって進化する。カロンの用語を使うならば、薬剤には対象生物の進化を促進するという受動化されない潜在的な機能[25]があったのであり、耐性生物は生物と薬剤の相互作用による氾濫なのである。そこで、薬品企業は異なった化合骨格や作用機序を持つ新薬を開発する。それに耐性の生物がまた進化する。農薬や抗生物質の開発史は、こうした薬剤耐性生物との絶え間のない競争の歴史である。

しかし、これは自然選択でも起きている。「赤の女王仮説」として知られる、捕食者と被捕食者、寄生者と宿主の間の進化軍拡競争（evolutionary arms race）による共進化である。キツネとウサギの足の速さの共進化が捕食者と被捕食者の例である。この共進化のメカニズムは対称的な自然選択圧に対する適応–対抗適応の応酬である。しかし、薬剤と薬剤耐性生物、つまり〈技術〉と〈自然〉の軍拡競争は対称的とは言い難い。薬剤耐性生物は薬剤によって選択される、言い換えれば大半は死ぬ。そのような過酷な条件下で薬剤耐性生物が進化する。

これに対して、これまでの薬剤の開発では、低分子の天然化合物骨格を放線菌などの薬剤産生菌の培養上清からスクリーニングし、有機合成で修飾するという方法が採られてきた。新しい天然化合物骨格から有機合成を開始することで、対象生物への薬の効果を高めてこれまでの薬剤と〈差異化〉する。しかし、スクリーニングされる天然化合物骨格の種類には限界があり、薬剤耐性菌の進化に対抗して共進化できるような戦略は不可能である。薬剤と薬剤耐性生物の軍拡競争において、薬剤側に勝ち目はない。

最近、指向性進化法（directed evolution）による酵素機能の改変が可能になってきた。この方法を用いるとすると、最初に薬剤産生菌の薬剤生合成に関連する酵素遺伝子に多様な変異を導入する。ここでゲノム編集技術は有用であろう。そこから産生される多数の天然化合物骨格から機能性の高そうなものをスクリーニングし、その遺伝子を選抜する。この遺伝子を初期条件として、さらに変異の導入、スクリーニング、遺伝子の選抜を繰り返していく。このような進化的手法によって、生物に対抗可能な多様性を〈技術〉に備えることが今後は可能かもしれない。すなわち、〈自然〉と〈技術〉が共進化する競争において鍵を握るのも遺伝的な多様性である。しかし、現状の〈技術〉はこのような遺伝的な多様性に到達していない。では薬剤耐性生物にどう対処しているのか。

医療では、抗生物質を日常的にはできるだけ使わない、しかし使うときには徹底して使って感染菌を死滅させるという戦略が採られている。それでも耐性菌が蔓延すると医療現場は崩壊する。遺伝的に均質な生物が大量栽培・飼育されている慣行農業では、このような戦略は無理である。農薬は絶えず散布される必要があり、抗生物質は家畜や養殖魚の飼料に添加されている。鳥インフルエンザを除いて[26]、多種のワクチンも家畜に接種されている。害虫や雑草や病原体は常に高い選択圧に曝されていて、進化のスピードが上がっている。「資本主義の農業–生態学的なコントロール体制」は、分子生物学と結びつく前から氾濫を引き起こしていた。

このような状況下で、農薬や動物用抗生物質は耐性生物との軍拡競争に敗北し続けてきた。新しい天然化合物骨格を開発し、他社の特許をかいくぐりながら薬効の高い有機合成を加えて、安全性試験をクリアするためには、莫大なコストと時間がかかる。そこで農薬企業は分子生物学のベンチャー企業を取り込んで、遺伝子組換え作物を開発した。除草剤耐性の作物と強力な非選択性除草剤のセットは、医療現場で行われているように、一気に高用量の除草剤で雑草を根絶やしにする戦略である。雑草は作物と同じ植物なので、雑草だけに効果がある選択性の除草剤を開発することは難しい。ある程度の選択性をもつ除草剤を開発できても、作物にはできるだけ害がないように低用量の薬剤を複数回に分けて畝に散布しなければならなかった。さらに、耐性雑草の出現を防ぐために、複数の種類の除草剤を使うことも行われていた。しかし、除草剤耐性の遺伝子組換え作物ができれば、選択性のない（作物と雑草を区別しない）単一の除草剤を高用量で圃場全体に散布することができる。さらに、雑草の種子を除去するための耕起も不要となるため、土壌流失による環境問題も改善できた。

　ここで、除草剤耐性作物と非選択性除草剤の受動化とプロファイリングが問題になる。除草剤耐性作物は生きているので、花粉を飛ばして同種の植物と交雑し、突然変異することは普通に起きるため、完全な受動化は難しい。除草剤耐性のナタネやダイズからの花粉流動が頻度は低いものの非組換え作物との交雑を生じることが報告されており[27]、遺伝子組換え作物とそうでない作物の共存をどのように行っていくかが議論になってきた。除草剤耐性遺伝子が遺伝子組換えをしていないナタネやダイズに入ってしまうことは、技術の特性を十分にコントロールできていないことであるが、それは植物の能動的な作用によるものでもある。さらに、交雑に際しては、農場周囲の他の農場との位置、自然環境との関係も影響を与える。基本的には自殖性のダイズで交雑が僅かに起こるのは虫媒によると考えられるので、昆虫も関与している。このような現象は、蚕の能動性と脆弱性が養蚕農家の女性と結びついていたように、〈自然〉と〈技術〉の相互作用による氾濫と捉えることができるだろう。しかし、除草剤耐性作物の商業化の時点では、これらの可能性は考慮されていなかった。受動化とプロファイリングは失敗していたと言うべきである。

非選択性除草剤が雑草に対して耐性を引き起こすことも考えられていたはずであるが、開発企業はその可能性、あるいは耐性が発現するまでにかかる時間を、かなり低く長く見積もっていたように思われる。選択性の高い除草剤は、雑草と作物を〈差異化〉するために、薬剤分子の構造が複雑になっている。そもそも作物には効きにくくなっているので、雑草も耐性化しやすいと想像できる。これに対して、非選択性の除草剤は植物であればすべて殺すので、分子構造がシンプルである。効果は強力で耐性化も起こりにくいと考えられてきた。このようなプロファイリングは不十分であったのだろう。非選択性除草剤の場合も、雑草との相互作用として氾濫が起こったと捉えることができる。

以上の考察から、ムーアが「スーパー雑草現象」と呼ぶ最近の問題は、資本主義の内的矛盾に発して「世界システムの歴史的限界を画する閾値を超え」るような特別な出来事ではなく、〈自然〉に由来するものの商品化が始まってから継続的に起きてきた氾濫と捉えるほうが妥当であると考えられる。それは市場で問題とならない限りは、外部不経済と呼ばれるおなじみの現象であり、それを放置することによって顕在化したものが環境問題である。外部不経済を内部化すべきだという声が高まったとき、市場での商品化に氾濫が生じることになる。ただし、ポジティブな氾濫における収奪という概念は、対象とする出来事を問題化するために温存すべきかもしれない。いずれにせよ、そろそろ氾濫の定義を明確にすべき段階である。

〈自然〉と〈技術〉の相互作用による氾濫

カロンが導入した氾濫という概念は、市場を形成する対象物が商品となる際に受動化・フォーマット化できない部分が溢れ出る（オーバフローする）現象に関するものであった。そしてこの氾濫は、対象物が〈自然〉に関連する場合に多く観察される。それは、〈自然〉の脆弱性や多様性が人やモノと相互作用することで生じるのではないか。以上がここまで論じてきたことである。明確にすべき点は、以下の二点である。(1)氾濫が〈自然〉に由来するとはどういうことなのか。(2)〈自然〉が人やモノとどのような相互作用を行い氾濫につながるのか。

蚕の氾濫の事例では、蚕の脆弱性が養蚕に携わる女性との関係の背景にあると考えた。脆弱性の対概念はレジリエンスである。レジリエンスは環境変化に対する生態系の復元力を表すが、生態系内の要素の多様性や冗長性と要素間の結合が緩やかな場合に高くなり、それらが逆の場合、つまり画一的な要素が強く結合している場合に低下する。蚕は家畜化と近代化以降の品種改良の結果として、幼虫の移動性は減少し、成虫は羽が小型化して飛べなくなったと考えられる。さらに蚕のF1ハイブリッド化と蚕種の統一は、遺伝的な多様性を減少させてレジリエンスを低下、つまり脆弱性を高めたであろう。

とは言え、一般的にドメスティケーションの過程は、同様な逆説を孕んでいるとも考えられる。ドメスティケーションが進行して生物の受動性が高まると、それらは蚕のように、人間なしで生存することが不可能になっていく。それは人間による労働の投資が社会組織によって強化されていく過程と並行している。それは同時に、生物集団と人間集団が相利共生的（mutualistic）な関係――つまり、

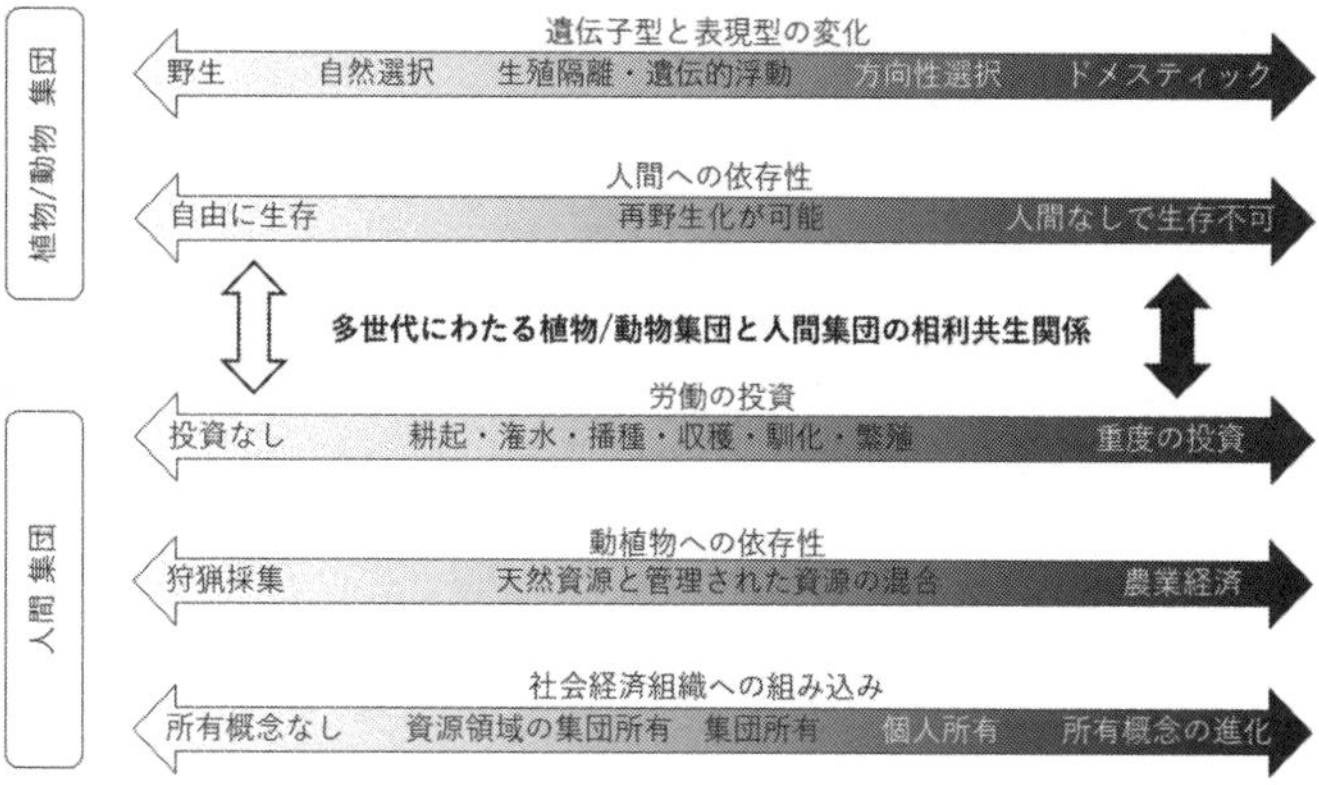

図 3–2. Zeder, Melinda A. (2014). Domestication: Definition and Overview. に基づく.

どちらも適応度が上がる関係――を通じて共進化し、相互依存性が変化する過程でもある（図3−2）。[28] 過剰な労働投資を持続的に行うために、宗教や文化や政治によって集団による農耕や牧畜が制度化された。米国の政治学者ジェームズ・スコット（James C. Scott）のように、初期国家は穀物の栽培労働を強制して収奪することで成り立っていたとする論者もいる。[29]

このように考えるならば、宗教や文化や政治、その少なくとも一部分は、生物集団と人間集団の相互関係のなかで脆弱化した〈自然〉を維持するために組織化されたものであるだろう。そうすると、日本の近代化に養蚕信仰が蚕と農村女性の関係を通じて貢献したことは何も不思議ではない。スコットが主張するように、歴史的には宗教や文化や政治が資本主義経済よりも先にあったのであって、それらを氾濫と捉える見方は、実際には転倒している。生物と人間集団の関係、〈自然〉と〈技術〉の関係は、恐らく本来的には宗教や文化や政治に関するものであった。

干ばつが起きたり害虫が大発生したりしたとき、人びとはまず神に祈ったであろう。宗教は神を呼び出して願いを届ける〈技術〉である。豊作を祈願し感謝を捧げる行事の暦は、いつ何を行うべきかを次の世代へ伝える〈技術〉である。水源を確保するために労働力を動員し、資源をめぐる集落間の争いを調停する政治は、人びとを組織化する〈技術〉である。ジェンダーによる農作業の分業も、このような政治の一部である。すなわち、氾濫が〈自然〉に由来することの意味は、ドメスティケーションの相互作用において脆弱化した〈自然〉を維持するために組織化された〈技術〉が氾濫だということである。

ところが、生物が商品として異なった地域間を移動するためには、それらの地域的な〈技術〉とのつながりをフォーマット化して、生物の特徴がモノ自体に備わっているかのようにプロファイリングしなければならなかった。そこで見出される対象の特徴はフィクションであると前に書いた。しかし、生物と宗教や文化や政治とのつながりを完全に消去することは難しい。現代の日本でも稲作に関連する神事や儀礼は事欠かないし、用水路や水利権は地域社会を組織化したことで得られたインフラや制度として機能している。実際には、「私たちは未だかつてモダンであったことなどない（We have never been modern）」[30]のだとすれば、フォーマット化されている見かけとは裏腹に、生物が密かに埋め込まれているローカルな〈技術〉も重要なのである。この潜在化している〈技術〉が顕在化することも氾濫の一つの側面である。

もう一つ付け加えると、氾濫は商品化＝〈均質化〉を阻害するとは限らない。養蚕の事例は、氾濫としての養蚕信仰が蚕のF1ハイブリッドによる蚕種の統一や蚕糸産業の隆盛をポジティブに促進した。

これは、受動化できない部分が商品化にどのようにフィードバックするのかという問題である。「スーパー雑草現象」の場合は負のフィードバックだが、養蚕信仰は正のフィードバックであると解釈できる。正のフィードバックの場合は、その氾濫を収奪と読み替えることも可能だが、負のフィードバックの場合は氾濫は反乱なのである。ここが、収奪／「スーパー雑草現象」というムーアの概念構成において、整合性が欠けると思われる点である。

経済と科学による計算的エージェンシー

氾濫のもう一つの側面は、前節で描いた資本主義経済と近代科学による〈技術〉に対する生物の進化的な応答として見られた。ここでは生物の遺伝的多様性と薬剤の相互作用が氾濫の根源になっていた。本来、経済や科学も、宗教や文化や政治と同じく人間集団が生物と相互作用するローカルなパターンの一部なので、それらを区別しなければならない必然性はない。しかし、生物を地域に埋め込まれたものから〈均質化〉され移動可能なものへとフォーマット化とプロファイリングが行われる際には、品質計算を行う計算的エージェンシーとして、主に経済と科学に関するモノや人が配置される。もちろん、〈差異化〉が進んでテロワールが文化的な特徴として消費されるようになれば、文化的・地域的な計算的エージェンシーも必要になってくるのだが、今はその手前の段階であり、もっと特殊には飼料や加工原料のための生物の商品化である。結果として、生物自体の特徴として書き込まれ商品の品質となるものは、経済的および科学的な基準で計測されたものである。

ところが、「足枷をはめられ、馴致され、予見可能」となった商品の品質は、ある特定のローカルな空間と時間で計測されたものであり、実際には移動可能でも持続可能でもない。異なった気候風土や生態系や農業慣行のある土地で、より長期にわたって栽培・飼育されたときに、予想外の氾濫が起こることはあり得る。さらに、その結果をどう評価するのかも、地域の多様な状況によって複雑になる。

例えば、もう一つの遺伝子組換え技術として広く普及している害虫耐性作物——ゲノムに土壌細菌の産生する殺虫性タンパク質のBt毒素遺伝子を導入した作物——について、ワタへの導入が急速に進んだインドでは相反する報告が行われてきた。インドでは、二〇〇二年に遺伝子組換えBtワタがハイブリッド種子として市販され、蛾の仲間で主要な害虫の一つであるワタアカミムシ（Pectinophora gossypiella, pink bollworm）の防除に有効であるとのことで、二〇一〇年にはワタ栽培面積の九割以上がBtワタになった。この時期に、インドのワタの収穫量は三倍以上に急拡大した。Btワタの推進者や経済学者は、Btワタ使用農家と非使用農家の収量の違いから害虫防除の効果を高く評価したが、NGOや環境活動家は、Btワタ種子や肥料や農薬の経費のために増加する借金と農民の自殺の関係、工業的農業の持続可能性への疑問などを挙げて批判してきた。

このような状況のなかで、国際綿花諮問委員会の研究者と人類学者が総合的な視点でまとめた二〇二〇年の論文は、二〇〇〇年頃からのワタの生産量の上昇には、Btワタによるワタアカミムシ防除以外の要因、すなわち同時期に利用が進んだ化学肥料、灌漑農業、殺虫剤、ハイブリッド種子が影響を与えていたことを指摘している。[31] 特に大きな要因となっているのが化学肥料の利用であった。Btワタによる収穫量の増加率は導入の初期でも四％程度との推定である。また、比較対照試験でBtワタの効

図 3-3. ワタアカミムシ（ワタキバガの幼虫）
Pink bollworms emerging from a damaged cotton boll.
Peggy Greb-USDA, ARS-USDA Agricultural Research Service Image Gallery
https://www.ars.usda.gov/oc/images/photos/nov02/k10075-6/

果を過大視させた要因として、偶然気候条件が良い時期にBtワタが導入されて比較試験が集中したこと、導入農家は高額な種子から最大の収穫を得ようとBtワタの群に良い土地を割り当てる傾向があったこと等を挙げている。他方で、Btワタと農民の自殺の関係は根拠がないことも強調している。

ただし、蛾の仲間であるワタアカミムシはBtタンパク質に対する耐性を二〇〇九年には獲得し始め、二〇一五年頃にはその耐性がインド全体に拡大して問題化した。それと並行して、蛾の幼虫、つまり鱗翅目昆虫に対する殺虫剤の使用量（米ドル／ヘクタール）は、Btワタの導入によって二〇〇四年頃から減少したが二〇一六年からは増加に転じている。

ワタアカミムシの被害が減る一方で、ワタの葉を食害する吸汁性害虫、ワタヨコバイ（cotton leafhopper）、コナジラミ（whitefly）、カスミカメムシ（mirid bug）などが増加した。吸汁性害虫向けの殺虫剤の使用量は二〇〇六年頃から増加し、翌年には鱗翅目向けの殺虫剤を上回った。二〇一八年時点では、両方を合計した殺虫剤の使用量がBtワタ導入前から三七％増加し、一ヘクタール当たり二三米ドルを超えた[32]。これらは、Bt毒素遺伝子を導入したハイブリッド種のワタが雑種強勢によって化学肥料によく反応して成長するため、一九九〇年まで主流であった公的品種に比べて吸汁性害虫の大量発生を生じやすかったからだと考察されている。因みに、Btワタの普及に伴って主要害虫が鱗翅目の幼虫から吸汁性害虫へと遷移する現象は、米国と中国でも観察されている。

最後に、この論文の著者らはBtワタの農業者の利益率への効果についてまとめている。増益効果があったのは導入の初期だけであり、その後は資本集約型農業へ転換したための資材コストの増加に直面していると言う。二〇〇五年と比較した二〇一九年のコストの上昇率は、種子七八％、殺虫剤一五八％、化学肥料二四五％、労賃二七五％で、合算すると一四三％の増加であった。

市場における商品としてのBtワタは、害虫防除を促進することで農業者の収益を増やす、鱗翅目幼虫への農薬使用量を減らして環境負荷を低減することが主要な品質として計算されていた。つまり、主要な計算的エージェンシーは、個々の農業者の会計、農業省によるセンサス、経済学者による比較対照試験、農薬の使用量等であると考えられる。この商品の市場への投入においては、これらの計算結果の初期における良好な数値とともに、先行導入した農業者の成功体験が、害虫耐性遺伝子組換えワタのハイブリッド種子の市場を形成可能としたであろう。インドでは、正式に認可されて市販される前から違法な種子が流通しており、その評価も影響したと考えられる。

しかし、〈自然〉に対する影響は長期的なスパンで現れる。吸汁性害虫の増加は導入四～五年後から、Bt耐性ワタアカミムシは七年後から発生している。主要害虫の遷移と耐性獲得は、導入時には計算されていなかった氾濫である。その結果として、農業者の収益は長期的には減少する傾向となったことも計算外の帰結であった。ただし、市場への導入初期に計算されて高評価された収量や収益の増加は、化学肥料使用量の増加によるところが大きいこと、および比較対照試験にはいくつかのバイアスがあったことが影響していた。これらは、Btワタの普及という面ではポジティブな氾濫であったが、長期的な農業者の収益や環境負荷という品質については、ネガティブに作用した。

この事例から、〈技術〉に対する生物の進化的な応答としての〈自然〉の相互作用の特徴として、時間の経過とともに応答が変化し得ること、その生物が位置する局所的な生態系との相互作用を計算することが難しいことが浮かび上がる。ただし、耐性獲得は長期といっても一〇年以内であり（低分子化合物の場合はもっと短いと思われる）、新規の薬剤や遺伝子組換え作物の開発に通常かかる時間よりも短い。生態系については、害虫だけでなく、天敵生物と中立的な生物、あるいは土壌生物や鳥などにどのような影響が及ぼされるかも評価が難しい。殺虫剤の減少によって害虫以外の昆虫集団が受ける影響については、相反する報告がある。中国でのBtワタの三年間の試験では天敵昆虫の多様性が減少したが、昆虫全体の多様性は増加した[33]。米国アリゾナ州でのBtワタの五年間の試験では、どちらに対してもほとんど影響がなかった[34]。もちろんこれらの地域では、生態系が全く異なっている。

害虫と天敵生物との関係は、害虫が耐性を獲得するプロセスと相互に影響を与え合うと考えられる。害虫に殺虫性を持つ作物は圃場の害虫密度を減らすが、結果として天敵生物の密度も減らす。しかし、害虫が耐性を獲得して生残すると、天敵生物の密度は高まる方向へ動くが、この変動がまた害虫の密度に影響する。さらに天敵生物の天敵生物、寄生者や捕食者の影響も考えなければならないとすると、多種の生物集団のダイナミクスを計算する必要があることになる。現実の農場では、これらの生物集団の様相が地域によって異なり、さらに農業者による各種の農薬使用の影響が重なる。これらを適切に評価することは非常に困難である。

以上の考察から、本書での氾濫の概念を〈氾濫〉としてまとめよう。〈氾濫〉は、商品化＝〈均質化〉のために対象（本書の場合は生命）を受動化・フォーマット化し、計算的エージェンシーがプロファイリングによって品質を確定する際に、切り捨てられたもののオーバフローである。現代の市場では経済的・科学的な計算的エージェンシーが主流であるため、〈自然〉と相互作用する〈技術〉のなかでも、宗教的・文化的・政治的な部分は切り捨てられる場合が多い。同様に、経済的・科学的なプロファイリングでも、長期的な時間、局所的な空間に関する〈自然〉の特徴——多様性や冗長性、それによって可能になるレジリエンスや循環性——は見過ごされる場合がある。これらが顕在化するのが〈氾濫〉である。そして、〈氾濫〉は対象の商品化にポジティブに作用する場合。つまり収奪が可能になる場合と、ネガティブに作用する場合の両方が起こり得る。

次の疑問は、なぜ短期的で非局所的な経済的・科学的プロファイリングが、〈均質化〉を行う市場の形成で用いられるのか、そしてネガティブな〈氾濫〉が起きたときに商品の開発者はどのように対応するのかである。これらの問いは、〈差異化〉がどのようにして起こるのかという問題とも関わっている。それを考えるために、この章の残りの部分では、ネガティブな〈氾濫〉に対する回避について見ておきたい。

〈氾濫〉は回避できるか

ネガティブな〈氾濫〉に直面したとき、すなわち〈自然〉から収奪できる余地が少なくなって資本化に失敗したとき、ムーアによると資本はフロンティアを探して回避する。マデイラ島の砂糖プランテーションは生産性が低下して捨て去られ、ポルトガル商人はサントメ島へ移動した。ポトシ銀山の初期の利益率低下の問題は、水銀アマルガム法で低品質の銀鉱石に対応できるような技術革新を行いながら、植民地政府が直接管理するミタ労働によって水銀鉱山を含む大量の労働需要への供給を確保した。

ムーアによる回避という語の使用は、経済地理学者のデヴィッド・ハーヴェイが用いた空間的回避(spatial fix)の概念[35]に基づいている。単純化するならば、ある場所の資本が過剰蓄積の問題を解決・先延ばしするために空間を戦略的に拡張することである。ハーヴェイが挙げる空間戦略は以下の四つ、①新たな海外市場の開拓、②生産の移転、③低コスト労働力の利用、④減価の輸出、以上である。マデイラ島の砂糖プランテーションは、典型的な②の例である。ポトシ銀山の場合は、水銀アマルガム法の採用は労働生産性を高める技術革新であるので、ミタ労働制度と合わせて③に近い。

しかし、ムーアにあって回避は、「歴史的自然を新たに組織する方法」である[36]。水銀アマルガム法は、ウアンカベリカ水銀鉱山へ投資し、水銀という新たなモノを銀の精錬工程に配置するものであった。このような回避は「初めのうちは資本蓄積を解き放つ」が、そのフロンティアもいつかは失われる。マデイラ島からサントメ島へと移動した砂糖生産も、さらにブラジルへ、そしてカリブ海諸島へと回避を続けていく。そして、サトウキビによる砂糖製造そのものが異性化糖や他の代替品、あるいはサトウキビの他の用途の出現によって陳腐化していく。それでも、トウモロコシからの異性化糖製造やサトウキビからのバイオエタノール製造も回避先であると考えることはできるだろう。

経済は異なった地域間の差異、境界線のこちら側と向こう側の差異を利用して、利益を得る。生産地と消費地、農村と都市、植民地と宗主国、そうした空間的な境界のほかに、原料となるモノの構成、食料とエネルギーのような市場の差異もある。同じ商品であっても利益率が異なれば、原料、製造プロセス、用途、市場の差異から利益を得ることができる。経済的な計算的エージェンシーは、これらの差異を横断することで得られる利益を単位時間当たりで計算して、商品のプロファイリングに追加する。短期的で非局所的である所以である。しかし、ムーアは悲観的である。

拡大深化していく資本化の運動は、人間と生物物理学的な自然が資本の回路から独立に（あるいは相対的に自立して）自身を再生産する能力を侵食していく。遅かれ早かれ、再生産の規則は資本に依存する方向に変化する。小農耕作者は資本主義的な農場主になる。原生林は植樹林へと変わる。世代間の再生産は貨幣関係に媒介されるようになる。生態学的剰余は、世界全体の自然の資本化の割合が上昇するにしたがって減少する。このことは、蓄積の拡大の基礎を蝕んでいき、発展の危機に行きつくことになる。（ムーア『生命の網のなかの資本主義』、三一二頁）

ムーアは対価の支払われない収奪こそが資本蓄積にとって重要だと考えるので、生物自身が再生産できなくなることを懸念している。確かに、再生不可能な化石燃料に依存した、つまり天然ガスから作られる化学肥料を多投入する工業的農業は、「自身を再生産する能力を侵食」し、結果として「自然の資本化の割合が上昇する」。それは、そのような方向性で進んでいるという点では正しい認識であると思われる。前節の用語で言い換えると、収奪は〈氾濫〉が収益へ正のフィードバックをかけることなので、負のフィードバックが増えると収奪は困難になる。しかし、現代の工業化された農業も、生物自身の能動的な作用というポジティブな〈氾濫〉に未だに多くを負っている。それだけでなく、周囲の〈自然〉にも依存している。これらの〈氾濫〉への依存は、〈自然〉の収奪が現在でも継続していることを意味する。なるほど「自然の資本化の割合」は上昇するが、現在の科学技術がすべての生命過程を代替するレベルには遠く及ばないことから、発展の危機を招くほど資本化の割合は高くないと考える。

太陽のエネルギーは言うに及ばず、水も酸素もミネラルも、生物が再生産に用いる資源は〈自然〉から収奪したものである。最先端のゲノム編集も、細胞の修復機能と微生物の増殖機能に依存している。そして、どの遺伝子をどのように編集するかは、第2章で取り上げた無償のデジタル配列情報（DSI）という〈自然〉に依拠している。ほとんどの〈技術〉のなかには〈自然〉の作用が幾重にも織り込まれていて――あるいは逆に〈自然〉の作用のなかに〈技術〉の断片が織り込まれていると言ったほうが現実に近いかもしれない――それらは気づかれないまま無償で利用されている。ムーアは労働過程における収奪の概念を〈自然〉に拡張したが、私たちが継続的に〈自然〉から収奪している価値を十分に把握できていないのではないだろうか。

さらに、負のフィードバック（つまり「スーパー雑草現象」）に対する回避も〈自然〉に依存せざるを得ない。前節で述べたBtワタに対する害虫の抵抗性獲得に農学者たちがどう対処してきたかを見てみよう。

一九九六年にBt毒素を遺伝子組換え技術で導入したワタやトウモロコシが商業化される前から、耐性害虫の出現は予測されていた。その意味では、厳密には〈氾濫〉と呼べない。ただし、害虫の耐性獲得を抑制あるいは遅延させる栽培戦略が開発企業と監督官庁（米国農務省）間で合意されたため、適切な管理を行えば耐性害虫は問題にならないとして種子は販売された。ではどのような戦略が考案されたのか。

一九八八年に昆虫の進化生物学者であるフレッド・グールド（Fred Gould）は耐性獲得を遅らせる方法として、1非殺虫性作物との混植による退避地（refuge）、2複数のBt毒素の使用、3低用量のBt毒素と天敵生物の併用、4組織や時間や信号によるBt毒素の発現、以上四つを提案していた[37]。その後、一九九一年に開発企業がBt毒素を高用量（最も感受性の高い遺伝子型を持った害虫を一〇〇％殺す用量）で発現させる技術を開発したことから、5高用量のBt毒素、が追加された。グールドが一〇年後の一九九八年に書いた総説によると[38]、この5と1を併用した「高用量と退避地の併用」戦略と呼ばれる回避方法が、当時の開発企業や監督官庁の専門家の間で有望な候補として浮上してきたという。

退避地とは、害虫がBt毒素の影響を受けずに生育できる場所のことである。Bt毒素耐性の性質はほぼ潜性遺伝（以前の呼称は劣性遺伝）であると知られている。この耐性に関わる遺伝子が一つで、害虫

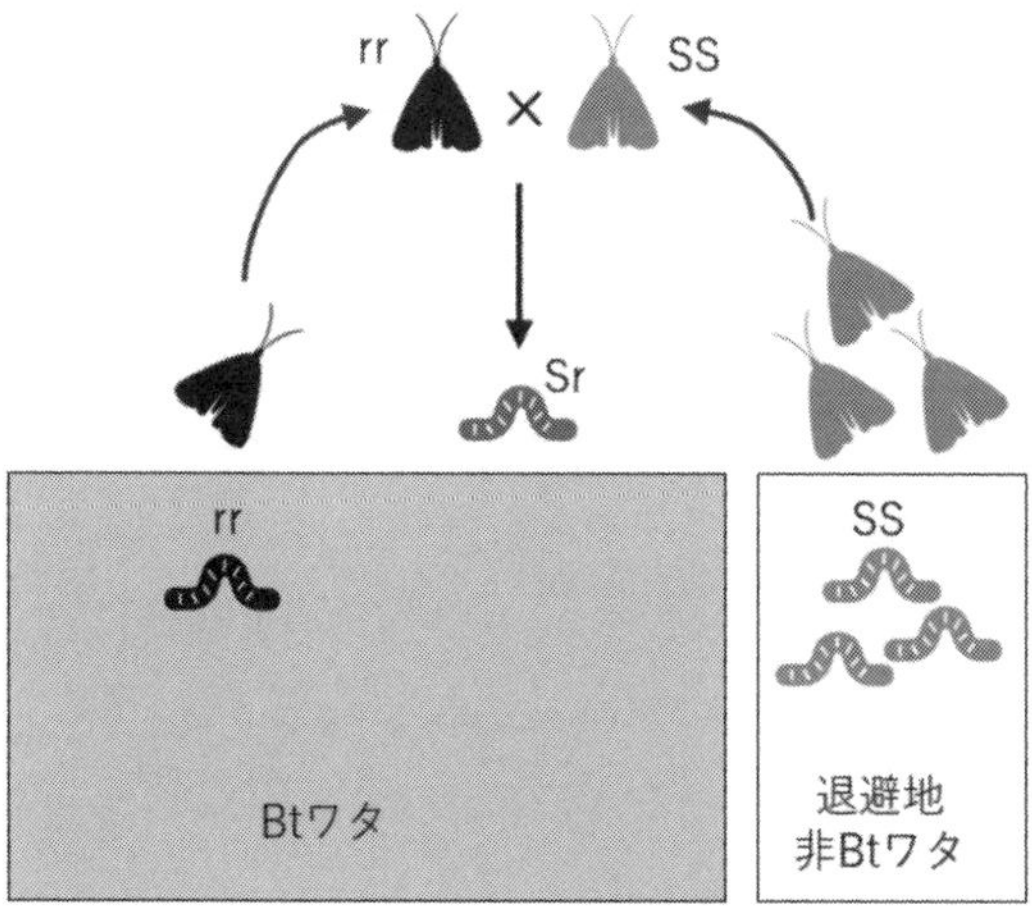

図 3-4. Bt 毒素抵抗性害虫に対する退避地戦略
Bt 毒素抵抗性害虫（rr）が低頻度で発生しても，Bt 毒素を産生しないワタを植えた退避地を設けると，感受性（SS）害虫が一定の割合で存在するために，次世代の多くは感受性（Sr）となって抵抗性（rr）の増加を抑止できるとする．筆者作成．

は二倍体生物で対立遺伝子は二種類、感受性をS、耐性をrとしよう。デフォルトはSSである。耐性が発現するのはrrの場合で、Bt毒素作物の上で生き残る。Srは感受性であるが、完全潜性（顕性）でなければSrはSSよりも感受性が落ちる、あるいは耐性が上がると考えよう。

退避地がないと、生き残ったrrはrr同士で子孫を増やす確率が高くなる。これはSrがどの程度生き残るかにも依存する。いずれにしても、rr同士で子孫を増やすと耐性害虫は増えていく。ここで退避地を設けておくと、SSとSrにも生き残る個体が生じる。これらとrrが交配すると、子孫のrrの数は退避地がない場合よりも低下する。また、子孫のSrはBt毒素作物上で多くが死亡する。この次世代でのrrとSrの生残数は、退避地の比率や位置によって変わるrrとの交配確率、Bt毒素作物によるSSとSrの致死率に依存する。退避地も含めてSSとSrの生残数の差が小さいほうがrrの増加は遅れるであろう。このような集団遺伝学に基づくシミュレーションによって、rrが害虫の半数以上を占めるようになるまでの世代数を推定することができる。

また、Bt毒素が高用量であるとは、SSに対する致死率が一〇〇％であることで、退避地以外では生き残らない。Srに対する致死率もかなり高くなることが予想される。「高用量と退避地の併用」戦略は、退避地を十分に確保してrrの次世代をSrに転換できれば、上記のような理論的な前提条件のもとでは耐性害虫の発生をかなり遅らせることができると考えられた。

グールドは、「高用量と退避地の併用」戦略が有望視された理由を三点挙げている。(a)技術的に可能性が高いと考えられたこと、(b)マーケティングと農業の観点で実用性が高いと考えられたこと、(c)Bt毒素が有効である期間を延長できると考えられたこと、以上である。しかし、現実の退避地の作り方や害虫の行動まで考えると、技術的にも問題は多いと指摘していた。

第一に、高用量が維持されるかどうかは退避地の比率や設計に依存する。Bt毒素作物と退避地の通常作物の距離が近い場所では、害虫の幼虫は双方の作物を食害することで、低用量の毒素に暴露されることと同じになる。完全な混植は用量を下げることにつながるが、二つの地域を分離すると退避地の効果は薄れる。第二に、Bt毒素作物上で生き残るrrはSSと交配できない可能性がある。SSに比べてrrは体が小さく成長も遅いため、羽化する時期が遅くなる可能性があるからだ。第三に、成虫（蛾）の移動距離や食性が、rrと退避地の感受性害虫が交配する確率に影響する。害虫の種類によって成虫の移動距離と好む植物の種類は大きく異なり、例えばニセアメリカタバコガ（*Heliothis virescens*）の成虫は七・五キロ以上移動し、幼虫は広食性（タバコ、ワタ以外にも多くの植物を食害する）だが、前述のワタアカミムシは狭食性でワタがあればそこに留まる。広食性で農場外へ飛んで交配する害虫の場合、農地に退避地を設ける意味は低いかもしれない。[39]

　これらの害虫の生態に関する指摘は、地域によって耐性が生じた害虫とそうでない害虫の種類が異なっている点からも適切であったと考えられ、害虫の生態や地域の農業実践の違いについてはプロファイリングが不十分なまま世界的な商品化に進んだことは否めない。それでも、種子そのものを改変する技術は進み、グールドの提案の二番目に該当する二種類のBt毒素を導入した品種（ピラミッド型品種と呼ばれる）の使用は二〇〇三年頃から広く行われてきた。

　さらに、米国やオーストラリアのような広大な農地での単作栽培と、中国やインドのように狭小な農地が入り組んでいる場合とでは、退避地の設定可能性や効果が異なっていることが想像される。ワタの場合、退避地が義務化されていない中国では、他の作目（トウモロコシ、ダイズ、ピーナッツなど）の農地を自然退避地（natural refuge）とみなして、Btワタの栽培を進めてきた。二〇一五年の中国からの報告では、[40]この自然退避地も耐性害虫への進化を遅らせる効果があることが多食性のオオタバコガについて示された。ただし、その効果はBtではないワタよりは弱く、完全潜性ではない耐性の進化は早い。この報告では、耐性遺伝子が顕性となる度合いが強いほど、退避地の効果が弱くなることも実証された。

　以上の耐性害虫の事例から、科学的な計算的エージェンシーの特徴として、〈技術〉自体のプロファイリングは得意だが、〈自然〉の多様性への応答は必ずしもうまくいっていないことが示唆される。Bt毒素の発現量が増加したときに高用量戦略を選択したり、複数のBt毒素を導入する方法を早期に取り入れたりしたことは、技術的な回避方法への選好の強さを示す。これは、開発企業に有機化学と分子生物学の専門家が多く、植物ゲノムの知的財産権や種子や農薬が主な資源であることに由来するであろう。〈技術〉側の改良点は、地域や害虫の多様性に合わせるのではなく、害虫耐性作物の基本的なデザインとして行われている。

これに対して、退避地戦略は〈自然〉を利用する回避方法である。害虫耐性作物と害虫との軍拡競争では、害虫を完全に殺そうとすると敗北する。適度に生かしながら害虫耐性作物の効果を持続するために、害虫の能動性を利用することが重要である。しかし、〈均質化〉された作物と違って害虫は多様な野生生物として進化し続けている。その能動性と進化をプロファイリングすることは難しい。さらに、人為的な退避地だけでなく、中国の例のように、他の農地や自然環境も害虫の退避地となる。害虫と農業環境の多様性を考慮して農地だけでなくその周辺地域全体の植生と生物の管理に立ち入ることは、種子を販売する企業の枠組みを超える。種子企業と遺伝子組換え作物は購入した農業者の農地の境界で立ち止まるが、害虫は農場の境界を超えて移動し、作物以外の植物や天敵を含めて自然生態系と相互作用する。そのような生物の能動性も〈氾濫〉の源泉である。

〈氾濫〉から〈氾濫〉への〈移転〉

ハーヴェイの空間的回避の概念は、移動する資本についてであった。それを〈技術〉が〈氾濫〉に際して「歴史的自然を新たに組織する方法」（ムーア）へと拡張するとき、回避（fix）という概念は適切だろうか。英語のfixにはハーヴェイの意図した「修理する」「回復する」という意味のほかに、「固定する」という意味もあるため誤解が多いことは知られている。[41]日本語訳の「回避」についても、あたかも〈自然〉による〈氾濫〉が回避されて何事もなく解決されると誤解されるなら、ハーヴェイの意図は伝わらないことになる。資本であれば、利益率が低下した時点で投資を取り止めて別の空間へ移動することを回避と呼ぶとしても、それほど違和感はない。しかし、遺伝子組換え害虫耐性作物の例では、実際にBt毒素耐性害虫や吸汁性害虫が増加して、農薬の使用量とコストを押し上げている。環境問題を引き起こした事業から資本は撤退するが、問題による被害は解決されずに現地に残ることは歴史的に多数知られている。その場所に配置された人やモノ、あるいは潜在的にその場所に関わる人やモノにとって、〈氾濫〉はそう簡単に回避＝回復されない。

また、水銀アマルガム法のための水銀鉱山の開発や、複数種のBt毒素を導入した害虫耐性作物の開発といった〈技術〉による回避方法は、〈氾濫〉が起きた元来の空間へ再投資するものであって、資本の空間的回避というハーヴェイの概念から外れる。

さらに、Bt毒素耐性害虫による〈氾濫〉に対して退避地を設けるという回避方法の場合、実際に空間的回避の役割を担うのは退避地へ移動する害虫や移動先の生態系などの〈自然〉である。むしろ〈技術〉自体は、対象の内部（遺伝子）、専門分野（分子生物学）、法制度（カルタヘナ法）などに閉じ込められているように見える。退避地へ移動する害虫の行動や移動先の生態系も十分なプロファイリングはできていない。つまり〈氾濫〉である。結局、〈氾濫〉を別の〈氾濫〉へと移し替えている。そこで、ムーアの回避という概念を「移転」という言葉に置き換えることを試みよう。

収奪が可能な〈自然〉には過剰なものが〈氾濫〉している。そこに〈自然〉の多様性と能動性があり、〈技術〉との間に複雑な相互作用が生じる。しかも、〈氾濫〉には商品化にネガティブに作用するものがあり、収奪可能なポジティブな〈氾濫〉を抑制してしまう。そこで、〈氾濫〉そのものを含む商品化の配置（アジャンスマン）を再配置したり、その配置の一部または全体を別の〈氾濫〉へ移動したりすることが行われる。この再配置と移動を併せて〈移転〉（relocation）と呼ぼう。

もし、対象の受動化が十分に行われるならば、それは単独の商品として売り手から買い手に自由に移動することが可能になり、その対象が他の対象（特に貨幣）と交換される市場が成立する。それに対して、受動化やプロファイリングが不十分で〈氾濫〉が起こるということは、その対象に過剰なものが付随していて、自由な移動が妨げられている、あるいは移動に際して予期しないコストがかかる――すでに外部不経済ではなくなって内部化されつつある――ということである。そこで、〈氾濫〉を含む対象は、異なったモノと人の配置やそれが可能な場を探して〈移転〉されることになる。

relocationは、進化生物学や生態学のニッチ構築理論（niche construction theory）において、撹乱（perturbation）と並んで生物が自らの環境を改変して進化の選択圧を変化させる方法の一つである。オドリン＝スミーらの二〇〇三年出版著書の訳書[42]では、「移転」ではなく「移住」と翻訳されている。この「移住」は、「生物が、移動の方向および／または距離を選ぶだけではなく、ときには移動の時刻も選んで、空間内を能動的に動く事例を指す。移住する生物はその過程で、さまざまなときに、代替的な生息場所にみずからをさらし、したがってさまざまな環境因子にみずからをさらす」（オドリン＝スミーら『ニッチ構築』、三七頁）と定義されている。しかしrelocationには辞書的に、移転する、転居するという意味のほかに、何らかの配置を変更する、再配置するという意味がある。そこで本書では、回避を包含する概念として考えるため、生物の移住だけではなく、〈技術〉によって〈自然〉が商品化される際のモノと人の配置が変更される過程も含めて〈移転〉として概念化する。

ニッチ構築理論は、拡張総合説（extended evolutionary synthesis）と呼ばれる進化の総合理論の一つであり[43]、生物が生息環境から選択圧を受けて適応するだけでなく、生息環境自体をつくり変えることで選択圧を変化させ、それがその生物の進化に影響するという考え方である。人間の様々な〈技術〉もまたニッチ構築であると考えられる。したがって、〈自然〉としての対象生物が新しいニッチを求めて移動することに加えて、それまでニッチを構成していたモノと人の配置——自然環境だけでなく人為的な環境も含まれる——を改変したり、配置ごと別の時間や空間に移動したりすることも〈移転〉であると考えよう。本書の議論でニッチ構築理論を参照することについては、後の章で具体的な事例とともに詳しく説明する。

単なる移住・転居という意味での〈移転〉は、これまで論じてきた回避とほぼ同じである。〈移転〉された先では、砂糖プランテーションや銀山の場合のように、再び正の〈氾濫〉からの収奪が行われた（表3‐1）。しかし、〈自然〉として配置されるモノが違うだけで、フォーマット化とプロファイリングの手法の刷新がなければ正の〈氾濫〉も枯渇してしまう。そこで、ムーアのように、いずれフロンティアは消滅するという危惧が生じる。しかし、配置される人やモノ、フォーマット化とプロファイリングの手法が変わると事態は一転する。奴隷制の廃止、そしてトウモロコシからの異性化糖製造によって、サトウキビのプランテーションは全く異なった商品化の局面を迎えることになった。

これに対して、問題が負の〈氾濫〉の場合、その〈氾濫〉をフォーマット化するか、または異なった配置がなされているニッチに〈移転〉して、そこでの正の〈氾濫〉によって相殺するという方法が採られる。しかし、どちらの場合も、負の〈氾濫〉が消滅するとは限らない。例えば、除草剤への耐性雑草の出現に対しては、非選択的除草剤の高用量散布と除草剤耐性作物という〈氾濫〉をフォーマット化できると考えられて導入された。しかし、その非選択的除草剤も耐性雑草という新たな〈氾濫〉に直面している。害虫耐性作物の場合は、Bt毒素耐性害虫を退避地や自然退避地という新たなニッチで起きている〈氾濫〉に〈移転〉する方法である。これも、耐性害虫の蔓延を遅らせることが目的であり、問題の回避にはならないと考えられる。

〈移転〉は作用の過程であり出来事であって、例えば、退避地戦略においてBt毒素耐性害虫が退避地や農場の外へ移動する、あるいはそこで自らの耐性遺伝子と非耐性害虫に移入することも〈移転〉に含まれる。もちろんそれはランダムな移動の一部ではあるが、農場内に留まる場合と結果は異なってくる。対立遺伝子がrrの耐性害虫は、Bt毒素がない環境では他の遺伝子型の害虫に比べて恐らく適応度が低い。つまり、進化的に問題を抱えている。しかし、退避地や農場の外へ〈移転〉されれば、SSやSrの対立遺伝子を持つ個体と交配することで、毒素の選択圧がない普通の環境に適応した子孫を残すことができる。もっとも、R遺伝子が生き残ることは害虫にとっては多様性を獲得することで都合がよいが、遺伝子組換え害虫耐性作物の種子を販売する企業にとっては、負の〈氾濫〉の芽である。このように、〈氾濫〉に対処して〈移転〉する作用者は、企業や行政の専門家、そして対象生物（例の場合は害虫耐性作物）に限らない。

表 3–1.〈氾濫〉に対する〈移転〉の諸相

商品化する対象	〈氾濫〉	フィードバック	〈氾濫〉減少	〈移転〉
マデイラ島のサトウキビ	肥沃な土壌と森林 奴隷	正（収奪）	やせた土壌 森林資源の枯渇	サントメ島の肥沃な土壌と森林 奴隷
ポトシの銀	高品位の銀鉱石 エンコミエンダ	正（収奪）	低品位の銀鉱石 王室との対立	水銀アマルガム法，水銀鉱山 ミタ労働
除草剤	除草剤耐性雑草	負	——	遺伝子組換え除草剤耐性作物
遺伝子組換え除草剤耐性作物種子	野生種との交雑による遺伝子流動	負	——	野生種生息地との距離
遺伝子組換え Bt 毒素作物種子	Bt 毒素耐性害虫	負	——	退避地の非組換え作物と害虫 自然退避地の植物と害虫
植物育成者権を有する近代品種	農民の権利の主張	負	——	アクセスと利益配分（ABS） デジタル配列情報（DSI）

表3–1では、第2章で取り上げた植物育成者権と農民の権利の対立、いわゆる「種子戦争」も〈氾濫〉の例に加えた。第2章の最後の節で掲げた表2–1の「〈自然〉への対応」の列が、表3–1の〈氾濫〉と〈移転〉先で起きたことに相当する。〈移転〉先の状況は、〈技術〉側の〈差異化〉によるものである。この「種子戦争」は、近代品種の育成に用いられる在来種に付着している先住民、地域社会、自然環境などが、フォーマット化に抵抗する過剰なものとして、FAOの「植物遺伝資源に関する国際的申し合わせ」の議決に際して〈氾濫〉したと考えてよいだろう。この対立は、生物多様性条約という別の場へと〈移転〉され、アクセスと利益配分（ABS）という新たな配置によってフォーマット化されようとした。しかし、農民の権利や利益配分を、現行の知的財産権の枠組みで実施することには様々な困難がある。さらに、第2章で論じたように、在来種のデジタル配列情報が無料のデータベースで公開されるとすれば、利益配分に関する合意の困難さは増すと考えられた。したがって、〈移転〉後の交渉の場でも、負の〈氾濫〉は増幅しているとも言える。

この例の場合も、誰が何を〈移転〉したのかを特定することは難しい。ＦＡＯの「国際的申し合わせ」の議決に関与した各国代表、種子企業とその団体、ＮＰＯ、農民団体など、多くの関係者が別の場への〈移転〉による議論の継続を望んだであろう。農民の権利という概念に付随する様々なモノや人は、「植物遺伝資源」という狭い枠組みからは〈氾濫〉すると考えられるからである。生物多様性条約の締約国会議は、在来種と近代品種だけでなく、ＧＭＯやゲノム編集生物やＤＳＩも含めて、国家を含む多くの利害関係者が議論を戦わせている、そのなかで、農民の権利は誰のものなのか、伝統的知識は誰に帰属するのか、といった権利主体に関する問いが困難であること、それがＡＢＳの実現を難しくしている一因であることに留意しよう。同様にして、誰が〈移転〉するのか、何が〈氾濫〉するのかといった問いも、事態を単純化してしまう危険があることに注意したい。

〈氾濫〉も〈移転〉も境界を越える移動である点は同じだが、作用のあり方が異なる。〈氾濫〉は〈自然〉を起点として発するもので、空間的な比喩では境界域周辺への短い距離の移動である。カテゴリを包む曖昧なボーダー領域への面的な移動というイメージである。これに対して、〈移転〉は〈技術〉に由来して起こるもので、空間的な比喩では境界を完全に越えて、別の圏域へ向けての長い距離の線的な移動である。つまり、異なったカテゴリへの帰属やカテゴリの再設定を意味する。これらの概念で説明したいことは、空間的な移動に限らない。時間的、技術的、あるいは文化的な境界を越える動きであると理解したい。

〈均質化〉と〈差異化〉は、合理主義と資本主義による近代化を前提とした〈自然〉と〈技術〉の関係の変化を説明する概念として設定したものである。しかし、近代化以前にも、〈自然〉と〈技術〉の相互作用や境界化は継続して行われてきた。それを説明する概念枠組みとして、〈氾濫〉と〈移転〉を考えたい。すなわち、近代品種が生まれる前、ドメスティケーションと在来種の世界である。次の章では、時代を遡って在来種と人間の関係を、日本の在来家畜研究の歴史を参照することで振り返ってみよう。近年の人類学で一定程度の注目を集めてきたドメスティケーション研究の成果が導きの糸となるであろう。

第4章　曖昧なドメスティケーション

——在来であるとはどういうことか

ドメスティケーションの定義をめぐって

複製技術時代の〈均質化〉と〈差異化〉による育種、〈自然〉なゲノム編集、デジタル配列情報による遺伝資源の利用、そしてBt毒素抵抗性害虫の発生など、現代の〈自然〉と〈技術〉が相互作用する問題群を考えるにあたって、それらの〈技術〉以前の在来種の世界、そこへ至るドメスティケーションの過程と比較することは意味のあることだと思われる。これらの問題群に共通してみられることの一つは、〈自然〉と〈技術〉が絡まり合っていることである。〈自然〉は〈技術〉の客体ではなく、〈技術〉の細部に入り込んで能動的に〈技術〉を動かしている。それはときに〈氾濫〉となって顕在化する。

私たち誰もが恩恵を受けている作物や家畜のF1ハイブリッドの雑種強勢現象を、私たちは未だに説明することができていない。最先端のゲノム編集技術も、真核生物の細胞に備わっているNHEJ経路という自己修復機能に依存している。Bt毒素抵抗性害虫の蔓延を防ぐ際に、自然退避地の雑草や生物の働きも無視できない。現代の育種や農業技術もまた〈自然〉の能動性に依存しているとすると、それは近代化以前の在来種の〈技術〉と何が異なるのか。それはドメスティケーションからの長いプロセスの一部なのか。在来種にも〈氾濫〉や〈移転〉は起こるのか。これらの問いがこの章の課題である。

さらに、この三〇年ほどで、ドメスティケーションに関する研究は新たな局面に入ったように見える。化石や考古学上の遺物からのゲノム解読（古代ゲノムや古代DNAと呼ばれる）の技術の進展は、現存する生物との比較によって系統学的な分析手法を刷新した。文化人類学における人間中心主義的の見直しは、古生物学、遺伝学、考古学などの自然科学的なデータを民族誌と総合して考察する際に新たな視点を提供した。結果として、第3章の図3-2（原図はアメリカ国立自然史博物館の考古学者メリンダ・ゼーダーによる）で示したように、ドメスティケーションは人間が一方的に生物を改変する過程ではなく、人間と対象生物が相利共生的な関係において共進化する過程であり、関係が深まれば対象生物だけでなく人間社会も変化するという考え方に変わってきた。さらに、水平方向の矢印が双方向であるように、ドメスティケーションの進行自体が可逆的で、行ったり戻ったりする過程を含む。

それまで、ドメスティケーションは生物の生殖が管理され、すなわち何らかの人為選択がなされて、生物の形態や機能に変化が生じることであり、最終的には人間による完全な生殖管理によって完成する過程であると考えられてきた。ただし、一九七〇年代には、遺伝学や育種学において、例外的な事実を認めて、より柔軟な解釈が行われていた。序章の図0-3（野澤、一九七五年[1]に基づく）では、横軸左側の「無意識的選択」の部分が人為選択とは言えないという意味で点線になっているが、これも家畜化の一部であり、半栽培（セミドメスティケーション）と呼ぶこともできるだろう。この論文で野澤は、ジャック・ハーラン（第2章の農民の権利のところで在来種に関する論文を引用した）が一九六五年に提案した「雑草的性質（weediness）」――人間が撹乱した環境への適応性が高い――が栽培作物への進化に重要な役割を果たしたとする論文を引いて[2]、家畜化においても動物側からの能動的な働きがあることを強調していた。また、横軸は家畜化の段階を表すが、すでに再野生化や野生種との遺伝的交流が明らかとなっていたことから、野澤は「家畜化が一方向的動きではなく、停滞も、後戻りもあり得ることを示すものであろう」と記している。

すなわち、一九七〇年代の時点で、生物側の能動性（セルフドメスティケーション＝自己栽培化、自己家畜化）、半栽培、野生種との遺伝的交流（gene flow, 遺伝子浸透）、再野生化といった、ドメスティケーション概念を見直すキーワードに該当する事実認識はすでに存在した。したがって、近年のドメスティケーション概念の刷新は、さらに幾つかのキーワードを加えてそれらの認識を統合し、対象生物を生殖管理がほとんど行われていない種（特に動物の場合）にまで拡大したものである。その結果、ドメスティケーションの方法、人間の組織や文化への影響、他の生物を含む自然環境への影響がきわめて多様であることがわかってきた。現在はそのような状況であろう。

例えば、人類学のシャルル・ステパノフと古植物学のジャン・ドニ・ヴィーニュの共編による『ハイブリッド・コミュニティーズ』（二〇一八年）[3]、人類学のヘザー・アン・スワンソンらの編による『ドメスティケーション・ゴーン・ワイルド』（二〇一八年）[4]、やはり人類学の卯田宗平編の『野性性と人類の論理――ポスト・ドメスティケーションを捉える4つの思考』（二〇二一年）[5]といった論文集では、ウイルス、蚊、猛禽類、サケ、マツタケ、ジャコウネコ、ミツバチ、ウミウ、大腸菌など、これまでドメスティケーションとは扱われてこなかった生物と人間の多様な関係が論じられている。

しかし、本書ではこれらの文化人類学の成果はできるだけ扱わない。文化人類学の文献は生物を直接の研究対象とするのではなく、生物と関わる人間についての民族誌であり、それを私が紹介すると生物自身からの反応は三次的・四次的な引用になってしまうからである。そこで、可能な限り自然科学者の実験や観察に基づいた語り（それでも二次的な引用に留まるのだが）を探していこう。

この章では、前述の野澤謙が中心になって活動していた在来家畜研究会の調査報告を主な題材として、ドメスティケーションと在来種についての研究者の問題意識や解釈がどのように形成され、変化してきたのかを検討する。ただし、初期の在来家畜研究会は畜産学や獣医学の研究者によるアジアのフィールド調査が中心であり、ドメスティケーションそのものを考古遺伝学的に研究するわけではない。そこで、現在盛んに行われている古代ＤＮＡの解読を含めて、主に自然科学によるドメスティケーション研究の最先端を少しだけ覗いておこう。対象は最も古いドメスティケーション事例とされる、狼から犬への家畜化である。

オオカミ、ニホンオオカミ、イヌ、ディンゴ

イヌがいつどのように家畜化したかは未解明だが、旧石器時代後期（今から四万年～二万年前）のどこかで、恐らくユーラシア大陸のハイイロオオカミ（*Canis lupus*）の祖先から分岐したと考えられている。スウェーデンの遺伝学者スコグランド（Skoglund, 米国ハーバード大医学大学院）らによる二〇一五年の論文は、二〇一〇年に北シベリアのタイミル半島で見つかった三万五〇〇〇年前のオオカミの肋骨から古代ＤＮＡを抽出して解析し、ミトコンドリアのＤＮＡ配列から現代のオオカミやイヌとの

系統分析を行ったことを報告している。[6] その結果、タイミルのオオカミは、イヌが家畜化した時期とほぼ同時に祖先のオオカミ（現在は絶滅）から分岐したことが示唆された。また、現代のオオカミとイヌとの間の遺伝子流動を考慮したコアレセント（合祖）解析から、その分岐時期が四万年〜二万七〇〇〇年前であると推定した。

年代の推定に当たっては、分子進化の中立説に基づいて世代あたりの塩基置換率を仮定して計算するが、既存の研究における仮定は世代（三年）当たり一億分の一塩基であり、そうすると分岐時期は一万六〇〇〇年〜一万一〇〇〇年前になって考古学年代（三万五〇〇〇年前）と合わない。そこで、スコグランドらは塩基置換率を四〇億分の一塩基に修正（キャリブレーション）している。二年後に出版されたボティグエ（Botigué, ニューヨーク州立大学ストーニーブルック校）らの論文でも、[7] 七〇〇〇年〜四七〇〇年前の古代イヌの化石から抽出した全ゲノムDNAを分析し、塩基置換率を五六億分の一以下に修正している。さらにこの論文では、G-PhoCSというソフトウェアを用いたコアレセント解析手法で、分岐年代と系統間の遺伝子流動の比率を推定している。考古学的な年代測定データ、古代DNAの遺伝子多型データ、集団遺伝学の理論、そしてバイオインフォマティクスの融合が当たり前のように行われていることは現代の領域横断的な研究のあり方を示していて興味深い。

そのボティグエらは、イヌの系統が、東南アジア、インド、中東、ヨーロッパ、アフリカの五つに分かれること、七〇〇〇年前には現在のヨーロッパ系のイヌがいたこと、それが四七〇〇年前頃に東南アジア、インド、中東の系統のイヌとの交雑が起こったことを明らかにした。そして、オオカミの祖先からイヌの家畜化が起きた時期は、四万年〜二万年前と推定した。また、家畜化の後でも、オオカミとイヌの間の遺伝子流動が起きていた。しかし、結局のところ、いつどこでどのようにイヌが出現したのかは、わかっていない。

ところが、二〇二一年に総合研究大学院大学の五條堀淳と寺井洋平のグループが、絶滅したニホンオオカミに関する大変重要な研究をバイオアーカイヴ（BioRxiv）に公開されたプレプリントで報告しており[8]、その内容を二〇二三年の学会誌で寺井が総説にまとめている[9]。寺井らは、江戸時代にシーボルトが蒐集してオランダ国立自然史博物館に保存されているニホンオオカミの二標本、ベルリン自然史博物館蔵の明治時代の一標本[10]、および江戸から明治にかけて国内で捕獲されて保存されている六標本、合計九体のニホンオオカミ標本からDNAを抽出し、核の全ゲノム解読を行った。

その結果、ニホンオオカミは他のハイイロオオカミの集団と比べて最もイヌ系統に近縁であることが分かった。すなわち、「イヌとニホンオオカミの共通祖先は東アジアに分布しており、それぞれ二つの系統の分岐後に片方の系統はヒトに飼い慣らされてイヌとなり、もう一方の系統は大陸では絶滅し最後まで生き残っていた集団が日本列島のニホンオオカミであると考えられる」と推定している[11]。これが正しければ、イヌの家畜化は東アジアで起きたことになる。また、イヌの系統でニホンオオカミの遺伝子が流入しているのは東南アジアと東アジアのイヌ、とくにオーストラリアのディンゴとニューギニア高地のシンギングドッグ（ＮＧＳＤ）であり、ヨーロッパのイヌにはほとんど見られなかった。

前述のボティグエらの知見と併せると、イヌ系統の祖先とニホンオオカミの分岐は四万年〜一万七〇〇〇年前であり、その後イヌ系統が地域ごとに分かれてから東南アジアや東アジアの祖先となるイヌとの間で交雑（主にイヌ側へ遺伝子が流動）が起きていた。東アジアのイヌ（例えば日本犬）はその後西ユーラシアのイヌと交雑しているが、ディンゴとNGSDは他の系統と隔絶されて移動したため、ニホンオオカミの遺伝子を最も多く保持することになったと考えられる。

これらの研究では、オオカミからイヌの家畜化の後も、両者の間で遺伝的交流が起きていることが興味深い。ドメスティケーションは同じ種内での進化であり、生殖隔離（交雑ができない状態）を伴わないため、生息場所が近ければ系統間の遺伝的交流が起こり得る。そうすると、系統関係を、時間の経過とともに分岐する系統樹として概念化することは不適切になる。そこで、これらの研究グループでは、遺伝的交流の処理に工夫を凝らしている。この点について、野澤・西田は家畜の系統間の関係を図示する場合、系統樹ではなく系統網が適切ではないかと一九八一年に書いていた[12]。

古代DNAや歴史的な標本のDNAの解析は、家畜化の時期や場所についての手掛かりを与えるが、家畜化がどのようにして起きたのかはわからない。このような研究の進展を受けて、オーストラリアのディンゴについてシドニー大学の考古学者コウンゴウロスが面白い考察をしている。ディンゴは（再）野生化したイヌであり、人に飼われて繁殖してはいない。オーストラリアへの人間の居住は考古学的証拠から六万五〇〇〇年前に遡ると考えられる。ディンゴはニューギニアに近縁種のNGSDがいるが、タスマニア島には達していないことから、一万年ほど前にニューギニア経由で当時陸続きだったオーストラリアへ、先住民のアボリジニとは無関係に移動した可能性が考えられている。また、ディンゴには多くのイヌで起きているデンプン消化酵素の*Amy2B*遺伝子のコピー数増加が見られず、過去に家畜化されていたとしても農耕が始まる前と考えられる[13]。

コウンゴウロスは、ディンゴと狩猟採集を行うアボリジニとの関係に関して一九〜二〇世紀に書かれた民族誌を収集したメタ分析を行っている。[14] 成犬は食用目的で狩猟されたが、肉以外のあらゆる部位も装飾品などの素材として利用されていた。狩猟の際に捕獲された仔犬は女性と子供によってペットとして養育され、馴化されて共同体の一員として扱われた。餌は自分で探してこなければならなかったが、狩猟採集キャンプの周辺を自由に動き回ることが許された。馴化されたディンゴは共同体の一員として認められているため、ディンゴを傷つけたり殺したりする者は、共同体によって罰せられるか、超自然的な力によって罰を受けると信じられていた。しかし、成犬になると狩猟に随伴した際に追い出されるか、自らキャンプを離れていった。離脱したディンゴのなかには、野生に戻るのではなく、キャンプの周辺でアボリジニの人びとと交流しながら繁殖する個体もいた。

ドメスティケーションを前述のように「人間と対象生物が相利共生的な関係において共進化する過程」と定義すると、ディンゴは境界的な事例であろう。そもそも一度家畜化されて再野生化したと考えられる系統ではあるが、仔犬が馴化されるのは一時的であり、その経験が後代の適応度にどのように影響するのか明確ではない。したがって、相利共生的な関係はみられるが、共進化しているとは必ずしも言えない。

しかし、コウンゴウロスはディンゴとアボリジニの事例を、旧石器時代の狩猟採集民とオオカミの関係に敷衍して考察している。まず、家畜化の開始は、人間主導型と自己家畜化型の二つのモデルが考えられているが、ディンゴの事例で見られる仔犬の捕獲は人間主導型である。人間が伴侶動物を得ることが、オオカミの家畜化の第一歩であった可能性はあるだろう。さらに、オオカミの幼体が捕獲されてキャンプ内で馴化される過程では、馴化されにくい個体の逃走を考えると、非意図的な選択が行われている。馴化された個体が成獣になってもキャンプ地の周辺に留まって繁殖し、そこで集団を形成するならば、それはより馴化されやすい遺伝子型をもった集団となり、イヌの原型となり得るであろう。しかし、ディンゴは数千年かけても再家畜化されていないことから、オオカミの家畜化にあっては繁殖に影響を及ぼすような、より強力な選択圧が必要だったのではないか。ユーラシアの場合は、オオカミの体格が大きく危険であることから、より強力で意図的な選抜が行われたのではないか、そのような考察である。

メリンダ・ゼーダーは、ニッチ構築理論がドメスティケーションの説明に有効であると論じている。[15] 人間の居住地は人間が構築したニッチである。自己家畜化型のドメスティケーションでは、そのニッチに動物側が〈移転〉するが、人間主導型では人間側が動物を〈移転〉させる。人間のニッチに入った動物は、そこで「撹乱」=〈氾濫〉を引き起こして――例えば、人間に愛情や警戒を引き起こす行動、糞尿の堆積などを通して――自らのニッチを構築するかもしれないし、あるいは逃走するかもしれない。これらの相互作用を繰り返して、相利共生的な関係が築けるならば、ドメスティケーションへと進んでいくであろう。ディンゴの場合、人間が構築したニッチに〈移転〉して、そこで人間側が何らかの利益を得たとしても、人間側がディンゴの適応度を上げるようにニッチの〈氾濫〉を許容して対応する――例えば、餌や居住スペースを与える――ことが、さらなる相利共生的な関係の進展に必要であったことを意味するかもしれない。

在来家畜研究会の調査報告

イヌのような考古遺伝学的な例ではなく、またドメスティケーションに失敗した例でもなく、成功して地域社会に定着している、あるいは現在進行形のドメスティケーションを在来種から探っていこうという試みが、一九六一年に設立された在来家畜研究会（The Society for Researches on Native Livestock）が東アジア・東南アジアで行ってきているフィールド調査である。前節で紹介した古代DNAの解析は、主として研究室内の実験であった。それに対して、在来家畜の調査は、実験室での分析に加えて、在来家畜が飼われている、あるいは野生動物が捕獲されている現地に赴き、動物を計測したり採血したり、飼養や捕獲の現場を観察したり、それに従事する人びとにインタビューしたりする広範なフィールド調査を含むものである。

この章では、在来家畜研究会の調査報告を題材に、アジアでのドメスティケーションの状況、および在来種と近代品種の違いについて検討する。これまでの章では、主として近代以降の育種が、対象とする生物の〈均質化〉と〈差異化〉を通して〈自然〉と〈技術〉を混ぜ合わせながら境界線を引く様相を素描してきた。在来種は近代育種の素材であり、知的財産権による〈差異化〉では誰もが自由に利用できる〈自然〉として扱われてきた。しかし、在来種もまた野生原種から〈技術〉による選択が行われ、原産地から他の地域へと移動してきたはずである。

ただし、筆者の力量不足と紙幅の関係から、本書で取り上げることができるのは、この研究会が立ち上げられた経緯とその意義について、そして膨大な成果報告書のなかからごく一部の家畜についての限られた時期の調査報告の例を表面的になぞることだけである。日本の畜産学の研究者が一九六〇年頃に在来家畜のフィールド調査に乗り出したことは、この時期に各地の在来家畜がまさに失われようとしていたという危機感の存在を示す。日本の畜産学は、欧米から導入した近代品種を用いて、経済動物としての家畜の改良を進めてきた。しかし、その学問的・実践的な達成は貴重な遺伝資源の損失をもたらし、更なる改良の妨げになる可能性も見えてきたのではないか。研究者によっては、そのことが欧米で発展してきた近代育種の方法をより広い視野で相対化し、近代育種とは異なる家畜と人間の関係のあり方をドメスティケーションから在来家畜への変化のプロセスから模索するという問題意識につながっていたかもしれない[16]。

そのような問題意識を明らかにしつつ調査報告の一端を紹介することで、この研究会の重要性を広く知ってもらうことが、敢えてここで紹介する理由である。もっとも、在来家畜研究会は現在でも続いている。その目的は発足時と基本的に変わらない以下の二つである[17]。

(1) 野生動物から現在の家畜に至る過程を生物学的、文化史的に解明する。
(2) 家畜や野生原種の生物学的特性、適応性、生態などを調査・記録し、さらに、遺伝資源の保存、評価、利用に関する基礎的・応用的研究を行なう。(『在来家畜研究会規約』「1　目的」より)

(1)は在来種を含むドメスティケーションの全体像を把握することであり、近代品種を相対化する視点につながる。(2)は育種のための素材として在来種や野生原種を捉える考え方で、畜産学の本来の目的に沿ったものであるが、右記のような危機意識に基づいている。しかし現在では、発足時のような危機感や問題意識は、ドメスティケーション研究やゲノム科学の進展に伴って、かなり変化していると考えられる。

ここで、近代品種の意味、およびそれに対応する現実の家畜（作物はまた別の話である）[18]のあり方を明らかにしておこう。家畜の品種（breed）は、徹底して近代的な育種技術を用いて〈均質化〉された集団である。序章でも取り上げた野澤謙と西田隆雄（どちらも在来家畜研究会のメンバー）は以下のように定義づけている。[19]

優れた育種素材を用い、人為淘汰と近親交配という育種技術を駆使し、はっきりとした目標に向かって育種努力を行うことによって、理想に近い家畜が作り出せたとしよう。しかし、この段階で育種家が手にしたものは、優れた能力をもった一個体ないし数個体の家畜でしかない。それではまだ、品種と呼ぶわけにはいかない。一つの個体群として、その後の世代も、この優れた能力が発揮されるという保証が得られてはじめて、品種と呼ばれるに値するものとなる。このような保証が得られるまで、育種家は淘汰を重ね、不適格な個体を除く努力を続けなければならない。それによって、品種を特徴づけるために不可欠な遺伝的能力に均一性が得られることになる。
（野澤・西田『家畜と人間』、一一七頁）

第1章で、日本の和牛、黒毛和種が在来種かそれとも近代品種かについて、研究者の間でも見解が分かれていることを述べた。遺伝子や系統関係を考えると、黒毛和種は日本の在来牛の遺伝子をほぼ受け継いでいるので、現在も在来種であると考える見方はある。しかし、上記の定義を適用するならば、ある一定の肉質に育種目標を限定し、登録制度の下で後代検定を行って作出していることから、近代品種とみなすこともできそうである。ただしその場合も、品種になったのは一時的に交雑が行われた明治期ではなく、一九五〇年代以降に肉用牛として用途が一元化され（耕運機の普及による）、一九六二年に産肉能力検定が開始されてから、本格的に品種として固定化したのではないかと考える。すなわち、明治期から一九六〇年代までは、在来種から近代品種へと至る移行期として捉えることができるかもしれない。これに対して、在来種、在来家畜はどのような特徴をもつものと言えるだろうか。あるいは、地域や種によって在来家畜のあり方自体が異なっているのだろうか。そのような問いを念頭に、在来家畜研究会のフィールド調査の軌跡をたどってみたい。

まず、現在まで続く在来家畜研究会のフィールド調査を区分し、便宜的に第一期を第一二号の調査報告に収載された一九八六年のバングラデシュ二次調査までとしてみたい。理由は、一九八六年に出版された第一一号の調査報告において、第一号から第一〇号まで編集を担当してきた野澤謙が「東および東南アジア在来家畜の起源と系統に関する遺伝学的研究」という論説で二五年間の研究結果を総括しており[20]、同時に編集担当を交代していることから、一九八六年までを一つの区切りとみなすことが可能であろうと考えたからである。一九八六年までの現地調査は、表4-1のように行われてきた[21]。

それでもこの二五年間の調査は四二回、一八地域に及び、その全体像を把握することは筆者の力量を超える。そもそもこの研究会の調査研究活動の全貌は、独立した科学史あるいは畜産学史研究として、専門家が行うべきものである。ここでは、あくまでも本書の関心や問題意識からその一部を参照して論じることができるに過ぎない。したがって、以下の記述は在来家畜研究会の調査研究活動の学史的・社会的な意義や役割の全体像を論評するものではないことを重ねてご了解いただきたい。

これらの調査報告の出版目的は、口頭発表や学術論文が伝えきれない「調査の経過と結果を、それがたとえ未完成なものであっても、比較的素直に記録に残そう」[22]とするものであった。したがって、調査の準備（予算の獲得、現地の共同機関との交渉、携行する備品など）から調査の簡単な日誌、調査方法の詳細まで記録が残っている。回顧的な文献研究の素材としては優れていると言える。

また、研究会および報告書の名称は、発足当時の「日本在来家畜調査団（報告）」から、一九六九年の第三号の報告書では日本が削除されて「在来家畜調査団（報告）」となり、一九七四年の第六号の報告書からは「在来家畜研究会（報告）」に変更されて現在に至っている。

研究会の結成と在来家畜へのまなざし

一九六一年に発足した在来家畜研究会（以降、研究会と略す）の設立を主導した研究者の一人が家畜解剖学の林田重幸博士（一九一二―一九七六年、研究会設立当時は鹿児島大学教授、以降敬称略）である。きっかけはトカラ馬の発見であった。サンフランシスコ講和条約を受けて一九五二年二月にトカラ群島（鹿児島県十島村）は本土復帰するが、その一か月前に群島の一つである宝島から数頭の馬が鹿児島港に陸揚げされた。林田はそれらが今までに見たことのない小型の馬であることに驚き、同年五月と翌年八月に現地調査を行った後、トカラ馬と命名して県の天然記念物に申請した。[23]その二回の調査に基づく論文の要約に次のように書いている。[24]

	現地調査期間	地域	対象動物	調査報告	海外共同機関
24	1971.4.26-5.24	フィリピン（第1次調査）	ウシ，ウマ，スイギュウ，ブタ，ヤギ，ニワトリ，ヤケイ	8号（1978）	フィリピン大学獣医学部
25	1971.7.15-8.8	トカラ群島（第2次調査）	口之島野生化ウシ，ヤギ，ニワトリ	5号（1972）	—
26	1972.11.10-12.21	タイ（第2次調査）	ウシ，ウマ，スイギュウ，ブタ，イノシシ，ヤギ，イヌ，ニワトリ，ヤケイ	6号（1974）	タイ国農業省畜産局
27	1972.12.21-12.25	マレーシア（予備調査）	スイギュウ，ヤギ，ニワトリ	7号（1976）	マレーシア農科大学
28	1974.10.21-12.29	マレーシア（第1次調査）	ウシ，ウマ，スイギュウ，ブタ，イノシシ，ヤギ，イヌ，ニワトリ，ヤケイ	7号（1976）	マレーシア農科大学
29	1974.11.9-12.17	インドネシア（第1回予備調査）	ウシ，ウマ，スイギュウ，ヤギ，ニワトリ，ヤケイ	10号（1983）	—
30	1975.6.18-7.1	インドネシア（第2回予備調査）	ウマ，スイギュウ，ヤギ，ニワトリ	10号（1983）	Brawijaya大学
31	1975.8.17-9.20	フィリピン（第2次調査）	ウシ，ウマ，スイギュウ，ブタ，ヤギ，ニワトリ，ヤケイ	8号（1978）	フィリピン大学
32	1976.2.23-3.28	マレーシア（第2次調査）	ウシ，スイギュウ，ニワトリ	7号（1976）	マレーシア農科大学
33	1976.11.15-12.14	フィリピン（第3次調査）	ウシ，スイギュウ，ブタ	8号（1978）	フィリピン大学
34	1977.8.1-9.13	インドネシア（第1次調査）	ウシ，ウマ，ニワトリ，ヤケイ	10号（1983）	Brawijaya大学
35	1978.7.13-8.30	インドネシア（第2次調査）	ウシ，ウマ，ヤギ，ニワトリ，ヤケイ	10号（1983）	Bogor農業大学
36	1979.10.1-11.29	インドネシア（第3次調査）	ウシ，ウマ，スイギュウ，ヤギ	10号（1983）	Bogor農業大学
37	1980.11.16-12.28	インドネシア（第4次調査）	ウシ，ウマ，スイギュウ，ヤギ	10号（1983）	Bogor農業大学
38	1981.10.4-12.2	インドネシア（第5次調査）	ウシ，スイギュウ，ブタ，イノシシ，ニワトリ，ヤケイ	10号（1983）	Bogor農業大学
39	1983.9.19-11.26	バングラデシュ（第1次調査）	ウシ，ウマ，ガヤール，スイギュウ，ブタ，イノシシ，ヤギ，ヒツジ，ニワトリ，ヤケイ，スンクス，イヌ，ネコ	12号（1988）	バングラデシュ農業大学
40	1983.12.12-1984.1.10	スリランカ（予備調査）	ウシ，ウマ，スイギュウ，ブタ，イノシシ，ヤギ，ヤケイ	11号（1986）	Peradeniya大学農学部
41	1984.11.1-12.10	スリランカ（本調査）	ウシ，スイギュウ，ブタ，イノシシ，ヤギ，ニワトリ，ヤケイ	11号（1986）	Peradeniya大学農学部
42	1985.11.25-1986.1.11	バングラデシュ（第2次調査）	ウシ，ウマ，ガヤール，スイギュウ，ブタ，イノシシ，ヤギ，ヒツジ，ニワトリ，ヤケイ，スンクス，イヌ，ネコ	12号（1988）	バングラデシュ農業大学

表 4-1. 在来家畜研究会現地調査リスト（1961 年～ 1986 年）
在来家畜研究会編（2009）.「（付録）在来家畜研究会現地調査の概要」『アジアの在来家畜―家畜の起源と系統史』，名古屋大学出版会　より抜粋して作成.

	現地調査期間	地域	対象動物	調査報告	海外共同機関
1	1961 7.15-8.29	トカラ・奄美両群島	ウシ，ウマ，ブタ，ヤギ，ニワトリ	1 号（1964）	—
2	1962.7.14-8.12	長崎県下各離島	対馬馬，肉用ヤギ，乳用ヤギ	1 号（1964）	—
3	1963.7.14-8.29	琉球諸島（第 1 次調査）	ウシ，ウマ，スイギュウ，ヤギ	2 号（1967）	—
4	1963.7.16-8.3	種子島，屋久島，上三島	ウマ，ヤギ	1 号（1964）	—
5	1964.7.12-8.12	琉球諸島（第 2 次調査）	ウマ，ブタ，ヤギ	2 号（1967）	—
6	1964.8.7-11	山口県萩市見島	見島牛	2 号（1967）	—
7	1966.5.23-6.5	台湾（第 1 次調査）	ブタ，ヤギ	3 号（1969）	台湾大学獣医学系
8	1966.6.12-14	山口県萩市	済州島馬	4 号（1970）	—
9	1966.6.21-28	北海道十勝・日高・渡島・檜山地方	北海道和種馬	2 号（1967）	—
10	1966.12.15-31	台湾（第 2 次調査）	スイギュウ，ブタ，ヤギ，ニワトリ	3 号（1969）	台湾大学獣医学系
11	1966.6.21-28	韓国（予備調査）	ウシ，ウマ，ヤギ，ニワトリ	4 号（1970）	—
12	1967.7.10-16	韓国	ヤギ	4 号（1970）	—
13	1967.7.20-9.7	台湾（第 3 次調査）	ウシ，ブタ，ヤギ，ニワトリ	3 号（1969）	台湾大学獣医学系
14	1967.10.10-25	韓国済州島	ウシ，ウマ，ブタ	4 号（1970）	建国大学校畜産大学
15	1967.10.19-11.7	韓国	ウシ，ウマ，ヤギ，ニワトリ	4 号（1970）	建国大学校畜産大学
16	1967.11.10-24	韓国全州	ヤギ，ニワトリ	4 号（1970）	建国大学校畜産大学
17	1967.11.17-12.15	韓国本土・済州島	ウシ，ウマ，ヤギ，ニワトリ	4 号（1970）	建国大学校畜産大学
18	1968.7.5-8.14	琉球諸島（第 3 次調査）	ニワトリ	5 号（1972）	—
19	1968.11.10-12.15	韓国	ウシ，ウマ，ヤギ，ニワトリ	4 号（1970）	—
20	1969.11.19-26	小笠原諸島	ヤギ，ニワトリ	5 号（1972）	—
21	1970.6.14-29	琉球諸島（第 4 次調査）	ニワトリ	5 号（1972）	—
22	1971.1.25-3.2	タイ（第 1 次調査）	ウシ，ウマ，スイギュウ，ブタ，イノシシ，ヤギ，イヌ，ニワトリ，ヤケイ	6 号（1974）	タイ国農業省畜産局
23	1971.3.2-29	台湾（第 3 次調査）・蘭嶼	ウシ，スイギュウ，ヤギ，ニワトリ	5 号（1972）	台湾大学獣医学系

鹿児島南西約一七〇浬を距るトカラ群島宝島に純粋矮小在来馬を発見し、これをトカラ馬と命名する。明治三十年頃大島群島喜界島から導入せられたのに起源する。宝島は南海の孤島であるため、約五十年間全く他種血液を入れることなく純粋のまま世に知られずに残存した。その数43頭（昭二八・七現在）である。（林田・山内　一九五五、「九州在来馬の研究Ⅰトカラ馬について」『日畜会報』二六（四）、二三一―二三六頁）

「純粋」という語が二回現れているように、欧米から導入した近代品種との交雑を免れていると考えられる「純粋」な在来種に大きな価値を認めていることがわかる。さらに林田は、トカラ馬を含む在来馬と日本各地の遺跡から出土した古代馬の骨の形態学的な比較を行い、日本在来馬を小さな島型（トカラ馬や縄文・弥生期の西日本の馬）と中くらいの内地型（木曽馬や縄文・弥生期の東日本の馬）に類型化し、そのルーツを探ろうとしていた。[25] このような研究が在来家畜研究会の源流である。

林田によると、[26] 一九六一年に京都で開催された日本畜産学会でトカラ群島の在来家畜について発表したことをきっかけに、木曽馬の遺伝学的研究を行っていた名古屋大学、各家畜の血清学的研究を進めていた東京農業大学と共同で、「日本在来家畜調査団」を結成することになったという。当時の代表的なメンバーは、名古屋大学農学部家畜育種学研究室の近藤恭司教授、野澤謙助教授（当時。研究会の事務局と報告書の編集を担当）、同大学家畜解剖学教室の保田幹男教授、東京農業大学家畜育種学研究室の鈴木正三教授であった（以降、すべて敬称略とする）。

トカラ馬を端緒とする研究動向は、前述した研究会の二つの目的、(1)家畜の源流をたどること、(2)有用な遺伝資源を保全すること、これらが今後同様な発見が蓄積されれば実現可能であることを示したであろう。

第一の目的については、『日本在来家畜調査団報告』第一号(一九六四年)の「まえがき」で、林田は盛永俊太郎らの編による『稲の日本史』(一九五五年から六三年にかけて五巻刊行された)を引いて、「農耕文化特に稲作の起源、系統の問題が日本古代文化の解明に重要であると同様に、家畜の問題もまたゆるがせにできない」と書いている。第二次大戦後の民主化が一段落して、戦後のナショナル・アイデンティティの模索が農学においても起きていたのであろうか。少なくとも、生物学的なドメスティケーション概念の問い直しには収まらない、より文化史的な問題意識を含むものであった。この問題意識は、研究会の結成から二五年後の第一一号に野澤によって書かれた総説[27]でも継続している。

第二の目的の問題意識は、第一号の「まえがき」では、「将来の家畜改良に必要なこと」と簡単に書かれており、第一一号の総説の方が明解である。

品種造成を基礎として進んできた育種の結果として、また畜産の起業家が進行するなかで、数少ない高能力品種によって飼養家畜種が独占あるいは寡占される傾向が全世界的に著しくなり、種内の遺伝的多様性(genetic diversity)は日を追って低下しつつあるのが現状である。育種素材としての家畜遺伝資源(animal genetic resources)の保存が必要であるとすれば、保存されるべき遺伝資源は、現在産業的に重視され、従って飼養頭数の多い高能力品種の中にではなく、品種の名にも価しない未改良家畜、在来家畜集団の中にこそ存在するに違いない。（野澤謙一九八六、「東および東南アジア在来家畜の起源と系統に関する遺伝学的研究」『在来家畜研究会報告』一一、一頁）

遺伝的多様性は、集団遺伝学では二〇世紀前半までに近交度や有効集団サイズなどの概念ですでに理論化されており、多様性が減少することの問題点も明らかになっていた。そして、近代品種の育種過程で人為選択や遺伝的浮動によって除去されてしまった有用な遺伝子――例えば、病気や気候ストレスに対する抵抗性遺伝子――が、在来種のなかに見出せるであろうことも十分に想像できる。ただし、一九六〇年代の報告書を見る限り、研究会の結成後初期における遺伝的多様性の低下に関する危機意識は、総説の書かれた一九八〇年代ほど大きなものではなかった。しかし、第二号（一九六七年）の「あとがき」で野澤は、「生物資源の探求と確保を目的とする調査は、世界人口の急激な膨張から脅威を受けつつある戦後農学の大きな潮流の一つ」であると書き、ＦＡＯや英国コモンウェルス農業局（Commonwealth Agricultural Bureau）の途上国での調査研究について言及している。在来種を遺伝資源として捉える見方だけでなく、その地域固有の文化として理解しようとする、国際的な潮流の先駆け的な目的設定であったと言えるだろう。

さて、これら二つの目的を達成するためには、調査対象とする家畜が在来種であること、つまり近代化以降に欧米から導入した近代品種からの影響が少ないことが必要であると考えられていた。そこで、「純粋な」あるいは「純度の高い」在来家畜を日本列島の周辺から探し、日本への家畜の伝播経路を見定めようとする一連の調査が行われることになった。表４－１に見るように、日本の島嶼部から、琉球（当時）、台湾、韓国、そして東南アジア諸国へと展開している。

在来家畜の「純粋さ」とは何か

しかし、在来家畜とはどのような家畜か、在来家畜が「純粋」であるとはどのようなことか、については、調査の進展によって徐々に明らかになっていく性質のものであったと考える。したがって、在来家畜の「純粋さ」に関する共通理解は、初期の段階では存在しなかったであろう。トカラ・奄美群島の第一回調査では、宝島のトカラ馬やヤギで表現型の均質指数（観察される複数の表現型のホモ接合度を指数化したもの）の高いもの（つまり多様性の低いもの）を「純度が高い」と書いている[28]。宝島のトカラ馬の均質指数は〇・七九四、宝島と小宝島のヤギは〇・八七四であり、均質度が高い。しかし、同じ論文の同じ表で、日本の長野・群馬でのザーネン種――日本の在来ヤギに英国のザーネン種を交雑して作成した近代品種――の文献値が〇・六四七であることを併記している。つまり、在来種は近代品種よりも表現型の均質度が高く、ゆえに「純粋」だということになる。

同様の近交指数の計算によって、第二回調査（長崎県離島）での対馬馬は「トカラ馬のように純度の高いものではなく、中間種による雑種化がかなり著しい」[29]とされた。ここで、中間種とは、明治期以降に欧米から導入された近代品種である。また、五島列島のヤギについてもザーネン種による雑種化がみられるとしている[30]。さらに、近交指数には基づかずに、「純粋さ」に言及する例もみられる。例えば、『日本在来家畜調査団報告』第二号（一九六七年）の「東亜における野鶏の分布と東洋系家鶏の成立について」において、名古屋大学家畜解剖学教室（当時）の西田は「トカラ地鶏」と呼ぶ在来鶏について「かなり純度が高い」と書いている。[31] トカラ馬発見の衝撃が大きかったことを示唆する。

同じ論文で西田はトカラ・奄美群島の在来鶏が半ば放飼（放し飼い）の状態で飼われており、結果として多くの島では近代品種との交雑が起きていることを指摘する。ところが、台湾では完全な放飼状態で、鶏は自由に歩き回り雌鶏は農家の庭だけでなく周辺の叢林や竹林に産卵する。鶏を重要なタンパク源として食用に飼育する台湾では、「明らかに肉質の優れている在来鶏をできるだけ純粋に保持しよう」として、このような放飼が維持され、それでも在来種としての性質を保っている。[32] 第三号（一九六九年）の報告によると、台湾の在来鶏は、体形、脊椎、神経叢からは、「種々雑多であり一定していない。むしろ雑種集団であるということがその特性であるとさえいえる」[33]。外観と聞き取り調査による表現型の遺伝子頻度も、「部落間に差異のあること、すなわち遺伝子組成に著しい変異のあることが理解される」[34] と述べられている。これらの記述からは、在来鶏が雑種であり、均質度が低いことを特徴とするようにも読める。

さらに、第六回調査（一九六七年）において、最も純粋な日本在来牛であるとされる見島牛（山口県萩市沖の見島で保存され一九二八年に国の天然記念物に指定されている）の遺伝子頻度を血清トランスフェリンと血球抗原について調べた結果、近交係数の推定値が低く、ヘテロ接合体が期待値よりも多く現れていた。野澤は、ヘテロ接合体の適応度がホモ接合体のそれより高い場合、集団はその座位に関して安定した多型となる」ことから、「見島牛のような小集団でも多型が維持され、集団の大きさが小さいことによる遺伝的変異の減退を抑制していることが想像される」と記している。[35] すなわち、均質度が高いことは在来種が「純粋」であることの指標にはならないことを示唆していると言えよう。

以上のように、在来家畜の「純粋さ」については、調査報告や論文ごとに解釈が揺らいでいるように見える。これは、何が在来家畜かという根本的な定義に関わる問題だと思われる。それが誌上での論争となって表れたのが、第六号の報告書（一九七四年）であった。この号はタイでの一回目調査（一九七一年）および二回目調査（一九七二年）の報告書であり、タイ国在来馬の系統の分析方法について林田と野澤らの間で「論議」として行われた。

林田の主張は、「タイ国産馬の概略とタイ国在来馬の形態」に続く「論議：在来馬と遺伝子の関係」として掲載されている。その立場は「諸地域の在来家畜を比較するにあたって、その対象家畜がどの程度に在来家畜として純粋さを有するかということがまず必要である。純粋なものについて行われてこそ初めて系統論に及ぶことができるものであろう」というもので、系統分析に先立って「純粋」な在来種を措定する。

林田は中国の古代馬を、北部の中型の蒙古馬と南部の小型の四川馬の二系統に分け、前者が中国北部の在来馬と日本在来馬の内地型、後者は東南アジアの在来馬と日本の島型の在来馬――そのもっとも「純粋」なものがトカラ馬――に対応すると考えている。そして、四川馬とされるのは、中国漢代の『史記』における笮馬、南宋の『嶺外代答』における果下馬といった、歴史書の記述があり「四川、雲南、貴州の山岳地帯に飼養される」馬である[36]。

ところが、以前の学会で、野澤らは血液型の遺伝子構成を調べて、A1抗原（当時の呼称、林田はU1抗原とも[37]）の出現頻度は日本の内地型とフィリピンやタイの在来馬で高い（五〇〜七〇％）が、トカラ馬では見られない（〇％）ので、系統の起源については検討を要すると報告していた。これは、東南アジアの馬は島型に近いとする林田の説と相容れない。そこで、林田は次のように主張する。

アジアの東端に隔離されていたわが国は、古来からの日本在来馬が最近まで純粋のまま保たれ、その西欧種による雑種化が急速に進んだのが、ごく最近であるのに対して、フィリッピン、タイの馬に対する西方の影響は古い歴史をもっている。その認識に立って、現在意識的に行われている西欧馬種による改良化されたもの以外を一応その地域の在来馬と考えることは支障がない。しかし、これを古代の四川馬の形質と考え、西欧種の全く入らないトカラ馬と比較し、また雑種化されている現在の木曽馬、北海道和種と比較し、日本在来馬の系統を云々することは当を得ていないものである。（林田重幸 一九七四、「論議：在来馬と遺伝子の関係」『在来家畜研究会報告』六、三八頁）

すなわち、赤血球抗原の遺伝子頻度においてフィリピンやタイの在来馬と内地型の木曽馬が似ていることは、在来馬の系統関係とは異なる要因によるものであって、現在の在来馬の遺伝子頻度から系統を論じるべきではないという意見である。

続いて掲載されている野澤・庄武・大倉「タイ国在来馬の遺伝子構成」は、タイの在来馬を一般在来、軍用在来、山地在来、雑種馬に四分類したのち、毛色、血清タンパク質と血球酵素の電気泳動での移動度、そして赤血球抗原についての変異を調べ、四分類間の平均遺伝的距離を算出している。結果として、「一般在来、軍用在来、山地在来。これら三種類の馬の血統は最初の「雑種馬」に比較すれば明らかにタイ国の在来馬に近いものであり、西欧品種からの遺伝的影響を受けていないという意味で「純粋な」在来馬とみなし得るものである」としている。

その上で、林田の議論に対して、「在来家畜（Native farm animals）なるものの本質に関して各研究者の理解が異なっている」ことを指摘し、近代化以前に交流のあった地域からの影響――例えば、タイ北部山地で飼われている馬へのビルマ産馬の交雑――を除外した「純粋」な在来馬を考えることは不可能であるとする。[38] そして、次のように述べている。

我々は在来家畜が品種（Breed）ではないということを銘記すべきである。在来家畜とは土着の、西欧的意味では改良度の低い地域集団である。従って本質的に雑多な個体の集まりである。トカラ馬が西欧品種に見られるのと同程度の、あるいはそれ以上の遺伝的固定度に達しているのは、曽って日本の南西諸島一帯に飼われていた雑多な馬の集団が一二の島嶼に隔離され、個体数も著しく縮小したため遺伝子座に機会的固定がおこり淘汰の効果も加わって現在の姿に変ってきた結果なのであって、これを東亜在来馬の典型と考えるべきではない。（野澤・庄武・大倉 一九七四、「タイ国在来馬の遺伝子構成」『在来家畜研究会報告』六、五三頁）

トカラ・奄美群島の第一回調査で、宝島のトカラ馬の均質指数が非常に高かったことを前に述べた。その均質度、ここで遺伝的固定度と呼ばれている指標の高さが「純粋」さを示している、そのように誤解していた研究者も多かったのではないだろうか。しかし、集団遺伝学が専門の野澤は、均質度の上昇は小集団が地理的に隔離されたことによる機会的固定、すなわち遺伝的浮動の結果であると断じる。集団の個体数が激減することで遺伝的多様性が失われ、均一性の高い集団となるボトルネック効果である。トカラ馬はサラブレッドのような意味での「純粋」な日本在来馬ではなかったのである。

これまで、野澤を含む研究会のメンバーも、調査した在来種に対して「純粋」「純度が高い」などの表現を使ってきた。それは単に西欧近代品種の影響が少ないという意味であったか、それとも林田のように、在来馬の系統関係を辿ったときにその起源となる馬の性質が保持されているという意味での「純粋さ」であったか、今となっては不明である。ただし、研究会の初期では、先述したような解釈の揺らぎがあったのではないだろうか。

しかし、その後の論文や報告からの印象では、恐らくはこの「論議」を経たことも一因となって——もちろん、調査の蓄積によって明らかになった部分も大きいと思われるが——在来種とは遺伝的な多様性の高い雑多な集団であるという認識が研究会内部で共有されていったと思われる。第1章で述べたベイクウェルの育種法による近代品種、ウェザビーが出版した血統書に基づくサラブレッドの作出、そのどちらでもない、地域ごとの雑多な選択の結果としての在来種である。トカラ馬から始まった在来家畜研究会であったが、結成後一〇数年にして、トカラ馬による呪縛は解かれたのであろう。

ではどうやって系統関係を解明して、日本在来家畜の源流を探るのか。野澤らは、「純粋性よりも調査対象の等質性が重要」であることを指摘する。雑多な個体群であることを前提に、タイの在来馬を一般在来、軍用在来、山地在来、雑種馬に四分類したように、質的に近い個体による集団の特性値を算出して比較することで、系統関係を推定することは可能である。その際に調べる特性値は、自然選択や人為選択を受けやすい骨格のような形態学的な指標よりも、血清タンパク質の多型のように適応度にほぼ影響を与えない中立突然変異によるものが適しているとする。[39] なぜなら、選択による変異は、系統関係が異なっていても、同じような表現型をもたらす場合があるからである。中立突然変異への着目は、野澤らも引用しているように、この時期（一九七〇年代初頭）、木村資生の中立説への支持が高まってきたことも影響しているであろう。この時点では電気泳動による血清タンパク質の多型を用いていたが、現在ではＤＮＡ塩基配列上の多型から分子進化の時間や系統関係を推定することが一般的になっている。

系統分析において自然選択や人為選択を考慮しないことは、自然環境や地域社会と在来種との関係を無視することではない。表現型の多様性は自然環境や地域社会の多様性に基づくものであり、在来種の遺伝資源としての有用性は、まさにそれらの多様性にあるであろう。それらの多様な表現型の下に系統関係は隠れてしまっている場合もあるため、分子レベルの中立突然変異を用いるということである。そこで次節以降は、自然環境や地域社会から生じる在来種の多様性に関する研究報告の一端を紹介する。

東南アジアの在来鶏と野鶏

台湾における在来鶏の放し飼いについて前に述べたが、このような放飼は東南アジア全体でニワトリだけでなくブタにも見られる。ニワトリは東南アジアに、ブタはアジア全体において、それぞれ野鶏と猪という対応する野生種が生息している。そこで放飼が行われるということは、在来種と野生種の間で遺伝子移入（introgression）、つまり交雑が起こる可能性があることを意味する。地域によっては、近代品種もその交流に含まれるかもしれない。さらに、そこに人間の活動が関与する。このようにして、在来種の遺伝子構成が地域によって異なってくるだけでなく、野生種もまた変化することが考えられる。これはドメスティケーションの過程に大きく関わる問題である。そこで、在来家畜研究会は、タイ（一九七一年、七二年）、マレーシア（七四年、七六年）、フィリピン（七一年、七五年）、インドネシア（七七年、七八年、八一年）の四か国において、在来鶏と野鶏の遺伝学的な調査を継続的に実施している。

これらの国の都市、および都市近郊では、この時期既に近代品種の飼養や交配が始まっていた。卵用鶏としてイタリア原産の白色レグホーン、肉用鶏として米国で育種されたロードアイランドレッド、ニューハンプシャー、横斑プリマスロックなどである。現在、肉用鶏（ブロイラー）の輸出国であるタイでは、一九七三年に日本への輸出が始まり、七六年には東南アジア最大のアグリビジネスであるCPグループ（CPはチャルンポーカパンの略、中国では正大集団とも）が飼料穀物を含む垂直的統合によるブロイラー産業を立ち上げた。[40] 在来家畜研究会の調査は、このような変動期の直前に行われたことになる。

調査では、在来鶏の外観の観察から羽の色、鶏冠の形状、足の真皮の色素等を支配する遺伝子の頻度を求めて、近代品種の在来鶏への移入率を推定している。結果として、四か国ともにロードアイランドレッド（近縁のニューハンプシャーを含む）の移入率が最も高く、白色レグホーンと横斑プリマスロックは低い。在来鶏遺伝子の残存率は、タイとフィリピンが〇・四～〇・五、マレーシアは低く〇・二五、インドネシアは〇・三程度のジャワ島西部から、〇・八に達するスラウェシ島北部まで地域によって差があった[41]。もちろん、このような遺伝子移入は人間による意図的な交配が起点になっている。

これらの近代品種とは別に、前節のタイの在来馬に関する議論でも言及したように、近隣の地域から別の在来種を意図的に交配することもあったはずである。日本南部を含めて、東南アジアには闘鶏の文化がある。ただし、闘鶏の方法は地域で異なり、西田らによるとタイとマレーシアでは「長時間（一ラウンド一五分を八ラウンド行う）を必要とするボクシング型であるために強大なものが好まれる」のに対して、フィリピンとインドネシアでは足に「鋭い小刀をつけて闘わせるフェンシング型闘鶏が普及しているために、秀れた飛翔力をもつ軽快なもの」が求められると言う[42]。

四か国の調査では、それぞれの国の在来鶏を複数のタイプに分けて記述しているが、ここでは簡便のため、タイとフィリピンのみ記述して比較する。タイは三タイプであり、(1)闘鶏用及び肉用の大型鶏、(2)野鶏捕獲のための囮用の小型鶏、(3)卵肉兼用の広東種、以上である。タイでの二回の調査では、(1)が四六％を占めていた（マレーシアは三二％）。この大型の在来鶏は、インドのベンガル地方の地鶏がビルマを介して導入されたと考察されている。また、(3)もマレーシアに存在するが、中国のバフコーチン（名古屋コーチンの片親である）と形態が似ており、中国系住民によって持ち込まれた可能性があるとする。(2)については後述する。(1)と(3)のタイプから、在来鶏もそれぞれ特定の目的のもとで育種されてきたことがわかる。ただし、「いうまでもなく以上の3在来鶏が（は）純粋な品種ではない。それは自由な交雑にまかされている放飼という飼養方式からみて当然のことである。在来鶏集団が大きく3系統に分けられるというに過ぎない」[43]（カッコ内筆者）点は注意すべきであろう。
フィリピンは、(1)小型で軽快な非闘鶏型、(2)中型で軽快な闘鶏型の二タイプで、(1)が九〇％を占める。(2)はフェンシング型闘鶏に用いられ、西田らはネグロス島とルソン島イサベラ州の闘鶏育成家から聞き取り調査を行い、野鶏、そして米国で育成されたテキサス種に、さまざまな地域に由来する在来鶏を掛け合せて育成していることを確認した。[44]野鶏を交配に用いるのは、闘争性や敏捷性を取り入れるためである。テキサス種の導入は、米国植民地時代に米国人が闘鶏の興行に関わっていたことから起きたものであるらしい。[45]

これらの調査から、タイでもフィリピンでも野生種である野鶏が捕獲され、在来鶏との交雑が人為的に行われていたことがわかった。さらに、職業として野鶏を捕獲するハンターがいて、野鶏や交雑種が愛玩用の商品として取引されていた。野鶏から在来鶏への遺伝子移入は、このような人為的な交雑だけではなく、野鶏が放飼されている在来鶏の群れに侵入することでも、あるいはその逆の移入も起きているであろうことがわかっている。その詳細は節を改めて述べるとして、その前に一九七〇年代の東南アジア四か国の野鶏の状況について、調査報告書から抜き出してみよう。

ニワトリの野生原種は、ミトコンドリアDNAの塩基配列の比較によるとキジ科ヤケイ属セキショクヤケイ（以下、野鶏という場合は、セキショクヤケイのこととする）であり、東南アジアの熱帯雨林を生息地とする。[46]そのほかヤケイ属には、ハイイロヤケイ、セイロンヤケイ、アオエリヤケイが知られている。タイ、フィリピン、マレーシア、インドネシア西部にはセキショクヤケイのみが、ジャワ島、バリ島、ロンボク島には加えてアオエリヤケイも見られるが、スンバワ島以東にはアオエリヤケイのみが生息する。[47] セキショクヤケイ（野鶏）は、人間の手が加わった（焼畑農耕が営まれていた）二次林に生息し、人と接触する機会が多く雑食性であることが、調査が行われた当時からドメスティケーションの要因となったと考えられていた。

タイ北部ランパン地区における一九七二年の調査では、「水田地帯の間には起伏の烈しい丘陵地が横たわり、ゴム、チーク、竹などの森林を縫うように走る道路沿いに七村落が点在する」地域における在来鶏の遺伝子頻度の分析から、野鶏から在来鶏への遺伝子移入が確認された。[48] ゴムもチークも、産業用に植林されたものである。

マレーシアでは、西部（マレー半島）のゴムとアブラヤシのプランテーションで野鶏の生息が確認された。一九七四年の調査時、マレーシア連邦政府はアブラヤシの生産を奨励し始めたところで、ゴムから転換したプランテーションが増え始めていた。野鶏はアブラヤシの実を好んで食べるという。セランゴール州の調査地付近は、「油椰子とチークの多い比較的明るい森林からなり、野鶏雄の鳴声が聞かれ、地上に落ちた油椰子の種実の堆積に野鶏の採食の跡が見られる」。野鶏を飼育しているゴム園経営者からの聞き取りでも、「野鶏は二次林の奥よりも、採飼に都合のよい人家と耕作地に近い林内に住むのが普通である」。また、「油椰子は生育すると、広い樹幹をとってあっても互いに葉先を接するほどに繁茂し、うっ蒼とした森林の観を呈する。しかも葉を刈り取られた樹幹は、太短く樹上は野鶏にとって格好の身をひそめる場所となり、種実は年間を通じて熟する」。[49] 数羽〜十数羽の群れで繁殖は年間を通じて行われ、一抱卵期の卵数は巣当たり二〜一〇個の変動があった。さらに、調査地では、野鶏の捕獲のほか、野鶏の巣から得た卵を孵化させて馴化することも行われていた。ドメスティケーションは〈いま―ここ〉で行われていた。

フィリピンでは、ミンドロ島の牧場で雄一、雌五〜六羽の野鶏の群れを観察している。聞き取り調査の結果は、二次林とくに竹林に好んで生息しているとのことであった[50]。セキショクヤケイには五種の亜種が知られているが、記述の簡便のため省略していた。タイとインドネシアには複数の亜種が認められるが、フィリピン群島は多数の島があるにもかかわらず一種だけであり、フィリピンに近いボルネオ島（マレーシア東部とインドネシアのカリマンタン）には野鶏が生息していない空白地であることから、西田らはフィリピン群島の野鶏は他地域から持ち込まれた可能性があることを指摘している[51]。この指摘は、野生種の移動に人間の作用が含まれているという点で、野生種と家畜の境界が自明ではないことを示唆するものとして興味深い。

インドネシアでも、生息域や生態に関しては前の三か国と同様である。ただし、バリ島、ロンボク島ではセキショクヤケイのほかにアオエリヤケイも生息する。ニワトリの野生原種であるセキショクヤケイはニワトリと自然に交雑する。バリ島、ロンボク島での聞き取り調査の結果も、セキショクヤケイは在来鶏と交雑するが、アオエリヤケイは自然条件下で在来鶏と交雑しない（人為的な交雑は可能）とのことであった。バリ島の数地点での聞き取りでは、「アオエリヤケイは畑地内の叢にすんでいるが、これらの叢間を移動するだけで鶏には絶対に近づかない。一方、セキショクヤケイは遠い森林からまっすぐ村に侵入し、鶏と容易に交雑する」[52]との回答を得ている。

無柵の家畜飼育――野鶏と在来鶏の遺伝子交流と人間

野鶏の生態に関する以上の調査報告から、放飼されている在来鶏の雌に対して野鶏の雄が能動的に遺伝子移入を行っていることが垣間見られる。野鶏はゴムやアブラヤシのプランテーションなど、人間によって撹乱された生態系を生息地とする――ドメスティケーションの条件として「雑草的性質」があることをジャック・ハーランの仮説としてこの章の最初の節で紹介した――だけでなく、ドメスティケーションされた在来鶏の群れに侵入する。

この性質を利用して、タイでは(2)のタイプの小型鶏を囮として用いる野鶏ハンターがいる。そのハンター向けの囮用として、あるいは愛玩用として、野鶏と在来鶏の交雑種を販売することを生業の一部としている村を一九七二年に西田らが調査している。[53] タイ南部ミャンマー国境沿いのプラチュワップキーリーカン県ムアンプラチュワップキーリーカン郡の東に突き出た半島の南岸、プラチュワップ湾の内側に面したモンラーイ村である。この半島は山地になっていて野鶏が生息し、ふもとの村に雄が侵入して放飼されている在来鶏の雌に遺伝子移入する。結果として、モンラーイ村では野鶏に似た交雑種を各戸数羽ずつ放飼していた。

ところが、同じ半島の北側で外洋に面したアオノーイ村の在来鶏には野鶏に似た交雑種はなく、ほとんどが闘鶏型の大型の鶏であった。そこで、「野鶏から在来鶏への遺伝子の流入、その保持と拡散は単なる偶然によって行われているものではなく、在来鶏を持つ側の、受け入れに対する積極的な態度が重要な要因」[54]となっているとする。この違いを西田は、同年の別の論文で以下のように説明する。[55]

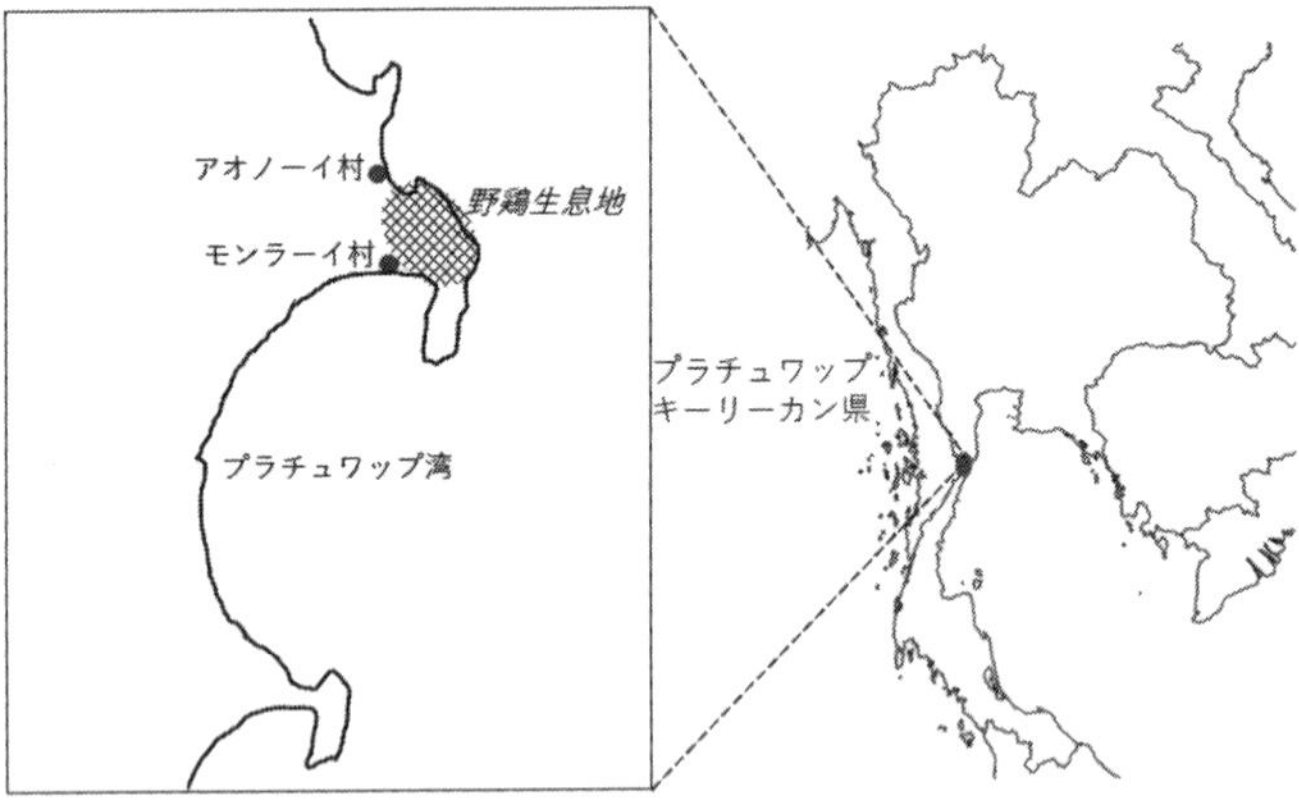

図 4-1. 第 2 回タイ調査（1972 年）におけるミャンマー国境付近の調査地

Mon Rai 村は主に湾内のイカ漁によって生活を営む貧しい漁村で、漁に出ないときには自然に接する機会も多く、交雑種を保存し、これを愛玩用または囮用として村外に売却することも収入の一つになっている。したがって、野鶏型形質の受け入れには、むしろ積極的な態度がみられる。Ao Noi 村は戸数も多く、外海漁業のほかに魚醤の製造販売という家内工業も営まれ、Mon Rai 村に比べてはるかに豊かな村である。野鶏をみる機会があっても、これを受け入れにくい生活状態にあるといえる。このような両村の差が野鶏型形質の受容性の差異となって現われていると理解してよいように思われる。
（西田隆雄 一九七四、「野鶏の Domestication」『化学と生物』一二（五）、三二六―三二七頁）

すなわち、野鶏から在来鶏への遺伝子移入の程度は、野鶏の生息する自然環境、地域社会の生業構造、さらにそれらを取り巻くより大きな圏域の商品市場――この例の場合は、イカや魚醤や愛玩鶏の市場である——のなかで、野鶏、在来鶏、人間が相互作用することによって変動する。近年、マルチスピーシーズ民族誌で主張されているような多種間の関係が、一九七〇年代の東南アジアでは当然のように起きていた。

では、この遺伝子移入は野鶏から在来鶏への一方通行的な流れなのだろうか。西田は、タイで採取された野鶏の形態学的変異に目をとめ、野鶏としての特徴を完全に保持している個体はむしろ少ないと書く。この観察はマレーシアでも同じであった。マレーシアで野鶏を持参した「老練な狩猟家」は、野鶏とは見えない特徴を指摘すると、「その指摘点の非野鶏的性質であることは認めるが、なおその例が野鶏であることを主張する」[56]。そこで西田は、(1)捕獲されてきた野鶏の成鶏雌あるいは森林から卵でもち帰られて育雛された成鶏雌が、在来鶏または交雑種雄の交配を受けた状態で森林へ逃走する場合と、(2)交雑種雄が森林内で野鶏雌に交配する場合、これら二つの場合を想定し、在来鶏から野鶏への遺伝子移入も起きている可能性を指摘している[57]。

放飼という状況下においては、在来鶏に近代品種の遺伝子が一部侵入していることを考慮すると、野鶏と近代品種の間の遺伝子交流も、まったく考えられないことではないであろう。このような放飼がもたらすドメスティケーションのあり方、あるいはその要因について、西田は次のように考察していた。

牧畜に適さぬ高温多湿の熱帯林では、人類の生活は、農耕の発達過程の如何なる時期でも、植物に依存したものであり、家畜は副次的な位置にあったはずである。しかも、この地域で定着農耕に先行した採集と狩猟をともなう焼畑農耕（25）は、山地内の移動を条件とするために、経済的家畜としてブタとニワトリ程度しかもてないし、その数も限られていただろう。このような状態では、家畜をlivestock（生きている富）とする考え方も、柵囲いによって家畜を保持し、これに改良を加えていこうという気運も生じなかったであろう。さらに、このような農耕段階では、人と自然のあらゆるものの一体観や、両者間に隔離のない思想を生み、これがまた無柵の家畜飼育を招いているのかもしれない。（西田隆雄 一九七四、「野鶏のDomestication」『化学と生物』一二（五）、三二七頁 注（25） 佐々木高明 一九七〇、『熱帯の焼畑』古今書院）

注で引いている佐々木高明は著名な地理学者・民族学者であり、中尾佐助の照葉樹林文化論に影響を受け、稲作以前の日本文化の源流を焼き畑農業に求めた。そして中尾と共に大著『照葉樹林文化と日本』（一九九二年）を著している。焼畑の跡地では野生植物の採集でもなく、畑地での作物栽培でもない半栽培的な農業がおこなわれる。中尾の半栽培論は一九九〇年代であるが、一九七四年に西田が述べている「無柵の家畜飼育」は、野生動物でも家畜でもない在来種のあり方についての表現であり、佐々木の焼畑や中尾の半栽培の議論に通じるところがある。

この西田論文の二年前、『在来家畜調査団報告』第五号の「あとがき」で、研究会の理論的な柱である野澤は、「柵の強度」という比喩を用いていた。

一体、東アジア地域はいくつかの家畜のDomestication centerとされているけれども、ここでの“Domestication”は西欧的な意味とはやや異なるのではないかと感じられる。比喩的にいえば、家畜を囲う柵の強度がこちらではずっと弱いのではないか。野生原種がいれば、それといまなお交雑することのできるような家畜が東アジアの在来家畜なのではないだろうか。（野澤謙 一九七二、『在来家畜調査団報告』第五号、一一八頁）

西田の「無柵の家畜飼育」という表現は、この野澤の「柵の強度」に関する議論が研究会内部で行われていたことを意味するのかも知れない。野澤はさらに一九七五年の『日本畜産学会報』の総説「家畜化と集団遺伝学」において、「柵の強度」の比喩をより詳しく説明している。

以上のような状況は、比喩的に言えば、家畜を囲う柵の強度が、ここでは西アジアから欧州に至る地域に比べて、著しく弱いと表現することもできよう。家畜化ということに、野生原種との間の性的隔離（sexual isolation）の完成を前提としなければならぬとすれば、東南アジアでは家畜化はいまだ未完の状態にとどまると言わざるを得ない。家畜と野生動物とを白と黒のごとく2分する立場はここでは成立不可能と考えた方がより合理的である。（野澤謙 一九七五、「家畜化と集団遺伝学」『日本畜産学会報』四六（一〇）、五五三頁）

「以上のような状況」として、野澤は西田による野鶏の研究のほか、猪からブタへの遺伝子移入、そして南アジアにおけるガウールという野生動物（家畜牛やその祖先である原牛とは種が異なるウシ属の動物）とそれを家畜化したとされるガヤール（別称ミタン）との交雑、さらにはガヤールと家畜牛との種を超えた交雑が起きていること等、飼育方法が粗放であるために起こる遺伝子交流の例を多数挙げている。

すなわち、家畜と野生原種との境界が曖昧なドメスティケーション、これが少なくとも一九七〇年代までのアジアの在来種の一つの特徴である。この「柵の強度が著しく弱い」という比喩には、そのような主張が込められていると想像する。「柵の強度の弱さ」、あるいは境界の曖昧さは、家畜と野生原種との間の遺伝子交流だけでなく、野鶏を卵から育てて馴化する例にも認められるように、ドメスティケーションが今なお進行中であることも意味する。これらの点については、一九六〇年代から栽培稲と野生稲の間にも同じような相互関係と進行中のドメスティケーションが、国立遺伝学研究所の岡彦一らによって観察されてきたことを野澤が参照している。[58] 遺伝学分野の潮流として、ドメスティケーション概念の見直しが起きていたこと、在来家畜研究会もその潮流の中で活動していたことが示唆される。

もちろん、「柵の強度の弱さ」は、この時代であっても日本の在来種には当てはまらない。既に一九六八年の琉球諸島第三次調査において、在来鶏の庭先放飼が減少していることが確認されている。放飼が行われなくなる要因として、専業養鶏が発展して鶏肉や卵を買えるようになった、放飼鶏が畑の野菜を荒らして近所迷惑となる、人家の中で糞をすると不衛生である等が挙げられ、部落単位で鶏の放飼を取り締まっていた。[59] さらに、現代の在来種は、比喩的に言えば「堅固な柵」によって、その希少であるがゆえに商品価値のある「純粋さ」を保護されている。これは第1章で述べたテロワールと原テロワールの違いである。

ところで、「柵の強度の弱さ」は、自然選択と人為選択の比率として捉えることもできるだろう。つまり、東南アジアでは近代育種、あるいはそれ以前の「西アジアから欧州に至る地域」の育種に比べて生殖隔離が不十分であるために、自然選択の比率が高く維持されている。また、人為選択の目標が使役、食肉、採卵など多義的で曖昧であるという指摘ある。しかし、闘鶏用や愛玩用のニワトリについては、特定の目標に向けて人為選択が行われて表現型が分化していた。タイの異なった村で闘鶏用と愛玩用の在来鶏の形態が区別できること、タイの闘鶏用とフィリピンの闘鶏用の在来鶏が大きく異なることは、ある程度は目的合理的な人為選択が行われてきたことを示すであろう。もっとも、このような系統の分化も、前に紹介した野澤と西田による近代品種の定義からは「品種の名にも価しない」[60]。

そのような特定の目標に向けた人為選択も近代品種の育成に比べれば緩やかであり、さらに「柵の強度の弱さ」によって交雑が起こるだけでなく、一度家畜化された動物が逃走して、あるいは放置されて、再野生化するといった事態も起こる。そこで、次は再野生化の事例について検討する。

再野生化と半家畜化

一度家畜化した動物が再野生化（feralization）することは、すでに一九三〇年代にハワイやオセアニアの野鶏についての考察があり、一九七〇年代初頭にはドイツの動物学者ヴォルフ・ヘレ（Wolf Herre、一九〇九年～一九九〇年）が再野生化の事例を総説にまとめていた。

しかし、家畜と野生動物との境界が曖昧であることは、再野生化もまた曖昧であることを意味する。放飼されている在来鶏の雌が農家の周辺の叢林や竹林に産卵するとき（台湾第三次調査、一九六七年）、これを再野生化とみなすことができるのだろうか。もし、再野生化であるとするならば、「柵の強度が弱い」環境下では、進行中のドメスティケーションの裏面として再野生化はつねに起きている、つまり家畜化と再野生化を行ったり来たりしていると言えるかもしれない。あるいは、再野生化は家畜と野生原種との境界が明確な場合、つまり「柵の強度が強い」「西アジアから欧州に至る地域」の概念であって、東南アジアの場合は「家畜と野生動物とを白と黒のごとく二分する立場はここでは成立不可能」であるため、その中間に半家畜化（semi-domestication）という広い境界域を設定して、家畜化も再野生化もその圏域のなかでの動物と人間の相互作用に一元化するという考え方も可能かもしれない。

そういうわけで、在来家畜研究会で（再）野生化という言葉を使っている調査報告は、日本の事例、一九六一年に行われた「第一回調査トカラ・奄美両群島」において記述されている口之島の野生化牛についてである[61]。口之島野生化牛は、黒毛和種や見島牛と異なり、その体毛は黒を基調としつつも褐色や白斑を有するものもあり、平安〜鎌倉時代の絵巻物に描かれた牛の図との共通点から、日本古来の牛の面影をとどめているとも言われる。

口之島の南部燃岳を中心とする斜面の原始林内には、牛が自然状態で繁殖を続けている。正確な頭数は不明であるが、三〇頭ないし一〇〇頭程度と考えられ、集団はいわゆるボスに率いられて群棲している。これらは部落の共有財産となっており、必要に応じて部落民がいわゆる「野牛狩り」をおこない、捕獲して馴致の上使役に供し、又は内地向け肉用に出荷する。

これらの牛は大正七〜八（一九一八〜一九一九）年、同じ群島の諏訪之瀬島から導入した数頭の子孫である。これは島の中部、前岳付近に放牧されたが、部落から遠く管理不充分のため、遂に捕えられなくなり、次第に奥山に逃げ込み、現在地に自然のまま繁殖を続けるようになった。

（林田重幸・野沢謙　一九六四、「トカラ群島における牛」『日本在来家畜調査団報告』一、一二七頁）


再野生化と言っても、定期的に「捕獲して馴致の上」役畜および肉畜として利用していることから、（再）家畜化も行われていた。その意味では、半家畜化とも言えるであろう。その後、一九七七年、七九年に在来家畜研究会による調査と捕獲が行われた。鹿児島大学と名古屋大学では捕獲した野生化牛群を繁殖・維持し（名古屋大学は二〇一三年まで）、保存と研究を行ってきている。在来家畜研究会による調査報告で、口之島野生化牛を直接対象としたものはこれ以外にないが、形態学的および遺伝学的性質を他の地域の牛と比較する場合の基準として用いられている。

しかし、印牧（二〇一三年）によると、[62] 生息地の口之島では、自治会や畜産組合が「牛狩り」を含む管理や保護を行っていた時期があったが、ＢＳＥ（狂牛病）にともなう牛の耳標の義務化によって食肉としての利用ができなくなり、それらの活動は行われなくなったという。さらに、近年は道路へのゲートの設置、和牛牧場への牧柵の設置によって、島の農家が飼育している黒毛和種との交雑は防げているが、以前は起きていたとのことである。確かに、一九八九年初冬から九〇年早春にかけて牛コロナウイルス感染症で野生化牛八頭の死亡が鹿児島大学の調査で確認されたが、「島内の改良牧野に導入された黒毛和種からの感染が疑われた」とある。[63] このことは、一九九〇年頃には、野生化牛と家畜牛の接触があったことを意味するであろう。

第1章で黒毛和種を取り上げた個所で言及したが、近年、東京農業大学の研究グループが口之島野生化牛の全ゲノム塩基配列を解読している。[64] このときに用いたDNA試料は、一九九〇年に名古屋大学が口之島から一頭の雄と三頭の雌を入手したが、その子孫である一頭の雄牛から採られた。ゲノム解読の結果は、見島牛との近縁性が確認されたほか、家畜群数が極端に少なくなる遺伝的浮動を経ている割には、遺伝的多様性が高いと考察された。

次に、再野生化ではないが、放飼というよりは半家畜化（半野生化）状態の動物として在来家畜研究会の調査対象となった事例に、先述した南アジアのガヤール（ガウールから家畜化）がある。ガヤールはインドとミャンマー国境のアラカン山脈からずっと南のバングラデシュの丘陵地帯まで湿潤な高地の森林地帯に分布し、生息地域では役畜と肉畜として利用されるだけでなく、祭祀用としても重要な動物である。ガヤールについては、バングラデシュでの第一次調査（一九八三年）および第二次調査（一九八五年~八六年）に関して『在来家畜研究会報告』第一二号に若干の記述がある。第一次調査では、ガヤールが生息するチッタゴン丘陵バンダルバン周辺の少数民族の村で、ガヤールについての情報収集とガヤールと家畜牛との交雑種の調査を行っている。[65] 少数民族はジュマ（Jumma）と呼ばれる焼畑民であると思われる。

図 4-2. ガヤール（ミタン）の生息域
Dorji, T. et al. (2021). Mithun (*Bos frontalis*): The neglected cattle species and their significance to ethnic communities in the Eastern Himalaya–A review. *Animal Bioscience* 34(11), 1730 に基づく[66].

ガヤールはバングラデシュ東南部のBandarban地域の山中に半野生状態で棲息している。日中は森林で遊牧し、夜間は水や塩を求めて現地民の住居に近づいてくる。現地の農民はガヤールと牛の雑種を作出し、利用している。（天野卓　一九八八、「バングラデシュ在来家畜調査の行動経過概要　第1次調査（一九八三年度）」『在来家畜研究会報告』一二、五二頁）

Bandarbanでの現地調査によると、ガヤールは焼き畑跡地あるいは住居周辺でしばしば見かけ、これらは全くの放飼状態にあった。焼き畑農耕民が民家群の周りに置く食塩に誘われ、住居地周辺のジャングルに生息するという。現地での昼間の観察によれば、これらの牛の被毛色はガウールに類似したものもいるが白斑、褐色のものも見かけられた。また形態的にも一般家畜牛の特徴を一部持っている個体もあった。これらの牛群には成獣雌、若齢の雌雄および幼獣が見られたが成獣牡を見ることはできなかった。しかし、現地の状況から判断して一般家畜牛と交配する機会は少ないと考えられた。（並河鷹夫ら 一九八八、「バングラデシュ産在来牛およびガヤールの核型分析」『在来家畜研究会報告』一二、九〇頁）

しかし、第二次調査では、バンダルバンへの入山許可を軍から得ることができず、現地での調査ができていない。バングラデシュ東部とミャンマー西部がインドと接する国境付近は、現在も政治的に不安定な地域である。そこで、ダッカ動物園で飼育されているガヤール（バンダルバンから移送した雌雄一頭ずつ）の採血を行っている。このガヤールの染色体数は二倍体で五八本であり、六〇本の家畜牛（バングラデシュ在来牛を含む）とは異なる。[67] ところが、ガヤールの野生原種とされるガウールの染色体数は、五六本または五八本と地域差があるため、家畜化もガウールから直接行われたか、それとも家畜牛との交雑によって行われたか、ミトコンドリアのゲノム解析も行われているが確定はしていない。

したがって、第一次調査で報告されているガヤールと在来家畜牛の交雑は単純ではないことが想像される。その後のブータンにおける川本らの研究（二〇一二年）[68] によると、交雑一代目は、雄は不妊となるが急峻な山岳地帯を耕す使役用に需要が高く、雌は乳量が増えて搾乳に利用される。その雌に家畜牛を計四代にわたって戻し交雑すると、繁殖力のある雄の交雑種が得られる。現地では、戻し交雑のそれぞれの代の牛に異なった名称を与えて区別しているという。しかし、結果としてガヤールの遺伝子が在来の家畜牛に流入する。バングラデシュのバンダルバンでの交雑種の作成や利用の方法は不明であるが、在来の家畜牛との間で種を超えた遺伝的交流が起きている可能性はある。

後年、田中・万年（二〇〇九年）が文献研究で論じているが、アラカン山脈のナガ族に見られるようにガヤールの野生原種とされるガウールの生息地に雌のガヤールを放置することで人為的に遺伝子移入を起こすことも広く行われていたならば[69]、ガウール、ガヤール、家畜牛の三者間の遺伝子交流が、人間の媒介によって生じていた地域もあったであろう。

ガウール、ガヤール、ウシのほか、ウシ属にはバンテン、ヤク、コープレイが種として含まれる。最近、中国のチェンらのグループは、近代品種四九品種にこれらのウシ属の別種、そして中国北部で見つかった約四〇〇〇年前の化石の古代ＤＮＡを対象に全ゲノム解析を行っている[70]。その結果、中国南部のインド系品種には、主にバンテンから、そして比率は低いがガウールとガヤールからの遺伝子移入が認められるという。性的隔離がある異種間の遺伝子移入に人間がどの程度関わっていたのか、全く不明である。しかし、近代品種の素材である在来種において、人間の意図も含めた「柵の強度の弱さ」が作用していた可能性は高いと考えられる。また、オオカミの例で見たように、今後はこのようなゲノム解析の手法で系統関係を一気に推定する研究が多くなると思われる。その際に、在来家畜研究会の調査研究は、まだ在来種や野生種が地域社会で利用されていた時代のフィールドでのデータを記録したものとして大変貴重なものであろう。

在来種と近代品種の違いは何か

ここまで、在来家畜研究会の初期の調査研究活動について、その問題意識と二つのトピックを概観した。研究会が立ち上げられた一九六一年から一九八〇年代までに、ドメスティケーション概念を刷新する野生原種との継続的な遺伝的交流、再野生化、半家畜化などの現象を、東および東南アジアのフィールド調査を通じて実証的に明らかにしてきたことは、非常に重要な成果だと考えられる。では結局、在来家畜、在来種とは一体何なのだろうか。もちろん、これは僅かな事例で答えが出るような問題ではない。さらに断っておくと、この問いは在来家畜研究会の本来のテーマにはない。欧米から導入された近代品種の遺伝子が少ないまたは入っていない家畜を、とりあえず在来家畜と呼んでいるだけであって、ポジティブな共通性は前提としていない。しかし、研究会の第一の目的である「野生動物から現在の家畜に至る過程」、つまりドメスティケーションの問題を調査することで、東および東南アジアの在来家畜の特徴として見えてきたこともある。それが、野澤や西田が言及した比喩的な意味での「柵の強度の弱さ」であった。研究会設立時のメンバーである近藤恭司（名古屋大学家畜育種学研究室教授）は、第五号の報告書「まえがき」に以下のように述べている。

さらに在来家畜にみられる地域特異性（品種的差異）は、あたかも自然動物の地方変種を眺めているようである。家畜は人為的所産といいながらも、他方では明らかにそこの自然条件の淘汰選抜を受けている。これら自然条件と意識的な人為淘汰との関連も今後整理されなければならないことである。このことは、野生生物と家畜との関係、ひいては家畜化の問題にまでひろがって

いくであろう。（近藤恭司 一九七二、「まえがき」『在来家畜調査団報告』五、一頁）

この記述は研究会が調査を開始してまだ一〇年目の段階であるが、東および東南アジアの在来家畜であることの一つの特徴が、「柵の強度」が弱いために自然選択に対して相対的に開かれていることであることを示唆している。敷衍して言うならば、在来家畜であることの条件の一つは、自然選択と人為選択の直接的な相互作用が行われることではないだろうか。地域の自然環境が異なることによって地域に特異的な在来種が形成されること、それが在来家畜（ネイティブ・ライブストック）の意味であるとすれば、自然選択の関与は重要であろう。ここで、直接的な相互作用とは、一方で、在来鶏やガヤールに野生原種からの遺伝子移入を行うことで見られるように、人為的に自然選択を呼び込むこと、そして他方では、野生動物や家畜が人為的な環境――アブラヤシのプランテーションや夜間の家畜小屋など――に適応するように、非意図的な人為選択が行われること、この二つを考えている。

もし、このように暫定的に「自然選択と人為選択の直接的な相互作用」が在来家畜の特徴の一つであるとするならば、それは在来家畜という生物に備わっている性質ではなく、家畜と人間との関係のあり方である。ということは、現代の改良を重ねた近代品種もそのような関係性のうちに置くならば、つまり「柵の強度」が弱い飼育環境で自然選択に曝されるならば、在来家畜としての特徴をもち得ることになるだろう。その反対に、これまで在来家畜と呼ばれていても、その性質を維持するために地域の自然や社会と隔絶した閉鎖的な環境で繁殖されるなら――動物園や大学の農場で維持されているトカラ馬のようなケースである――、それはこの一つの特徴としての意味においては、もはや「かつて在来家畜であった家畜」なのではないか。

その意味では、第1章で述べたテロワールのなかの在来種、シャンパーニュのブドウや地域ブランドの和牛もまた、「かつて在来種であった近代品種」と言えるであろう。それらはトカラ馬と同様にオリジナルとしてのアウラをまとっているが、もはや「自然選択と人為選択の直接的な相互作用」は行われない。あるいは、そのアウラを守るために、自然選択の関与は禁止されるのである。

とは言え、畜産学のみならず自然科学的な考え方に立つならば、現在のトカラ馬は在来家畜ではないという主張は馬鹿げたものであるかも知れない。しかし、ドメスティケーションは固定された状態ではなくプロセスであるという考え方が主流になりつつある。同様に、在来であることも特定の遺伝子の多型性にではなく、それらが環境のなかでどのように変化するかに依存するという考え方も可能なのではないだろうか。ということは、近代品種もまたプロセスとして定義することができるだろう。在来家畜研究会の導入部で紹介した野澤と西田による近代品種の定義で「育種家は淘汰を重ね、不適格な個体を除く努力を続けなければならない」とあったように、この努力のプロセスが近代品種をつくっている。これも本書における再カテゴリ化の試みである。

そこで最後に、近代品種からの再野生化、あるいは脱-栽培化について、今度は植物の事例を簡単に検討してみよう。事例の対象は、水田で発生して問題化している雑草イネである。

雑草イネと作物イネの関係について

栽培作物の場合、「柵の強度」は何に相当するだろうか。植物は逃走しないが、開放された農地には様々な生物が侵入する。雑草と病害虫である。したがって、耕種農業における「柵の強度」は、農地の作り方だけでなく、雑草・病害虫防除の方法が関係する。畦（あぜ）をつくりイネの単作を行う日本の水田は、他の作物との混作を許容しない点で「柵の強度」は強いであろう。田起こしや代掻きには雑草を減らす効果があり、そのようにして他の植物を除去した人為的なニッチに純粋なイネの苗を移植栽培（田植え）することで、「柵の強度」はますます高まる。さらに農薬を用いて雑草と病害虫を防除し、種籾を毎年購入すれば、自然選択が働く余地は少ない。逆に言うと、他の作物との混作で、雑草や病害虫によるストレスを受けながら自家採種を続けるならば、収量は落ちるが混作作物、雑草、病害虫との共存による自然選択が起こり、作物はその農地の自然環境に適応して進化する。ある種の自然農法や有機農業では、このような進化が非意図的に生じているであろう。そしてこのことは、栽培する作物が遺伝的に均一な近代品種であっても同じである。

　ところが、近年このような「柵の強度」が弱まることで生じているのが雑草イネである。雑草イネは以前から存在したが明治期以前は「雑草イネと栽培イネの区別は必ずしも判然とせず、「とぼし」あるいは「こぼれ」と呼ばれる有色米あるいは脱粒性（種子が自然に落ちて拡散すること）の強い在来種が各地で栽培されていた」。ところが、明治以降になると近代品種の確立と等級化によって、雑草イネは駆除されて見られなくなった。それが、一九八〇年代から田植えをしない直播栽培を始めた岡山県で[71]、同じく直播を二〇〇〇年頃から始めた長野県で再び見られるようになったという[72]。その後、稲作の大規模化や高齢化に伴う省力化の要請から直播栽培が普及すると、日本各地で雑草イネが報告され、近年では移植栽培でも発生している。さらに、イネには害が出ない選択性除草剤が多種類開発されたことで、他の雑草は効率的に駆除できても、手取りや機械除草であれば駆除できた雑草イネは生き残る。

雑草イネは水田や畦に自生し、雑草として収穫量を減少させるだけでなく、収穫時に混入すると「赤米」となって米の等級を下げることで大きな経済的被害を生む。また、脱粒性が強く蔓延し易いため、農水省は早期の抜き取りを勧めている。中国でも古くから知られていたが、移植栽培（田植え）や圃場整備が進んでから絶滅したと考えられていた。[73] ところが、近年になって、やはり直播が行われる水田で顕著に見られるようになった。イタリアにおいても、一九七〇年代に手植えによる移植栽培から機械による直播に切り替わって、雑草イネ対策が農業技術の重要課題となった。

脱粒性は野生植物にとっては種子散布のために必要な特性だが、人間が収穫するためには脱粒しない必要があり、栽培作物化する際に人為選択によって取り除かれてきた。そのほか野生植物では、生育に適切な環境条件になるまで発芽しないために、種子の休眠性が必要である。この性質も、栽培作物では発芽時期が一定しなくなるため、栽培化の過程で優先的に取り除かれる傾向がある。

雑草イネの起源については、農研機構の赤坂舞子らが岡山県で見られた二七系統の雑草イネと八八系統の栽培イネを一五セットの配列標識部位（sequence-tagged sites, STS）マーカーを用いて比較した二〇〇九年の研究で、多くの雑草イネが、出現した地域の栽培イネの変異によって生じていることがわかった。[74] しかし、インディカ種に近縁の性質を示すなど、栽培イネからの変異だけでは必ずしも説明できない雑草イネも認められた。その後、全ゲノム配列を用いた米国と中国の研究でも類似した結果が報告されている。[75] 雑草イネの起源の一つは、その圃場で脱-栽培化（de-domestication）がその都度生じていることであることが確認された。それ以外の可能性としては、野生イネや他の在来種との交雑であるが、それらの可能性を強く支持する証拠は見つかっていない。

しかしながら、これらの多様な雑草イネは、雑草としての性質、強い脱粒性と種子休眠性、赤～褐色の籾、農地での強い競争力を備えている点で共通している。そこで、進化的な収斂が起きている可能性という興味もあって、変異が起きている遺伝子の解析が行われている。オルセンの総説によると、脱粒性に関連する遺伝子として知られていた*sh4*は多くの雑草イネの系統では変化がなく、脱粒性は量的な形質であることから、他の多数の遺伝子での変異が関与することが示唆されている。一方、休眠性に関わる遺伝子として知られているものに転写因子の*Rc*があるが、休眠は種子の果皮つまり籾に関係する場合があるので、赤い籾の色をもたらす。潜性の対立遺伝子*rc*で休眠性が弱まり、籾の赤い色も消失する。米国の雑草イネでは*Rc*アレルが維持されていることがわかっている。しかし、休眠性にも他の多くの遺伝子が関与しており、発芽を制御する植物ホルモンのアブシジン酸の生合成や受容体に関わる遺伝子群も解明されつつある。脱粒性の場合と同様に、多様な雑草イネでは、地域や系統ごとに多様な遺伝子の変化が起きていると考えられる。

以上をまとめると、直播栽培と除草方法の刷新が稲作における「柵の強度」を弱め、それが栽培イネの再野生化＝脱‐栽培化を引き起こし、雑草イネを再出現させたと考えられる。ただし、雑草イネの出現は、「柵の強度」が現在ほど強くなかった江戸時代以前の半栽培的な環境では、普通に起きていたことであろう。このような脱‐栽培化は、在来家畜で見られた再野生化に相当する現象であり、近代品種であっても栽培環境によっては起こり得るものと思われる。ここでもう一つ重要なことは、雑草イネは整備された圃場という「柵の内側」に出現したことである。そして栽培イネに由来する正真正銘のイネなので、選択性除草剤は効かない。つまり、除草剤という「柵」についてもその「内側」にあることになる。家畜で言うと、再野生化した鶏が近代的な鶏舎に紛れ込んだようなものであり、農業者の被害の大きさ、駆除の困難さは大変なものであろう。

付け加えると、部分的にハイブリッド（交雑系）イネを栽培している米国では、過去二年以内にハイブリッドを栽培した履歴のある圃場では履歴のない場合（近交系品種を栽培）に比べて約二〇％雑草イネの出現率が高まるという報告がある。[76] 雑種強勢を獲得したハイブリッドは近交系品種に比べて種子の越冬能力が高いことが一つの要因であろう。さらに、ハイブリッドは近交系に比べて雑草イネとの交雑率が高く、ハイブリッドからの雑草イネはその休眠性によって発芽時期が長いため、交雑率をさらに高める可能性もある。（イネは自殖性の、つまり同一個体内で自家受粉する植物であるが、花粉の飛散を介した他家受粉がまったく起こらないわけではない。したがって、低いけれど一定の確率で交雑はおこる。）これらのことが、ハイブリッド品種を用いた場合の雑草イネの出現に影響していると考えられている。

さらに、こうした雑草イネへの対策として、除草剤抵抗性イネと除草剤を組み合わせたクリアフィールド生産システム（Clearfield® Production Systems, ドイツＢＡＳＦ社）が南北アメリカ、東南アジア、イタリア等で販売され使用されている。このシステムでは、イミダゾリノン系除草剤に抵抗性を獲得したイネ（ただし遺伝子組換えではない）の種子、クリアフィールドに、複数の除草剤とその散布スケジュールがセットになっている。このシステムは米国で開発され、二〇〇三年にはブラジルとマレーシアに導入された。予想されるように、クリアフィールド・イネは雑草イネと交雑し、イミダゾリノン系除草剤に抵抗性の雑草イネが米国、ブラジル、マレーシアで確認されている。[77] ＢＡＳＦ社はスチュワードシップ・ガイドという使用マニュアルで、播種前に非選択的除草剤を使用すること、同じ農地にクリアフィールドを連続使用せずローテーションを行うこと、畦や用水路に雑草を生やさないこと等を含む管理方法によって、抵抗性の雑草イネを予防できるとしている。

除草剤や除草剤抵抗性作物は、作物と雑草を区別し「柵の強度」を高める方法である。これに対抗する作物と雑草の交雑は、植物が互いに生殖という境界を越えるだけではなく、除草剤への抵抗性という見えない「柵」を越境して雑草を「柵の内側」に移動させる働きである。在来種を「柵の強度」という点で捉えることによって、二〇世紀までの農業の近代化と現在の省力化に向けたバイオテクノロジーの導入が質的に異なった動向として見えてくる。

在来種の〈氾濫〉と〈移転〉

最後に、ここまでの在来種に関する議論を、本書の語彙で振り返ってみよう。この章では、在来家畜研究会の成果をできるだけ内在的に評価するために、研究会内部で用いられた概念や語彙を尊重してきたからである。

まず、近交系の近代品種については、比喩としての「柵の強度」が高い環境下で「淘汰を重ね、不適格な個体を除く努力を続け」るというプロセスによって定義できると考えた。このプロセスが〈均質化〉である。第2章で定義した〈均質化〉の概念では、それが〈自然〉と〈技術〉の境界の強さにどのように関わるかという点を十分に取り入れていなかった。しかし、本章の在来家畜研究会によるアジア在来家畜の調査結果から、選抜と近親交配に加えて、他の生物や自然環境との接触による自然選択を可能な限り排除する「柵の強度」の重要性が浮かび上がった。すなわち、近代品種をつくるプロセスとしての〈差異化〉の作用を含まなければ達成できないことがわかった。そしてこの境界は、人間側が〈自然〉と〈技術〉の間に堅固で明瞭な境界をつくる〈均質化〉は、物理的（柵、畜舎、育苗箱、圃場、ハウスなど）、化学的（消毒薬、農薬など）、生物学的（農薬抵抗性種子、不稔種子など）な障壁によって複合的につくられ維持されている。これらの障壁によって囲まれた内部は、人間が作り出すニッチであり、ニッチ構築理論の観点から次章で再度論じよう。

ところが在来種の場合は、「柵の強度」が弱いため境界は曖昧でどちらともつかないグレーゾーンが広がっている。ここでの境界は線ではなく面的な境界域である。この曖昧な境界域において、〈自然〉側の野生生物と〈技術〉側の在来種が出会う。これは境界から生物が溢れ出る〈氾濫〉である。曖昧な境界域では〈氾濫〉は常態であり、セキショクヤケイの雄は放飼されている在来鶏の集団に侵入する。セキショクヤケイ自体が、人間が作り出したアブラヤシのプランテーションというニッチに好んで生息していた。ガヤールや口之島野生牛も、曖昧な境界域で曖昧な半家畜として暮らしていた。それらの存在自体が〈氾濫〉であると言ってよいであろう。

その〈氾濫〉を人間が意図的に利用することも見られた。タイやフィリピンでは、セキショクヤケイの習性を利用して囮の交雑種を用意し、野鶏の遺伝子を愛玩用や闘鶏用の在来鶏に取り込むハンターがいた。バングラデシュやブータンでは、ガヤールと家畜ウシとの種を超えた交雑種がつくられていた。これらの〈技術〉は曖昧な境界域すらも飛び越えて、〈自然〉を〈技術〉の側に取り込む。

あるいは結果として、〈技術〉側の遺伝子が〈自然〉側の生物に移入されることも起こるであろう。これは〈氾濫〉と言うよりも〈移転〉であると考えよう。

〈氾濫〉と〈移転〉（ニッチ構築理論では「撹乱」と「移住」に相当する）は、質的に異なる概念ではなく、あくまでも量的な違いである。〈氾濫〉・「撹乱」はカテゴリの境界部分で起こる越境なのに対して、〈移転〉・「移住」は異なったカテゴリへの移動であり、比喩的な意味での移動する距離の差である。したがって、何に焦点を当てるかによってどちらとして捉えるかが変わり得る。野鶏が在来鶏と交雑するのは曖昧な境界域の出来事であり、その出来事は〈氾濫〉とみてよい。しかし、その結果として野鶏の敏捷性や攻撃性が闘鶏用の在来鶏に取り入れられるとすれば、〈移転〉が起きていると考えることもできよう。

さらに〈移転〉は、第3章の最後で述べたように、〈氾濫〉への対策として起こる場合がある。例えば、近代品種として〈均質化〉された栽培イネから雑草イネが脱-栽培化する〈氾濫〉に対して、除草剤抵抗性イネと除草剤のセットで対処（回避）することは除草剤が効かない栽培イネと効く雑草イネの間に新しい境界を作り出すことによって、栽培イネを除草剤抵抗性というニッチに〈移転〉することである。

このように考えると、在来種と近交系の近代品種との違いは、〈均質化〉という「柵の強度」の程度、言い換えると境界の厳密さや広さの差であって、質的な違いではないと考えられる。どちらの場合も、その境界を侵犯する〈氾濫〉や〈移転〉が生じ得る。そしてそれは、人間が起点になる場合も、生物が起点になる場合も、どちらもあり得るのである。

第5章　多種と人間のニッチ構築
——高病原性鳥インフルエンザはどのように生じたか

ニッチ構築理論と鳥インフルエンザ

前章の最後に書いたように、比喩としての「柵」は人間が構築したニッチを表すと考えることができる。ニッチは畜舎や圃場のような空間的な構造物に限定されない。農業分野に限って考えても、灌漑、肥料、農薬、農業機械、除草作業、栽培暦など、あらゆるモノや行動が特定の生物を物理的・化学的・時間的に包摂したり、排除したりするニッチをつくる。そうしたニッチを構築する人間側のプロセスが〈技術〉である。これに対して生物の側も自らのニッチを構築する。というか、本来ニッチ構築理論は生物についての理論である。本書で〈自然〉と呼んでいる作用は、主に生物の側からのニッチ構築である。ドメスティケーションは、人間が構築したニッチに生物側が自らのニッチをつくろうとして雑草のように侵入する、あるいは人間側が捕獲してそのニッチごと囲い込むことから始まると考えよう。

この章では、進化論を複数の理論で刷新しようとする拡張総合説（extended evolutionary synthesis, EES）の理論の一つとしてニッチ構築理論を捉え、これまで扱ってきた、そしてここで新たに紹介する事例や議論を整理する。拡張総合説の中心にある考え方は、それまでの総合説のようにランダムな遺伝子の変異のみを自然選択の対象として進化を捉えるのではなく、遺伝子の変異と生物およびその行動を相互作用として考えることである。ニッチ構築理論もまた、生物の能動性を考慮に入れた進化理論である。

理論の説明は後回しにして、この章で導入する具体的な事例を見ていこう。人間が構築したニッチとしての〈技術〉が〈自然〉の侵入を受けていると思われる近年の事例、養鶏場における鳥インフルエンザ感染についてである。ウイルスは水平的に、つまり種をまたいで遺伝子を移入したり、混ぜ合わせたりする点で、自らのニッチを〈移転〉するだけでなく異なった生物種のニッチを結び付ける。ここでは、養鶏のなかでもとくに採卵鶏を対象とする。日本で鳥インフルエンザ感染が確認されている在来種における開放的なニッチとも違う独特な方法で、〈均質化〉した近代品種を危機に陥れている。また、採卵鶏のF1ハイブリッド雛の開発企業や種鶏市場について、すでに第1章で述べている。る飼育場数の凡そ八割が、採卵鶏の養鶏場だからである。

二〇二二〜二三年における日本の高病原性鳥インフルエンザの養鶏場での発生は過去最高であり、二〇二三年四月の時点で一七七一万羽の鶏が殺処分された[1]。二〇二二年度の全国の飼育羽数は一億三七〇〇万羽なので一三％近くにもなる[2]。鳥インフルエンザのウイルス（ＡＩＶ）は本来、水鳥に感染するウイルスで、日本では秋から冬にかけて飛来する渡り鳥が持ち込んで流行する。環境省の調査によると、二〇二二の秋からＡＩＶが確認された野鳥は、オオハクチョウ、ナベヅル、マナヅル、マガン、ヒドリガモ、スズガモなどの冬鳥とそれらを捕食する猛禽である。留鳥のハシブトガラスとハシボソガラスも感染している[3]。養鶏場の鶏への感染経路は、野鳥そのもの、野鳥およびその糞や唾液で汚染された水や飼料であるが、ネズミなどの齧歯類に付着・感染して媒介される場合もある。これまでワクチンによる予防は、発症を見逃してウイルスの拡散と変異を促進する恐れと市場や貿易への悪影響についての懸念から、欧米や日本では行われてこなかった。しかし、世界的な流行の拡大と強力なワクチン開発への期待から、国際獣疫事務局（The World Organization for Animal Health, ＷＯＡＨ）やＥＵではワクチンの使用を認める政策への転換も考慮され始めている。[4]

現代の〈均質化〉され工業化された畜産におけるニッチは、「強固な柵」によって〈自然〉から隔離されているのではなかったのだろうか。前章で見たアジアの在来鶏は放飼されていたり、意図的に囮として使われたりすることで、〈自然〉に対して開放的なニッチで飼われていた。そこでは、野生原種だけでなく、細菌やウイルスやその他の有害な生物も、それら自身のニッチ構築の結果として自由に侵入できたはずである。では、より閉鎖的な近代品種の飼育において、多様な生物を媒介にしたウイルス感染が起こるメカニズムにはどのような違いがあるのだろうか。それは在来種の開放的なニッチと何が違うのだろうか。さらに、〈均質化〉された近代品種が、ウイルスや細菌の感染に曝されることの問題は何なのだろうか。

この章では、このような疑問を念頭に、ニッチ構築という考え方が〈自然〉と〈技術〉の境界設定やカテゴリ化をどのように説明できるかを検討する。ただし、注意すべきことは、初手からニッチ構築理論という枠組みで鳥インフルエンザの事例を見てはいけないということである。事例は具体的な事実として可能な限り多角的に捉えた上で、ムーアの世界システム論で行ったように、ニッチ構築理論に何が可能か／可能でないのかを考えたい。付け加えると、私はニッチ構築理論やＥＥＳが進化理論として妥当かどうかを判断する立場にはない。あくまでも本書でテーマとする問題について、有益な示唆が引き出せるかどうかである。

鳥インフルエンザウイルス（AIV）

A型インフルエンザウイルスであるAIVは一本鎖マイナス鎖RNAウイルスのなかのアーティキュラウイルス目（Articulavirales）、オルソミクソウイルス科（Orthomyxoviridae）に分類され、一本鎖プラス鎖RNAウイルスであるヒトの新型コロナウイルス（SARS-CoV-2）とは、目（Order）以上の分類の違いである核酸の形状や発現様式が異なる。プラス鎖のRNAは感染した細胞内でそのままメッセンジャーRNAとしてタンパク質の翻訳に使われるが、マイナス鎖のRNAは相補的なプラス鎖のRNAを合成する鋳型となる。多くの場合、このマイナス鎖RNAは環状ではなく直鎖状で幾つかに分かれて存在する。AIVの場合も、エンベロープと呼ばれる脂質二重膜とタンパク質の殻のなかに、直鎖状のマイナス鎖RNAとタンパク質の複合体が八本に分かれて格納されている。これら八本のRNAはそれぞれ独立に複製・翻訳され、ゲノムは分節化されている。

エンベロープにはヘマグルチニンとノイラミニダーゼという二種類の糖タンパク質が埋め込まれている。ヘマグルチニンは宿主細胞の表面にある受容体に結合することで、ウイルスが細胞内で増殖する最初のステップとなる。ノイラミニダーゼはその受容体を破壊する酵素であり、ウイルスが宿主細胞から離脱することを可能にする。ノイラミニダーゼはまた、ウイルス同士がヘマグルチニンを介して凝集することを防ぐ作用も持つ。

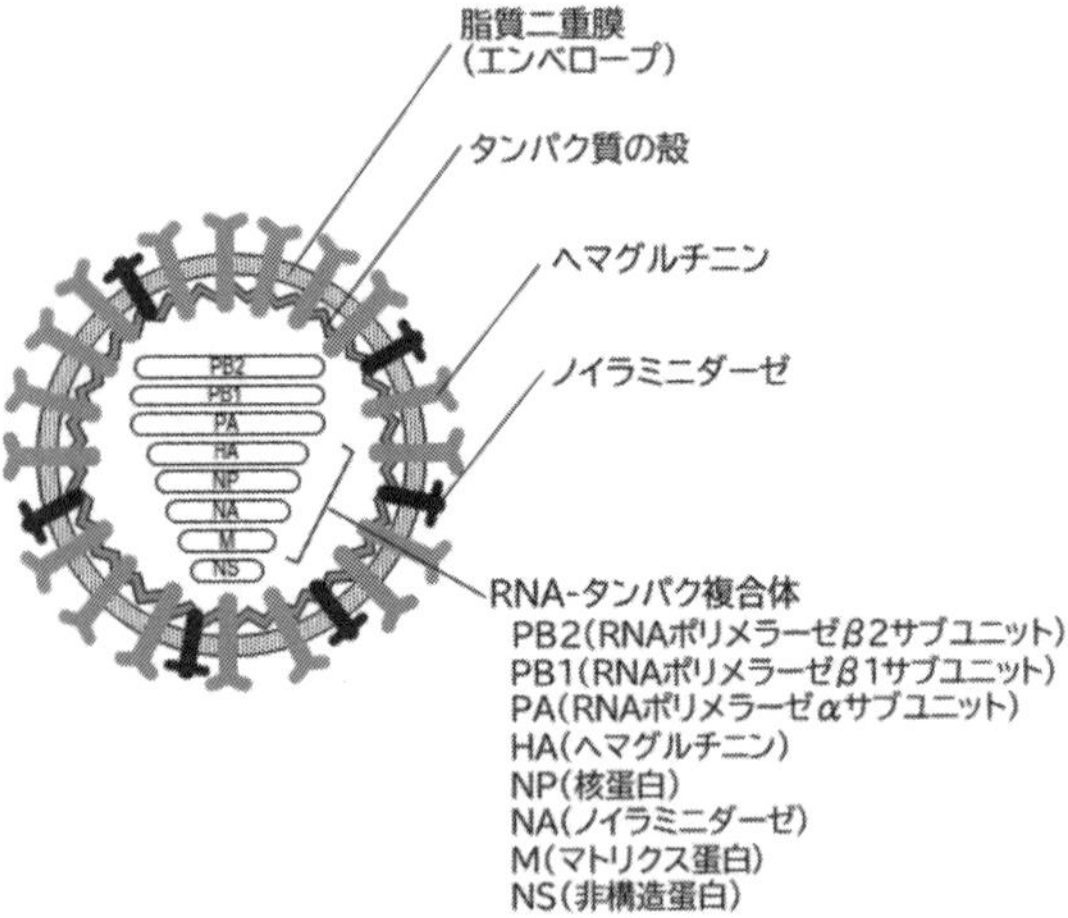

図 5–1. インフルエンザウイルスの構造

インフルエンザウイルスには、ヘマグルチニンに一八種類（H1～H18）、ノイラミニダーゼに一一種類（N1～N11）の亜型があり、ヘマグルチニンとノイラミニダーゼの組み合わせでウイルスのタイプを表すことが行われてきた。ＡＩＶの場合、H5N1、H5N6、H5N8亜型が鳥に対する致死率の高い高病原性ウイルスとして日本国内で確認されているが、二〇〇三年頃から世界的に流行しているウイルスは一九九六年に広東省で見つかったH5N1のガチョウ由来広東省（gs/GD と略される）系統に由来する。八本に分節化されているＲＮＡのうちヘマグルチニンとノイラミニダーゼはそれぞれＨＡとＮＡというＲＮＡにコードされている。残り六本のＲＮＡにも多数の変異があるため、H5N1であっても地域や宿主の違いによって多くの変異体が存在する。

　このように八本に分節化されたゲノムに多型性があるため、複数の異なった系統のウイルスが一つの細胞に感染した際に、ＲＮＡ-タンパク複合体の組

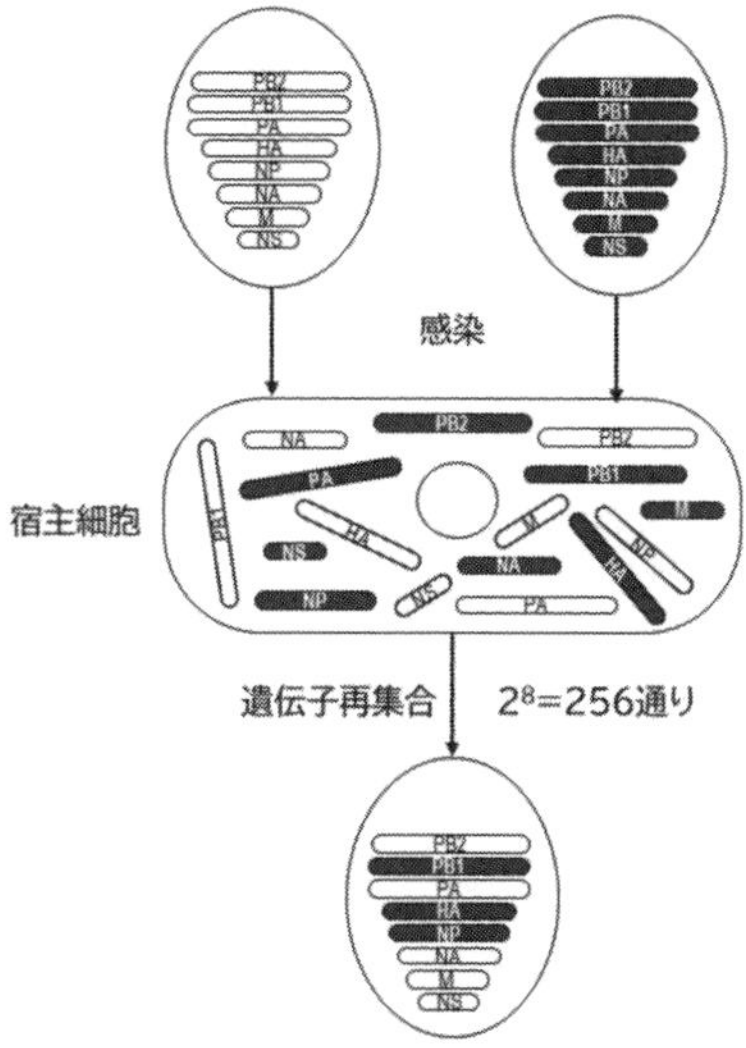

図 5-2. インフルエンザウイルスの遺伝子再集合の模式図
8 本の RNA がすべて異なる 2 系統のウイルスが一つの宿主細胞に感染した場合，256 通りの遺伝子再集合体が生じる可能性がある．図の再集合体はその一例のみを示す．

み合わせが変化する遺伝子再集合（reassortment）が起こる。もちろん、それぞれのＲＮＡの塩基配列でも突然変異は起こるので、インフルエンザウイルスでは変異が二重に生じることになる。一九六八年に香港からヒトに流行したインフルエンザは、H3N2亜型のウイルスでブタ（鳥とヒトのウイルスが感染し得る）において遺伝子再集合したのではないかと言われていたが、ブタが媒介した確証はない。[5] 現在主流となっているH5N1亜型の鳥インフルエンザも、前述の一九九六年のgs/GD系統のウイルスが、中国南部の生鮮市場で生きたまま売買されるガチョウ、ニワトリ、アヒル、ウズラなどの家禽の間で循環し、遺伝子再集合が頻繁に起き、そこから感染性の強い系統が大量飼育の工業的畜産のなかで自然選択されてきたと考えられている。[6] さらに二〇〇〇年代には、その高病原性のウイルスが本来の宿主である水鳥（カモ、ガン、ハクチョウなど）に再感染して、それらの季節的な渡りによって世界中に拡散したらしい。

複数種の動物が生きたまま接触する場として、中国、台湾、タイ、ベトナム、インドネシア、シンガポールなど、東および東南アジアの都市部に見られる生鮮市場（wet market）がある。英語のウェットは、衛生状態を維持するために市場の床を定期的に洗浄しているため、つねに床が濡れていることを意味している。長い濡れた廊下を挟んで個人経営の小規模店が並ぶ構造で、コンクリート造りで複数階層の大きな施設もある。商品は野菜や果物のほか、肉や魚介、生きた小家畜としてニワトリ、アヒルなど、そして生きた野生動物である。インフルエンザウイルスの系統分析に関する研究では、これらの市場の家畜や野生生物を材料に用いてウイルスを検出している。

新型コロナウイルス感染症（COVID-19）で有名になった武漢市の華南海鮮卸売市場も、遺伝子再集合によるインフルエンザウイルスの変異が起こる場所である。この市場は、武漢市の漢口駅の南側、発展大道の北に新華路を挟んで東西に分かれ、合計五万平方メートルの面積に一〇〇〇店以上の小店舗を収容していた。西側の棟は南北に走る太い廊下に直交する一五の街（廊下）に二二店舗が東西に並ぶ。西棟だけで六〇〇店舗が入っていた。生きた動物を売っていたのは、この西棟の廊下の西側の六街から一〇街まで約五〇店舗ほどの区画であり、この区画とその周辺で得られた環境サンプルにおいて新型コロナウイルスのPCRで陽性反応が出ていた。[7]

この市場で二〇一七年五月から二〇一九年一一月までの間に、生きた野生動物を販売した一七店を調査した研究[8]では、三八種計四万七〇〇〇個体が市場で売買されていた。哺乳類ではタヌキ、アナグマ、ウサギ、ハクビシン、ハリネズミ、ヤマアラシ、キョン、ヌートリア、アカギツネ、ミンク、イノシシ、ミミゲモモンガなどが、鳥類ではカラス、カノコバト、カササギ、ハッカチョウ、イワシャコ、コウライキジ、クジャク、ホロホロチョウが生きて店頭に並べられていた。動物のケージは金網や檻で市場の床に並べられていて、動物の唾液や糞尿の飛沫から、あるいはそれらを水やネズミが媒介して相互に感染するリスクがあることは否定できない。

このように、ウイルスの起源を辿ると、「柵の強度」が弱い開放的な巨大市場で多種の生物が相互作用する環境があり、そこで新しい多様なウイルスが発生するという状況があると考えられる。しかし、その多様なウイルスからエンデミック、そしてパンデミックとなる特定のウイルスの系統が自然選択される過程には、〈均質化〉された鶏の近代品種が閉鎖的なニッチで飼養される大規模畜産が関わっているのではないだろうか。すなわち、多種が接近する開放的な巨大市場と閉鎖的な巨大飼育場の間をウイルスが循環することで、感染力の高い系統が選択される。それが野生生物や人間を介して、ウイルスの発生地から日本へと持ち込まれる。そこで次の節では、AIVが選択される場、鳥インフルエンザが発生する場のモデルとして、採卵鶏を用いた工業的な鶏卵生産について見ていこう。

卵を生産する場——人間が構築する物理的ニッチ

世界の採卵鶏のハイブリッド種鶏市場が、ドイツのEWグループとオランダのHGグループの寡占状態であることを第1章で述べた。日本の輸入企業はどちらかのグループから原種を購入して種鶏を

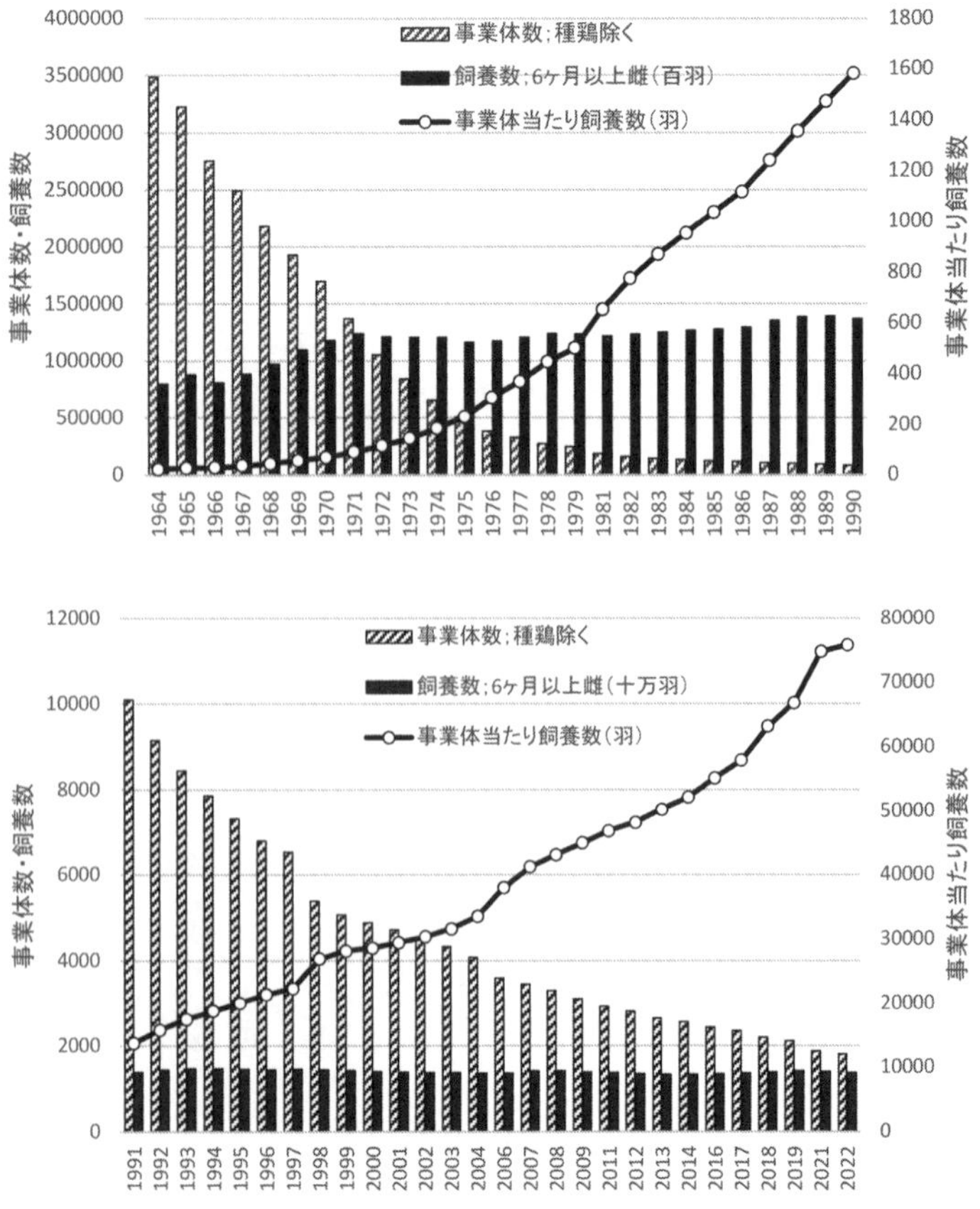

図 5-3. 日本における採卵養鶏の大規模化
農水省畜産統計に基づく．1991 年以降の数値は成鶏雌「300 羽未満」の飼養者を，1998 年以降の数値は成鶏雌「1,000 羽未満」の飼養者を含まない．小規模経営は統計でも切り捨てられた．

生産し、その種鶏を掛け合せて生まれたハイブリッド採卵鶏が鶏卵企業に販売される。最も多く鳥インフルエンザが発生しているのは、この鶏卵企業の養鶏場ですべてケージ飼いである。

農水省の畜産統計によると、二〇二二年の採卵鶏の飼養羽数は成鶏めす（六か月齢以上）で一億三七二九万羽、飼養事業者数（種鶏のみの事業者、飼養数が一〇〇〇羽未満の事業者を除く）は一八一〇であり、一事業体あたりの平均飼養羽数は七万五八〇〇羽であった。一九六四年では一戸当たり二三羽であったので、現代の養鶏場が巨大化していることがわかる。二〇二二年〜二三年の鳥インフルエンザによる防疫措置（殺処分）数で最大のものは、二〇二二年一二月に発見され開始された青森県三沢市の養鶏場における一三七万羽、次に二〇二三年一月の新潟県村上市における一三〇万羽であった[9]。どちらも自衛隊の災害派遣を受けている。

このように巨大化した養鶏場は、アジアの生鮮市場とは異なり、最新の設備で感染症対策を実施している施設が多い。三沢の養鶏場の場合、場内に四七の鶏舎と四棟のGPセンター（卵の等級分け grading と包装 packaging を自動で行う施設）がある。通常、大規模養鶏場では鶏舎からGPセンターまでインラインと呼ばれるベルトコンベアで卵を運ぶため、各施設は密集して建てられている。三沢の場合も同様であったと思われる。また、インフルエンザが見つかった鶏舎はウインドウレス鶏舎の一つであった[10]。

窓のないウインドウレス鶏舎は、一九八〇年代から飼養羽数が増加して鶏舎が大型化するに伴って急速に普及した。元来、この鶏舎は欧州や北米の高緯度地方で、自然日長から隔離して日長時間を確保し、同時に温度と換気を制御することを目的に開発された。ニワトリは光に反応して産卵し、秋から冬の短日になると産卵を止めるからである。しかし、市場での価格競争や安定供給への圧力のもとで経営の効率化を追求するために、大規模化と自動化を推進する技術がウインドウレス鶏舎に付加されていった。すなわち、照明、温度、換気に加えて、給餌、給水、集卵、集糞が自動化され、さらにそれら全体をコンピュータ制御するシステムである。

農水省の岡崎種畜牧場が一九八八年から八九年にかけて、東海・近畿地方一二府県の先端的なウインドウレス鶏舎を調査した。[11] 最も先端的な事例では、鶏舎の両妻または片妻に設置した換気扇で天井裏の空気を陽圧にして舎内へ流し、外壁と断熱壁の間を通して排気する。吸気口にフィルターを付けることで昆虫類の侵入を防止できる。ケージは雛壇状に四段設置され、一ケージ（四五×三五×四三センチメートル）当たり五羽の鶏を収容する。給水はニップル式、除糞はベルト式、集卵も自インライン・システムで自動化されていた。当然、設備費は高くなるため、一羽当たりの経費を二〇〇〇から三〇〇〇円に抑えるには鶏舎一棟当たり一万三〇〇〇から一万六〇〇〇羽収容する必要があるという。さらに、一〜二年の排卵終了後に鶏舎を空にして消毒する（オールアウトと呼ばれる）期間を三か月考慮すると、年間安定的に生産を継続するためには鶏舎が四棟必要となることから、経済的に合理的な養鶏場の規模は五万羽以上となる。ウインドウレス鶏舎は大規模化を促進するのである。

鶏病研究会が[12]二〇〇七年に行った調査でも、開放型鶏舎の平均一・一万羽（坪当たり三九羽）に対して、ウインドウレス鶏舎は平均三・八万羽（坪当たり一二〇羽）で三倍以上であった。収容密度についても、一羽あたりケージ面積が開放型鶏舎は五一四、ウインドウレス鶏舎は四一八平方センチメートルであった。ウインドウレス鶏舎は高密度化も促進する。[13]

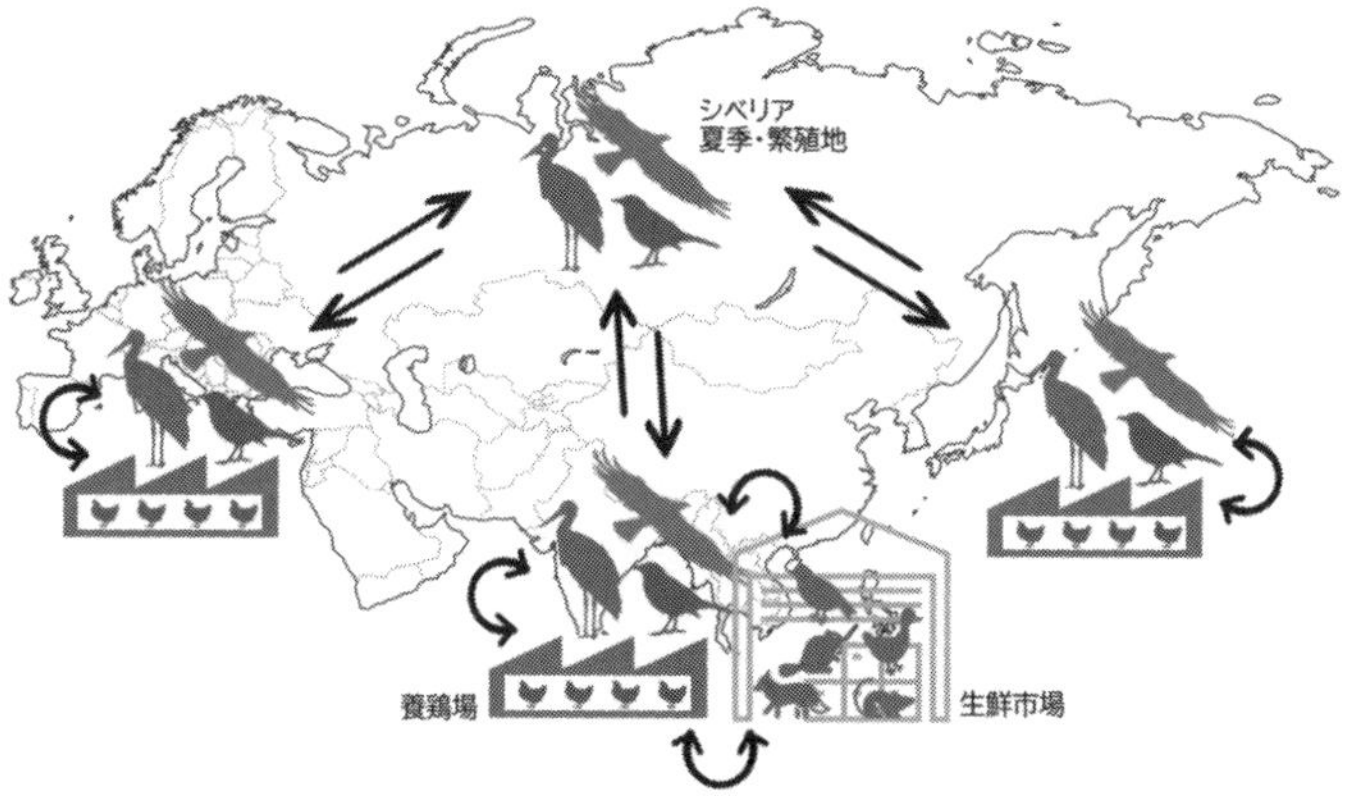

図 5-4. 鳥インフルエンザの感染と遺伝子再集合の推定される経路
渡鳥が夏季に繁殖するシベリアから冬季に越冬する地域に飛来し養鶏場や生鮮市場で家畜や他の野生生物と遺伝子交流する．結果として，インフルエンザの RNA は水鳥と陸鳥両方の野鳥，家禽，哺乳類，ヒトなど多種間を循環しながら遺伝子再集合を繰り返し，変異し選択されていく．

自然環境から隔離されているように見えるにもかかわらず、収容羽数と密度が増加し、設備が複雑化することで、インフルエンザに限らず細菌やウイルスによる感染症のリスクは低下しない。F1ハイブリッドである採卵鶏は遺伝的に〈均質化〉されており、感染は鶏舎全体、そして養鶏場全体に容易に拡大する。鶏病研究会の報告は、(1)大型化により複数の種鶏群から雛を導入することによる介卵感染症（サルモネラ症等）のリスク増大、(2)同じ理由による種鶏からの移行抗体のバラツキによるワクチン効果の低下、(3)立体多段方式のケージによる換気不良、(4)設備の複雑化による故障・老朽化・人為的ミスの発生、(5)同じ理由によるオールアウト後の消毒・観察・ネズミ対策の困難さ、(6)集糞ベルトが鶏の頭上を通る場合に糞を介した感染を招く危険性、以上を指摘している。[14]

ベルトコンベアによる給餌・給水・集卵・集糞は、鶏舎外部との連絡経路が残っていることを意味する。実際に、二〇一八年から一九年の間に、自動化された給餌システムにカワラバトの死骸が混入していた事例が三件報告されている。[15] この混入は鶏舎内で起きたのではなく、飼料を搬入する際にカワラバトが侵入して死亡しベルトコンベアで鶏舎内へ運ばれたと考えられた。カワラバトは高病原性鳥インフルエンザに感受性が低く、感染しても軽症または無症状のままキャリアとなる点も留意すべきであろう。飼育される雛もまた外部から移入されている。そして野生生物によるウイルスの搬入である。能動的なもの、受動的なものも併せて、鶏舎への生物やウイルスの移動を〈移転〉と考えよう。

本章冒頭に述べたように、二〇二二年のシーズンにおいて野鳥と哺乳類でＡＩＶが検出されている。大学、国立研究開発法人、そして野鳥の会の専門家からなる疫学調査チームがまとめた二〇二一年秋から二二年春にかけての報告では、全国で一三種、九八例、四五五個体で感染が確認された。[16] 多い種は主要宿主とされる水鳥のカモ類（ハクチョウ類・ガン類・カモ類）が五種、猛禽類が五種、そしてカラスである。哺乳類への感染事例は、感染したハシブトガラスの回収地で見つかったキツネとタヌキである。ウイルスは、H5N1亜型が八三例、H5N8亜型が八例、H5のみ確認が一六例であった。H5N1亜型のＲＮＡの遺伝子型では20E1という系統が野鳥と家禽の両方で最も多かったが、これは二〇二〇年にヨーロッパで流行したH5N8亜型ウイルスが翌夏シベリアで野鳥のＲＮＡと遺伝子再集合して日本に移動し、養鶏場という人為的なニッチへ侵入したと考えられている。[17]

化学的・生物学的なニッチ――抗菌薬とワクチン

物理的な隔離が不十分であることから、養鶏産業は抗菌薬とワクチンによって化学的・生物学的な「柵の強度」を高めてきた。遺伝的に〈均質化〉されていることは抗菌薬やワクチンに対する反応性も均一であることが期待されるので、工業的な大規模養鶏に適した方法である。これらの対策も、耕種農業における除草剤や殺虫剤のように、人間が対象とする生物を他の種から隔離した領域に囲い込むニッチ構築であるとみなすことができる。

抗菌薬（抗生物質を含む）は動物用医薬品や飼料添加物として、養鶏を含む畜産で幅広く用いられてきた。採卵鶏では、ブロイラーよりは少ないものの、カナマイシン、テトラサイクリン、スルファモノメトキシン（サルファ剤）などが用いられている。抗菌薬を多用すると薬剤耐性菌が出現する。採卵鶏から採取した大腸菌やカンピロバクターで、カナマイシンやテトラサイクリンへの耐性が報告されている。すでに採卵鶏には使用できなくなったが、フルオロキノロン系の抗菌薬に対する耐性菌もブロイラーで問題になっている。[18]

薬剤耐性菌は、養鶏経営上の問題のほかに、それがヒトの感染症治療上の障害となる点で問題視される。世界保健機関（WHO）は「薬剤耐性に関するグローバル・アクション・プラン」を二〇一五年に採択し、二年以内に自国のアクションプランを策定することを加盟国に求めた。日本政府は二〇一六年から「薬剤耐性（AMR）対策アクションプラン」を策定し、ヒト医療分野に加えて獣医療、畜水産、農業、食品衛生、環境など幅広い分野を統合して薬剤耐性に対する取組を進めてきた。畜産分野では、ワクチンや免疫賦活剤の開発・実用化支援、飼養衛生管理の徹底によって、抗菌剤に頼らない生産体制を推進するとされている。[19] また、抗菌薬に依存した飼養は、感染症に対抗する免疫系を鶏が発達させることを抑制する可能性がある。それは、鶏を細菌や真菌だけでなく、ウイルスに対しても脆弱な状態にしてしまう恐れがある。

そこで注目されるのがワクチンによって鶏の免疫機能を高める方法である。ワクチンは細菌だけでなくウイルス（抗菌剤はウイルスには効かない）に対する免疫機能も高める。鶏病研究会が策定した二〇一七年の総合ワクチネーションプログラム[20]によると、採卵鶏用に一四種類の疾病に対するワクチンが、その親の種鶏用には採卵鶏の一四種類に追加で二種類の疾病に対するワクチンが市販されている。ただし、現時点でインフルエンザに対するワクチンはない。ワクチンには単独で投与するものと、混合して投与可能なものがあり、さらに点眼・点鼻、噴霧、飲用水へ混入等により投与できる生ワクチン（弱毒化したウイルス）と、アジュバント（ワクチンの免疫賦活機能を高める補助物質）と混ぜて注射する不活性化ワクチンがある。これらを組み合わせる場合には、投与スケジュールは非常に複雑で煩雑になる。

例えば、ニューカッスル病（ND）ウイルスに対するワクチンの投与スケジュールでは、採卵鶏の生後一〜四日、一四日、二八日に生ワクチンを点眼・点鼻し、六〇日、一一〇〜一二〇日に生ワクチンまたは不活性化ワクチンを投与することが推奨されている。このときに、鶏伝染性気管支炎（IB）ウイルスに対する生ワクチンを同時にそれぞれ単独投与する場合には、干渉作用によって効果が抑制される場合があるため注意が必要である。ちなみに、採卵鶏の産卵開始は生後一五〇日頃からであるので、ワクチン投与は産卵開始前に終えるものが多い。

問題のＡＩＶについては、前述のように、欧米や日本ではワクチン投与を行ってこなかった。しかし、鶏や卵の生産が農業者の生計を支え、住民の主要なタンパク源となっている国に対しては、ＦＡＯやＷＯＡＨも適切な監視プログラムの下でのワクチンの利用を認めてきた。[21]

多くの国でワクチンを使ってこなかった理由の一つは、感染の診断が難しくなる点である。ＡＩＶに感染した個体を簡易検査（ヒトインフルエンザの診断で用いられるのと同様な抗体検査キットを使用して鶏の気管や排泄腔のぬぐい液（スワブ）を検査する）で診断する際に、ワクチンを接種しているとウイルスに対する中和抗体ができるため、感染していなくても陽性反応が出てしまう。このようにならない、つまりワクチンを接種した動物と感染動物を簡易検査で区別できるタイプのワクチンをＤＩＶＡ（differentiating infected from vaccinated animals）ワクチンと呼ぶが、その開発は最近まで進んでいなかった。もちろん、感染の診断にはＰＣＲ検査やＲＮＡ塩基配列の解読も用いることができるが、コストや時間の点で全面的にＰＣＲ検査を行うことは現実的ではない。結果として、ワクチン接種によって感染の把握が遅れ、ウイルスの拡散や特定の方向への変異を促進してしまうことが起こり得る。

実際に、ワクチンを接種したエジプトとインドネシアで流行したＡＩＶのヘマグルチニン（ＨＡ）ＲＮＡ塩基配列における置換[22]を、ワクチン接種を行っていないナイジェリア、トルコ、タイで発生した同ウイルスと比較した研究では、エジプトとインドネシアのウイルスでは相対的に塩基の置換速度が速く、また正の選択を受けているアミノ酸が多いことが報告されている。ワクチン接種の有無でウイルスの進化に差が生じることが示唆されている。[23]

ワクチンを使わないもう一つの理由は、感染した鶏が市場に出ることへの不安が貿易上の障壁となり得ることへの懸念である。これまで、H5N1亜型のウイルスがヒトに感染した例は少なく、生きた感染動物やその排出物と直接接触したケースに限られ、ヒトからヒトへの感染はない。ヒト以外の哺乳類でも同様である。[24] 鶏肉や卵の消費を介した感染は考えにくいが、消費者は受け入れないだろう。前述のように簡易検査で区別ができないとすると、ワクチンを投与した鶏のなかに感染個体が含まれる可能性への疑念が生じる。そこで、米国や欧州はワクチン接種国から鶏肉や卵を輸入しない。それに対応するために、米国やタイなどを含む鶏肉の輸出国はワクチンを接種しない。[25] それらの非接種国から鶏肉を輸入する日本のような国も、それらと競争する国内養鶏業を守るためにも国内でのワクチン接種を認めない。このように貿易を介して、AIVワクチンの非接種が世界的に固定化した。そのなかで、シンガポールや台湾などに向けて鶏卵を輸出し始めている日本には、ワクチン接種に慎重になる理由が増えることになる。

しかし、感染した鶏を区別できるDIVAワクチンも開発が進んできた。中国はワクチン接種によって鳥インフルエンザの大規模な発生を抑制し、ヒトへの感染も抑え込むことに成功した。そして何よりも、鶏への感染力が強いH5N1 2.3.4.4b. 系統のウイルスによってパンデミックとも呼べるほど被害が拡大し、野鳥も大量死しているという現状から、二〇二二年頃から欧州各国やWOAHはワクチンを接種する方向へ政策を転換しようとしている。固定化した非接種の慣行を見直すためには、米国を含む国際的な協調が必要だという。[26]

採卵鶏養鶏における動物福祉の問題

ここまで、鳥インフルエンザの流行について、ＡＩＶの変異と採卵鶏養鶏のニッチの関係として概観してきた。次はニッチ構築の理論的検討を行うが、その前に、ワクチンを接種しない養鶏では感染が確認された養鶏場のすべてのニワトリを殺処分していることもあり、採卵鶏養鶏産業における動物福祉（アニマルウェルフェア）の問題について触れておく必要があるだろう。

生産過程の順で考えると、採卵鶏では孵化した雛のうち雄はすぐに殺処分される。雌雄への産み分けがなければ、半数の命は失われることになる。さらに現行のケージ飼育はニワトリに過剰なストレスを与える点で問題視されている。「卵を生産する場」の節で紹介したケージは金網製のバタリーケージと呼ばれるもので、ニワトリの生態を考慮した動物福祉の観点から、二〇一二年にＥＵでは禁止となった。その代わりにＷＯＡＨ（当時の略称はＯＩＥ）が二〇一八年に提案した改良型ケージの基準では、一羽あたりの面積を増やし、ケージ内に止まり木と巣箱を設置することが盛り込まれていた。この基準を国内に導入しないように、養鶏業界団体の元代表が当時の農林水産相に賄賂を渡したことが二〇二〇年末に発覚したものがアキタフーズ事件であった。農水省は「卵の衛生管理が難しい」「寄生虫の増加につながる可能性がある」との基準への反対意見をＷＯＡＨに提出していた。[27]米国も同様に反対したこともあり、ＷＯＡＨの基準は結果として非常に緩いものとなった。

同様に、農水省の下で畜産技術協会が二〇二〇年に定めた「アニマルウェルフェアの考え方に対応した採卵鶏の飼養管理指針（第５版）」[28]においても、ケージ飼育やウインドウレス鶏舎を容認している。欧州で進められていた改良型ケージも紹介されているが、「改良型ケージを大型化すると、グループサイズの増加や砂浴び場での競争等により、羽つつきや敵対行動が頻発し、生産性が低下するという問題も示唆されている」との注釈付きである。

しかし、欧州やオーストラリアの消費者から動物福祉を求める声は大きかった。ＥＵでは二〇一八年に欧州市民イニシアチブ（ＥＣＩ）[29]として「ケージ時代を終わらせる（End the Cage Age）」が登録され、その後一〇〇万人以上の署名を集めて欧州委員会に提出された。これを受けて欧州委員会は二〇二一年に、採卵鶏だけでなくブタやウサギなど中小家畜のケージ飼育を禁止する法案を二〇二三年末までに欧州議会に提案するとした。このような動きから、採卵鶏においても、国や企業主導で独自にケージを禁止して平飼い（多段式のエイビアリー鶏舎[30]を含む）へと移行する試みが現れている。[31]

ただし、平飼いに転換しても飼育密度が高ければ（鶏舎の単位面積あたりの飼育数が多いならば）、動物福祉は改善しない。ウイルス感染のリスクも軽減できない。飼育密度を下げることで、抗菌剤や多種のワクチンへの依存は多少改善できるかもしれない。ただし、現在のように強毒化したＡＩＶへの感染を予防することは非常に困難であると思われる。

そのほか、鶏同士の羽つつき行動による傷害を防ぐため、日本では雛の段階で嘴（くちばし）の切断（デビーク）を一般的に行っているが、動物福祉の観点からは問題となることから欧州では禁止した国が多い。デビークを行っても羽つつき行動自体が減るわけではなく、その被害が軽減されるだけである。ところが、前述のアニマルウェルフェアに対応した指針はデビークを推奨しているように読める。デビークを行っていない鶏を用いた羽つつき行動の要因に関する研究では、飼養密度が高く、敷料（平飼いの場合に鶏舎の床に敷く物で一般的にはオガクズが用いられる）の状態が悪い（湿っていたり、アンモニア濃度が高かったりする）と雛の段階での羽つつきの頻度が高まり、さらに抱卵鶏の段階になると敷料の状態に加えて、鶏舎内に自由に動けるスペースや止まり木や巣箱などの付属物が少なかったり、雛の時期に羽つつきをされていたりすると、羽つつきの頻度が高くなるとの報告がある。[32] すなわち、鶏の本来のニッチに近い状態で飼育することにより羽つつきは減少し、デビークは不要になると考えられる。

動物福祉を単に功利主義的な人間の倫理を動物に拡大するということではなく、その動物が能動的に自らの環境を構築できることを確保することと捉えるならば、ドメスティケーションにおける一つの合理的な動物と人間の関係のあり方を示すものとなるのではないだろうか。そのような意味で、動物福祉は以下で述べるニッチ構築理論にとっても重要な視点であると思われる。

ニッチ構築理論と拡張総合説（EES）

ニッチ構築は生物が環境を改変することであり、結果として自身に対する自然選択圧を変化させる。端的に言うとニッチ構築理論は、生物と環境の相互作用が進化に影響するという考え方である。

ここでニッチとは、生物に作用する環境因子の総和であり、生物を集団として考えるならば、その集団に作用する自然選択圧の総和と定義される。これは抽象的な定義なのでちょっとわかりにくいが、具体的には「生物が実際に生活の糧を得て、他の生物から排除されず、他の生物を排除するか、あるいは共存する生物と競合することができる」「現実の空間と時間のなかにある現実の生物の生息場所」、つまり空間と時間によって表される「アドレス」である。[33]

ニッチ構築は、生物体が現在の空間的、時間的位置において環境の因子を物理的に攪乱することにより、あるいは別の時空的アドレスに移住し、したがってみずからを別の因子にさらすことにより、環境中の一つまたは複数の因子を能動的に変化させ、それによってみずからの特徴と環境因子との関係に変更を加えるときに生じる。（Odling-Smee ら『ニッチ構築―忘れられていた進化過程』、三四―三五頁）

すでにここで、攪乱と移住というニッチ構築の二つの様式が定義に含められている。例えば、ワタの害虫として第3章で紹介したワタアカミムシは、雌の成虫がコットンボール（丸莢、はじけて白い綿が出てくる前の丸い実）に産卵する。このコットンボールのなかで幼虫が生まれる。幼虫はワタの種とリントと呼ばれる繊維を食べて成長し蛹となる。すなわち、ワタアカミムシはコットンボールをニッチとして攪乱する。そして、コットンボールがはじける頃に蛹から成虫となったワタアカミムシのガは、綿花畑で交尾して次の季節のコットンボールに産卵する。これが空間と時間を移動する移住である。移住は異なったレベルでも考えることができそうである。もともとワタアカミムシはワタと同じく東アジア原産であるが、一九二〇年代に米国のコーンベルトに侵入種として広がった。これは人間や植物が東アジアから米国へ移動する際に付随して起きたと考えられるが、複数種のニッチ構築が交差したことによる移住とみなすことができるだろう。

さらにここに、Bt毒素を遺伝子組換えで生産するワタ、そのBt毒素への耐性獲得、その耐性を抑止する退避地の設計、といった人間とワタと害虫による一連の相互作用、ニッチをめぐる排除と競争と逃走が加わる。この相互作用はワタと害虫の遺伝子頻度を変化させるので、進化に影響を与える。人間の遺伝子頻度には影響はないが、〈技術〉は確実に変化している。ワタアカミムシの卵や幼虫はコットンボールの内部をニッチとするので、噴霧するタイプの農薬は効果がない。そこで、不妊の成虫雄の放出や害虫抵抗性の遺伝子組換えBt毒素産生ワタが防除の技術として重要になった。さらに耐性を生じさせないために、退避地の設計が行われた。

本章の冒頭で、人間によるニッチ構築が〈技術〉であると書いた。ワタアカミムシによるワタの食害、他地域への侵入、耐性獲得、退避地への移住は、〈自然〉による〈自然〉環境におけるニッチ構築である。すなわち、ニッチ構築理論は〈自然〉と〈技術〉を区別せずに、人間を含む多種の視点からそれらの相互作用を記述することを可能にする。それは生物の能動性を理論に含めるからである。この生物側の作用や条件を進化理論に取り入れたものがEESというカテゴリ化の試みである。そこで事例の詳細な解釈を行う前に、EESの観点からニッチ構築理論の特徴を見ていこう。

二〇一四年のネイチャー誌でのEESと標準的な進化総合説を議論させた企画「進化理論は再考すべきか?」[34]、二〇一七年の英国王立協会インターフェイス・フォーカス誌の特集「進化生物学の新潮流——生物学的、哲学的、社会科学的観点から」[35]、そしてスコットランドのセント・アンドルーズ大学の進化生物学者ケヴィン・レイランド(Kevin N. Laland)が中心となって作ったウェブサイト(https://extendedevolutionarysynthesis.com/)がEESという名称を使っている。このカテゴリには、(a)進化発生生物学(エボデボと呼ばれる)、(b)表現型可塑性、(c)エピジェネティクス、(d)ニッチ構築といった理論が共通して含まれ、さらに(e)マルチレベル選択、(f)ゲノミクスなどが加わる場合がある。[36]

ＥＥＳという括り方が今後も継続するかどうかは不明であり、またそれぞれの理論を論じる余裕もないが、中核となっている考え方は「生物が成長し発生するプロセスを進化の原因として認識すること」[37]とまとめられよう。これまでの、そして現在も主流である進化論の現代的総合説（modern synthesis）では、遺伝子上でランダムに生じた変異が表現型の多様性となり、それが生物を含む環境の変化によって自然選択されるというメカニズムによって、方向性のない進化を説明する。この自然選択は個体レベルで起こるが、それが集団内に蓄積されて、その集団が生殖的あるいは地理的に隔離されることで種の分化が起こるとする。さらに木村資生の中立説――自然選択されない中立的な変異も遺伝的浮動によって遺伝子頻度の変化として固定される――も含めて、現代的総合説とみなされる。その意味では、現代的総合説は遺伝子中心主義的である。

現代的総合説が生物を遺伝的変異（および自然選択）の結果であるとみなすのに対して、ＥＥＳはその結果としての細胞や生物個体やその生物が構築する環境中のニッチが、遺伝子型や表現型の変異や選択のあり方に影響を与えるという双方向的な作用を主張する。例えば、(a)エボデボの観点からは、選択可能な表現型は発生システムによって変異が制約され、その表現型をもたらすＤＮＡ塩基配列は進化の過程で保存されている（発生バイアスと呼ぶ）。その一例が、発生の調節に関連しているホメオボックスの遺伝子群であり、動植物に共通して保存されている。動物では発生の過程でこの遺伝子群が基本的なボディプラン（身体構造の形式）を決定している。では、この遺伝子はどのようにして変異が制約されているのだろうか。

現代的総合説では、遺伝子の変異と自然選択は独立した現象なので、変異によって致死的となって淘汰されるために、結果としてDNA塩基配列が保存されていると考えるであろう。しかし、ボディプランを決定する遺伝子に変異が生じても多くは致死的とはならない。それとは別に発生過程では、同じ遺伝子型でも表現型に多様性が生じる（発生ノイズと呼ぶ）ことが知られていた。これが(b)表現型の可塑性であるが、そのメカニズムの一つとして、遺伝子発現量の多寡が発生ノイズとなる可能性が考えられている。最近の研究で、発生過程のなかでボディプラン形成期は関連する遺伝子の発現量に変化が少なく、結果として発生ノイズ（表現型の可塑性）が低く抑えられていることがわかった。[38] つまり、進化の制約は環境による自然選択の結果としてだけではなく、生物自身の内的な特性によっても起こり得ることになる。

このような遺伝子発現量の制御はボディプランだけでなく、他の多くの遺伝子についても妥当する可能性がある。遺伝子発現の調節は、DNAやRNA上にあって遺伝子発現を調節するシスエレメント（cis-regulatory element）を介して行われる場合が多い。これらの部位の(c)エピジェネティックな化学修飾――DNAやRNAのメチル化・脱メチル化、ヒストン（DNAが巻き付いているタンパク質）のメチル化・アセチル化・リン酸化など――は遺伝子発現量を調節するとともに、突然変異の発生を抑制する。そして、これらの化学修飾は次世代へ継承される。

二〇二三年のサイエンス誌で、種横断的な(f)ゲノミクスの試みとして、哺乳類二四〇種のゲノムを解読して比較するプロジェクトの成果が報告された。[39] ズーノミア（Zoonomia）と呼ばれるこのプロジェクトで二四〇種のゲノムのシスエレメント候補配列を探したところ四七・五％が多くの種で共通、

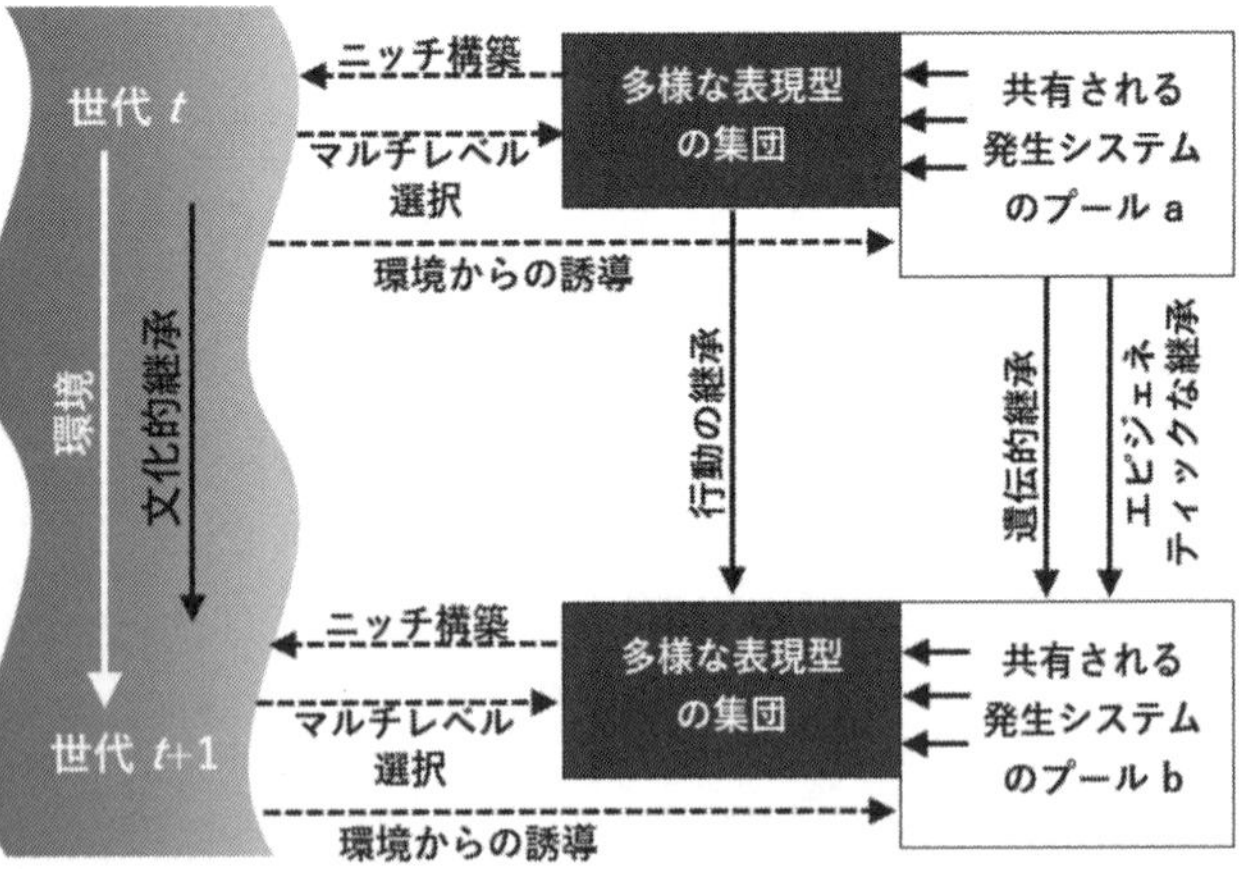

図 5-5. ESS による進化の模式図
Müller GB. 2013 Beyond spandrels: evodevo, S.J. Gould, and the extended synthesis. In Stephen Jay Gould: the scientific legacy (eds GA Danieli, A Minelli, T Pievani), pp. 85–99. Berlin, Germany: Springer. に基づいて筆者作図 .

つまりＤＮＡ塩基配列上で高度に保存されていることがわかった。保存されている部位の多くは、代謝や発生などの細胞レベルでの基礎的な遺伝子に近い配列であった。逆に変異が多い部位は、環境との相互作用に関連する遺伝子に近かった。[40]このことは、(a)発生ノイズが特定の発生過程で抑制されたり、(b)環境の影響が表現型の可塑性となって現れたりすることを説明する。

このような近年のゲノム科学の展開からも明らかなように（ゲノム情報の徹底的な解読がゲノムは単なる情報の塊ではないことを示す点が逆説的で面白いが）、現代的総合説には含まれない新しい進化についての知見が相互に関連付けられつつある。ゲノムは情報の媒体ではなく、その立体的な構造を通してタンパク質やＲＮＡと相互作用する動的な生体物質である。細胞や個体も遺伝子の乗り物ではなく、それ自体として固有の構造をもち、他のレベルの物質や組織と相互作用しながら自己組織化する。そして、生物が行う環境の改変、つまり(d)ニッチ構築された環境や文化がゲノム、エピゲノム、細胞、組織、生態の各レベルに影響を与えるとともに、その影響が継承される。そのような(e)マルチレベルでの創発と選択を通して、それぞれのレベルで生じた変異が次の時間・世代へ継承される。これがEESの描く進化理論なのだと考えられる。

ニッチ構築理論はEESのなかでも直感的に理解しやすく、生物と人間の関係として考えることが可能である。その理論がドメスティケーションから現代的な人獣感染症の問題までをどのように説明できるのか、その有効性をこれまで断片的に述べてきたニワトリと人間の関係史から考えてみよう。

ニワトリと人間のニッチ構築(1)——野生種からドメスティケーションへ

ニワトリの原種は東南アジアのセキショクヤケイで、第4章でみたように、人間の手が加わった二次林に好んで生息する。一九七〇年代の在来家畜研究会の調査では、熱帯雨林の中のゴム、チーク、竹の叢林、そしてアブラヤシのプランテーションに生息していた。優位の雄一羽に数羽の雌、さらに下位の複数の雄で群れをつくり、巣を中心としたなわばりをもって定住していたという。プランテーションのような大規模な植林以前では、焼き畑農業との関連性が指摘されている。一九六三年にタイ西部のカンチャナブリでフィールド調査を行ったUCLAのニコラス・コリアス（Nicholas E. Collias）らによると、[41] 焼き畑農業の耕作期や休閑期の開けた土地で、穀物、根菜、竹や草の芽、昆虫、カタツムリの殻など、野鶏の食べ物が豊富な場所を好んでいた。捕獲した野鶏の素嚢と砂嚢からは、クロトン、米、雑穀などの種子、昆虫などが見つかった。また、竹林を焼いた後の黒化した土地に乾期のセキショクヤケイの羽の色が保護色となり、雌が地面に巣をつくって抱卵するとしている。

ニッチ構築の観点からは、人間によるニッチ構築で撹乱された空間・時間がこの野鶏が選好するニッチとなって――第4章では野澤が「雑草的性質」と表現していた――移住が行われる。この二つのニッチ構築の間には、焼き畑によって変化した非生物相――つまり竹林が焼き払われたことによる光、温度、湿度、風、水、土壌中の有機物や元素など――の変化、そしてそこに移住する植物や無脊椎動物のニッチが介在しているであろう。セキショクヤケイは二次的な移住者の一つと考えられ、巣をつくり糞尿という有機物を排出することで環境中の土壌微生物や植物を活性化し、さらにニッチを撹乱する。

ここで、撹乱と移住の意味を確認し、さらに起動的／対抗的の区別を導入しよう。撹乱は、生物が現在生息する空間・時間において、生物が能動的に環境を物理的に変化させることである。これに対して移住は、オドリン＝スミーらによると、生物が自ら新たな場所に移動することである。撹乱や移住による生息環境の変化によって、生物は異なった環境因子に身をさらし、異なった選択を受けることになる。オドリン＝スミーらは、実際のニッチ構築では、撹乱と移住の両方をある程度伴うとも書いている。[42] すなわち、この二つは分類ではなく理念型であると考えられる。

オドリン＝スミーらは移住を「空間内を能動的に動く事例」（前掲書、三七頁）としており、ニッチの定義で示された「別の時空的アドレスに移住」（前掲書、三四頁）と微妙に異なる。恐らくこれは彼らが収集してきた事例の多くが動物だからであろう。植物へ「移住」概念を適用しようとすれば、時間内の移動も考えられる。デューク大学のキャスリーン・ドナヒュー（Kathleen Donohue）は、植物が種子散布、開花時期、種子からの発芽時期といった生活史の時間を環境の変化に応じて調整することを、ニッチ構築として説明している[43]。種子散布は空間的な移動を含むが、環境における同種や多種の生物との競争や共生の状態に依存するので散布する時期が重要である。開花時期の調節は、その後の環境中での結実や種子散布を通して次世代の生活史に影響を与える。発芽時期は種子の休眠を破る発生過程の開始であり、環境条件の影響を受け、これもその後の生活史に影響を与える。

このような種子散布による異なった場所への移動、同じ場所での競争する種との関係、日照時間の変化、気候変動などによって生活史時間は変化し、それが次の世代へと引き継がれるニッチになる[44]。環境変化に対応する生活史時間の変化は、ＥＥＳで紹介した表現型の可塑性によって担われると考えられる。

したがって、移住を空間的なものに限定する必要はない。植物が適切な時期に開花したり、発芽したりすることによって、適応度の異なる生活史を能動的に構築していることも、移住として捉えることができる。このことは、脊椎動物や非脊椎動物の生活史の構築にも適用できるだろう。野生の哺乳類や鳥類であれば、繁殖期や育児期の調節は広く見られる現象である。昆虫の孵化や羽化も同様である。ドメスティケーションにおいては、発生や発達の速度が器官によって異なるヘテロクロニー（異時性）という現象が見られる。後述するように、これも時間的なニッチ構築の変化として捉えることができるであろう。

次に、起動的／対抗的の区別だが、オドリン＝スミーらは、生物が撹乱または移住を通して環境因子を変化させる場合を起動的（inceptive）ニッチ構築と呼び、変化しつつある環境因子に対抗して、

表5−1. ニッチ構築の類型化

	攪乱 perturbation	移住 relocation
起動的 Inceptive	生物が環境を改変する． 例：有機物の排出	生物が異なった空間・時間に移動する． 例：別の生息場所への侵入
対抗的 counteractive	環境に起きた変化に対抗して生物がその環境を改変する． 例：巣による温度調節	環境に起きた変化に対抗して生物が異なった空間・時間に移動する． 例：季節性の移動，生活史時間の変化

Odling-Smee ら『ニッチ構築―忘れられていた進化過程』，39 頁，表 2-1 に基づく．移住の欄の時間の追加は筆者による．

生物がその変化を妨害したり打ち消したりする場合を対抗的（counteractive）ニッチ構築と定義している。この理念型を攪乱／移住と掛け合せることで、表5−1に示す四つの類型を考えることができる。

セキショクヤケイに戻ると、人間が焼き畑で切り開いた土地やアブラヤシ・プランテーションへの侵入は起動的な移住であるが、場合によっては対抗的な移住とみなすこともできるであろう。さらに第4章で紹介した放飼されている在来鶏群への野鶏雄の一時的な侵入は、起動的な移住に含めることができそうである。野鶏と在来鶏との遺伝的交流は、当然ながら両者の共進化をもたらすニッチ構築である。在来鶏にとっては対抗的な攪乱に当たると考えられる。

セキショクヤケイの場合も生活史時間は環境に依存して変動する。時間に関する対抗的移住である。西田のタイとフィリピンでの調査によると[45]、採食行動は早朝と夕方で水飲み場や人家近くに現れ、夜は樹上に止まっている。繁殖期は緯度と標高に依存して変動し、かつ雨期と乾期の区分のはっきりしたところでは乾期に限られ、産卵数は五〜八個であるとする。また、繁殖期と非繁殖期では羽の色も異なり、前者では赤みが強いが後者では全体に暗い色になる。

現代の改良品種では繁殖期はなくなって周年繁殖となり、一年で三〇〇個も産卵する。産卵は日照時間に影響されるので、照明による管理が行われる。野生種の生活史時間と産卵数がドメスティケーションと品種改良によって大きく変わったことが了解されるであろう。

次に、このセキショクヤケイがどのようにドメスティケーションされたかである。しかし、ニワトリの骨は小さいために地層間を移動しがちで、遺跡が高温湿潤な亜熱帯～熱帯地域にあるために古代DNAを化石から抽出することも困難であることから、家畜化された年代を推定することは難しい[46]。さらに、東南アジアでは野鶏とニワトリとの遺伝子交流が継続的に起きているため、野鶏、ニワトリ、その交雑種を骨の化石から識別することも困難である。そのような状況下で、過去の考古学的データに加えて標本の放射性炭素年代測定を徹底的に実施し、出土した状況――雛や他の非食用の野生生物の骨が無いこと、人間の墓地で意図的に廃棄されていること――から家畜化の推定を行うことで、八九か国に及ぶ六〇〇件以上の出土標本を横断的に調査した研究が、二〇二二年にルトヴィヒ・マクシミリアン大学（ミュンヘン）の古生物学者ヨリス・ペータースを筆頭著者として報告された[47]。

この報告では、セキショクヤケイからニワトリへの家畜化は、これまで考えられていたよりもずっと遅く、最も確実な事例としては紀元前一六五〇年～一二五〇年のタイ中部であるとしている。この家畜化がどのようにして起きたかは不明である。推測されていることは、コメと雑穀を栽培する集団が中国南部から東南アジア半島部へと拡散し、その天水栽培のための（焼き畑によって）開けた耕地や休耕地へ野鶏が侵入したことが契機になったのではないかというものである。もっともこの推測の根拠は、前述したコリアスらが一九六三年にタイの野鶏を調査した一九六七年出版の論文[48]である。

コリアスらはマレーシアの先住民やタイのカレン族に、セキショクヤケイの巣から卵を持ち帰って孵化する習慣があることも報告している。成鳥になると森へ帰って行くが、時に村に戻って在来鶏と交雑するという。やがて、森の奥へは帰らずに集落の周辺で棲息するようになり、人間に対する警戒心が徐々に薄れていくことが家畜化へとつながっていたと推測している。第4章の冒頭で見たオオカミの家畜化と類似していると言えよう。同時に、家畜化によって愛玩、宗教儀式、闘鶏、狩猟、食用といった人間側の需要が生まれ、それがさらに家畜化を促進したと考察している。家畜化は動物と人間の双方向的なプロセスであることが確認できる。

第4章の二番目の節で、メリンダ・ゼーダーがドメスティケーションをニッチ構築理論から説明していることを述べた。ゼーダーは、ニッチ構築がドメスティケーションにどのように関わるかを、共進化（coevolution）、生態的継承（ecological inheritance）、共働（cooperation）の三つの観点で論じている。[49]ニワトリの場合はどのように考えられるだろうか。

共進化は、双方向的な作用によって相利共生が可能になるところから始まる。人間が切り開いた焼き畑の起動的撹乱のニッチに、前述のようにセキショクヤケイが起動的移住し、例えば、人間がその卵を孵化させて成鳥に育てることを繰り返して、集落に留まって庭先に居住するニワトリに変わっていくとする。これは、ヤケイのニッチと人間のニッチがそれぞれ対抗的に少しずつ重なっていく過程であろう。家畜化が進んでも東南アジアの在来鶏は庭先放飼なので、両者のニッチは完全に重なることはない。ニワトリのニッチでは、昼間は集落近くのヤケイが居住する二次林を歩き回って採餌し、ヤケイ集団との接触も行われる。それでも、夜になると集落に戻ってきて安全を確保し、穀物の餌にも事欠かない。これはヤケイのときにはかかっていた自然選択圧が減少することにつながる。

安全な環境は警戒心や敏捷性を減少させ、豊富な食料は成熟を早める。抱卵時のリスクが低下することも産卵数を増やすであろう。オオカミの家畜化はヘテロクロニーの一種であるネオテニー（幼形成熟 neoteny）を引き起こすことが知られている。ニワトリの場合も、性成熟が早期化し、繁殖期の季節性が薄れて周年繁殖が可能になっている。スウェーデンのウプサラ大学のルビン（Carl-Johan Rubin）らの研究グループは、ニワトリの近代品種では光周性に関係する胸腺刺激ホルモン受容体の遺伝子に変異が起きているが、セキショクヤケイではみられないことを見出した。[50] この変異は、日照時間が短くても産卵が可能になることに影響していると考えられている。[51]

人間の側は、愛玩、宗教儀式、闘鶏、狩猟、食用などの需要を喚起されることで、ニワトリに関する文化を発展させ、肉や卵の利用による栄養改善も進むであろう。アジア全体に広がる闘鶏は文化の一例であり、恐らく最初の育種——非意図的な交雑も含めて——は闘鶏用にヤケイをニワトリに交雑することとして行われたと考えられる。[52] 中国では紀元前二〇〇〇年代に孵卵器も発明され、ニワトリの飼養に化石燃料を用いた投資が行われた。ゼーダーの共進化という枠組みでは、人間側は必ずしも遺伝的な意味での進化ではなく、文化としての行動や組織の変化と考えている。

生態的継承は、構築されたニッチが後代へ継承される、つまり次世代の生物が同じニッチを使うことで選択圧の変化が継続することを意味し、ドメスティケーションの進行に必須である。家畜化初期では、ニワトリはヤケイから継承したニッチで採餌や子育てをしながら、人間が提供するニッチでも休息や抱卵をする。そこで人間側が、給餌の量や頻度を増やしたり、鶏舎をつくったりすることによって、人間の構築したニッチに徐々に移住していくかもしれない。それは、ニワトリの行動や外観だけでなく、エピジェネティックおよびDNA塩基配列におけるゲノムの変化を促していく可能性がある。人間による飼養方法のようなニッチの場合は生態的継承と言うよりは、鶏舎のような人工物、闘鶏のための組織、生きたニワトリや生産物を売買する市場を含めた文化的継承と呼ぶべきであろうか。このような生態的および文化的継承を可能にするための仕組みが次に述べる共働である。

共働は、ニッチ構築に伴う利益とコストの配分に関わる。自然生態系では、ニッチ構築から利益を得る複数の種や集団の間での相利共生的な働き、つまり共働が、ニッチの長期的な継承につながる。そして、さらに世代間での共働により、ニッチはより堅固なものになっていく。ドメスティケーションの場合は、ニッチ構築を主に担うのが人間であることから、社会の内部での共働を可能にするための仕組みが重要である。ニッチの構築に費やした投資が大きくなればなるほど、そのニッチからの利益を最大限に引き出そうとする。したがって、穀物と人間、ニワトリと人間の場合、最初は焼き畑農業を行って移動する半狩猟採集民だったものが、定住してニッチ構築の利益を長期的に享受しようとするようになる。

この共働の仕組み、つまり社会的な組織化の形態が村落共同体であり、後には、スコットが主張するように、共働というよりは暴力的な組織化を行う国家である[53]。さらに、第3章で導入した市場的配置もまた共同体とは異なる原理による組織化である。第3章の図3-2に示したドメスティケーションに関するゼーダーの考え方に見られるように、ニッチ構築に人間が重度の投資を行うことによって、生物は人間なしで生存することが難しくなる。その過程は同時に、ドメスティケートされた生物への依存性が高まり、その生物資源の所有権が制度化される過程でもある。家畜（livestock）とは、生きている（live）財産（stock）なのである。

ニワトリと人間のニッチ構築(2)――工業的養鶏

近代品種を用いた工業的な養鶏においては、人間によるニッチ構築が強力になり、ニワトリ側からのニッチ構築を複数のレベルで制限している。

ヤケイの繁殖期に季節性があることは、日照時間や気温といった自然環境のなかでのニッチ構築であり、前に述べたように産卵を次の季節へと時間的に移住することで自らの生活史を構築する。人間はこの光周性を利用して、窓のないウインドウレス鶏舎で人工照明の時間を管理することによって、一年中産卵するニワトリを作り出した。ルビンらの研究で見つかった胸腺刺激ホルモン受容体遺伝子の変異は八種類の近代品種に共通していたが、これが家畜化の初期起きていたのか、近代以降の産卵数による人為選択によるものか、それとも二〇世紀初頭から一般化した照明管理によるものかは不明である。いずれにせよ、人間側は照明設備や電力に新型鶏舎など、少なくない投資を行っている。

産卵したニワトリが巣のなかで抱卵する行動を就巣性と呼ぶが、これは脳下垂体ホルモンのプロラクチン遺伝子の影響を受けることが古くから知られていた。就巣性がない採卵鶏である白色レグホンや第1章で述べたハイライン社のハイブリッド鶏では、プロラクチン遺伝子の発現を制御するプロモーター部分に変異が起きている。[54] 就巣性のある食用鶏や在来鶏ではそのような変異は見られていない。採卵養鶏では抱卵行動は経済的にマイナスになる（抱卵中は卵を産まない）ので、この変異は採卵鶏の選択過程で生じてきたと考えられる。巣をつくって子育てをすることは鳥本来の重要な起動的ニッチ構築行動であることから、近代品種の育成過程で人間によるニッチ構築の抑制が行われてきたことを意味する。

そのほか、人間による強制的な住環境の設定――高い飼育密度、狭い金網のケージ、止まり木や砂場の不在など――はニワトリによる起動的なニッチ構築を困難にすることから、ニワトリにストレスをもたらす。その一つの帰結が、動物福祉の節で述べた羽つつき行動である。これ自体も、ニワトリ個体の住環境における対抗的な撹乱という意味でのニッチ構築に当たる。しかしそこで、人間はデビークという身体的介入によって、さらにこの対抗的撹乱を抑制しようとする。

ハイブリッド鶏を用いた工業的な養鶏では、世代ごとに種鶏企業が販売する雛を購入して飼育する。もちろん種鶏企業は、遺伝的かつエピジェネティックに、場合によっては品種改良を施しながら、種鶏を継承している。しかし、養鶏経営体の視点では、購入し飼育する雛が同じ製品名（ブランドネーム）である限りは、すべて遺伝的にも表現型的にも均一な雛であり、前の世代からの継承といったものが全般にない。すなわち、ニワトリによるニッチ構築はことごとく制限され、さらにそのフィードバック先の世代間の継承関係も無化されていることがわかる。ニワトリのニッチ構築の完全な抹消（obliteration）である。

ニッチや継承関係で残るのは、人間が構築した養鶏場の設備と鶏舎、雛から抗菌剤に至る養鶏のための資材や方法など、人間側による構築物とその文化的継承のみである。これらの工業的なニッチ構築は分業が特徴であり、ここから先は生物学の枠組みを超える。

採卵養鶏の経営を一つのシステムとして考えた場合、ニワトリの雛は種鶏企業、餌は飼料会社、抗菌剤やワクチンは医薬品産業、給餌・給水・集卵・集糞などのベルトコンベアは機械メーカー、照明や全体のコンピュータ制御は電機メーカー、鶏舎は建設業とそれぞれの要素についてニッチ構築する企業集団が異なっている。これらを全体として統合するものが、それらのユーザーである養鶏企業や養鶏設備企業であるが、養鶏企業は大規模化したといっても地域レベルの農業経営体であり、規模としては他の業種より小さい。機械や電気設備を組み立てる養鶏設備企業も、非上場の中小企業が多いのが実情である。したがって、すべての要素の変化を統合することは難しいため、各要素の技術がそれぞれの個別の市場のなかで異なった選択圧を受けて変化することに依存する部分が大きくなるであろう。結果として、様々な環境の変化——細菌やウイルスの感染症、気候変動、飼料原料の変化、エネルギー価格の高騰、消費動向の変化、動物福祉の考え方の変化など、そしてそれらを踏まえた鶏卵市場での価格と品質をめぐる競争——に対応して工業的に行われるニッチ構築の結果を、個々の企業へフィードバックすることは非常に難しいと考えられる。

付け加えると、同じ養鶏でもブロイラー産業の場合は、食肉加工企業が飼料や鶏舎設備の供給もセットにして垂直的統合——第1章で養蚕とブロイラーのF1ハイブリッドとして言及した——によって養鶏農業者を統合する。しかし、採卵鶏の場合は、川下の卵の販売を採卵養鶏企業自身が担うため、F1ハイブリッドの雛を供給する種鶏企業による垂直的統合は起こらない。

さてここで、工業的なニッチ構築と名付けた人間側からの作用を、生物の進化を説明するニッチ構築理論のアナロジーで理解してよいのかという問題が立ち上がる。ニッチ構築理論は、生物が外的環境を物理的に改変することが、生物自身やその進化的な選択圧にフィードバックするという考え方である。最も異なる点は、ニッチ構築理論ではなくダーウィンの自然選択説の前提である。すなわち、遺伝子のランダムな突然変異による多様な表現型に相当するものが、養鶏企業にもそれぞれの要素技術を開発する企業にも存在しないことであろう。技術の変化は、むしろエボデボ理論のように、内的に構造化された技術発展の経路依存性によって制約を受け、ランダムには起こらない。

ダーウィンの自然選択説は、一八世紀末の初期資本主義社会における生存競争のアナロジーから発想されたことはよく知られている。しかし、二〇世紀後半以降の高度に専門分化した産業構造下では、競争が行われる市場も細分化している。しかも、競争の原理が価格から資本や市場へのアクセスや技術革新へと移行するに伴って、市場の寡占性が高まった。したがって、現代の市場では多数の企業に対する選択、いわゆる市場原理ではなく、少数の企業間の資本と技術による市場占有率をめぐる闘争が変化を引き起こす主な要因となっている。

採卵養鶏の要素企業も、より大きく寡占的な市場で競争しており、採卵養鶏の現場での問題がその市場にフィードバックされることは、種鶏企業を除いて少ないと考えられる。とくに飼料と動物薬はそのような産業である。

例えば、採卵鶏用の飼料費は、農水省の「飼料をめぐる情勢」[55]によると、二〇二一年で経営コストの四八%を占めていた。採卵養鶏で主に使用される配合飼料の生産量は、年間六〇〇〇万トン程度で推移しており、日本国内で生産される全ての家畜用配合飼料二四〇〇万トンの約四分の一に当たる。この配合飼料はトウモロコシを主に大豆ミールと麦を原料としているが、その九割が輸入（トウモロコシは二〇二一年で米国が六九%、ブラジルが一六%）である。日本の飼料市場は寡占化が進んでおり、最大手のＪＡ全農が三割を占め、残りも大手商社系である。

動物薬はヒト向け医薬品の応用である。日本国内のペット向けを除く畜産動物用の医薬品市場規模は、二〇一九年で七〇〇億円程度と推定されるが、医療用医薬品は一一兆円を超える。日本企業は主に海外企業からの導入に頼っており、その海外企業は欧米の大手製薬企業またはその関連会社である。したがって、飼料や動物薬による人間側のニッチ構築では、ニッチ構築の対象となるニワトリからの直接的なフィードバックとそれに基づく継承関係が必ずしも十分には期待できないことになる。

採卵鶏に関わる感染症や動物福祉の問題を考えるに当たって、人間側の文化的継承の部分はニッチ構築理論では十分な説明ができそうにない。ただし、人間側の問題において、ニッチにおける物理的な変化、つまり市場におけるモノや人の配置が重要であることは、これまでの議論と整合する。その点を念頭に、鳥インフルエンザの問題でどのようなニッチ構築が行われているのかを見ていこう。

低病原性鳥インフルエンザとニッチ構築――ウイルスと水鳥

鳥インフルエンザ感染症には、少なくともウイルス、一次媒介者としての水鳥、二次的な媒介者である不明な生物、ニワトリ、そしてこれらの感染経路のニッチ構築者である人間が含まれる。

鳥インフルエンザウイルス（ＡＩＶ）は、カモ目（カモ、ガン、ハクチョウなど）およびチドリ目（カモメ、アジサシ、シギなど）の水鳥（水禽類）を自然宿主とするウイルスで、長年にわたって水鳥と共生（symbiosis）してきた。これらの宿主は低病原性のＡＩＶ（ＬＰＡＩＶ）に感染しても無症状である。ウイルスは宿主を殺すほど高病原性（ＨＰＡＩＶ）になると、宿主とともに死滅してしまう。したがって、ウイルスと自然宿主は共進化して、単なる寄生（parasitism）だけでなく、片利共生（commensalism）や相利共生（mutualism）を含む共生的な関係を築いてきたと考えられる。

ゲノム解析技術の進展によって、多くの微生物や動植物がつねに多様なウイルスに感染していることと、また生物のゲノムにウイルスやその感染の痕跡が含まれていることがわかり、科学者のウイルスに対する考え方はこの二〇年程で大きく変わってきた。[56] ヒトを含む動物や植物の組織には、その組織特有のマイクロバイオーム（微生物叢）があるとされているが、その一部として多様なウイルスの総体としてヴァイローム（virome、ウイルス叢）という概念も考えられている。ウイルスには細菌を宿主とするファージも含まれるので、マイクロバイオームのなかのバクテリオーム（細菌叢）とヴァイロームには相互作用があり、かつヴァイロームの一部はプロウイルスとなって宿主細胞のゲノムに潜伏する。したがって、細菌、ウイルス、真菌からなるマクロバイオームと宿主との関係は複雑で、この領域の研究は始まったばかりである。

最近のレビュー論文によると、ヴァイロームは直接的、間接的に宿主の免疫系を改変する。[57] 動物のバクテリオームは宿主の免疫系を強化し、消化を助けることで宿主と共生していることが知られているが、抗生物質投与によってバクテリオームを失わせたマウスを用いた実験では、ノロウイルス感染がバクテリオームの働きを一部代替するという。また、ウイルス感染はバクテリオームのなかの細菌の構成を改変する。また、宿主細胞のゲノムに潜伏しているレトロウイルスのなかには、哺乳類の胎盤形成に重要な役割を果たしているウイルスもある。[58]

ウイルスによっては、宿主と片利共生している細菌を殺して宿主に害を与える場合もある。長年の共存の結果として、細菌や宿主もウイルスに対する免疫機能を持っている。細菌のウイルスに対する防御作用の一つが、ゲノム編集で使われるクリスパー・キャス9である。宿主である真核細胞の抗ウイルス免疫の一つは、遺伝子組換え技術でも使われるRNA干渉である。これらの機能は、一度感染したウイルスの塩基配列を記憶して、次の感染時にウイルスのDNAやRNAを破壊する。つまり、ウイルス、細菌、宿主細胞は相互に他者を制御しつつ、宿主を傷つけないように自己のニッチを拡張してきた。ウイルスから見ると、細菌と宿主細胞への感染やそれに伴う生息環境の変化はニッチ構築である。

ウイルスのニッチ構築については、ウイルスが感染した宿主細胞を改変する（破壊する、ゲノムに潜伏する、ウイルスの配列を記憶して防御機能を起動する）だけでなく、宿主個体の生理的状態を改変したり（発熱する、免疫系を強化または抑制する、羽を生やす）、行動に影響を与えたり（殺す、不活性化する、攻撃的にする、飛ぶ）など、異なったレベルの環境に多様な影響を与えて、それがウイルス自身の進化に影響を与えるという理論的な説明が可能である。[59] 例えば、唾液に分泌される狂犬病ウイルスは感染した動物を攻撃的にして、他の動物個体を噛むように変えることで感染を拡大する。ある種のデンソウイルスはリンゴ害虫のアブラムシ（*Dysaphis plantaginea*）が有翅形態へ変化する（羽が生える）ことを誘導し、アブラムシの移住としてのニッチ構築を促す。[60]

話をAIVに戻すと、自然宿主である水鳥にLPAIVがどのようなニッチ構築を行っているかについての研究は多くはない。野生動物での研究が難しく、高病原性のAIVやその進化についての関心が優先されているからであろうか。LPAIVは水鳥の消化管の細胞に感染し、糞として拡散されることは知られている。水鳥の繁殖地、越冬地、渡りの中継地は、湖や池などの水系が多く選ばれるが、糞とともに排出されたＡＩＶは、水面で二二℃では四日まで、〇℃では三〇日以上安定であるとされる。[61]この水面上のＡＩＶが飲水時に感染するだけでなく、嘴で羽繕い（preening）をする際に経口で感染する経路もあることがわかっている。[62]すなわち、ＡＩＶは湖や池の表面をもニッチとして宿主から宿主へ移住することができる。

そしてＬＰＡＩＶの感染は、水鳥の渡りの速度や経路に影響を与えない。渡りの中継地や繁殖地――ジョージア共和国の黒海沿岸の湿地、[63]中国青海省の青海湖など[64]――では、異なった地域からの多種の水鳥が異なった系統のＡＩＶを保持して同じ水面を利用する。そこで水鳥は複数の系統のＡＩＶに感染する結果として、遺伝子再集合を引き起こす。ＡＩＶは水面をニッチとして異なった宿主間を循環することによって、進化すると言える。

ＡＩＶが潜在・増殖するニッチはもちろん宿主である水鳥の細胞だが、組織としては消化管と気道の表面である。消化管では、先述したバクテリオームに何らかの影響を与えるが、明確な関係がわかっているわけではない。五種三〇〇羽のカモの総排出腔（直腸、排尿口、生殖口を兼ねる器官）を調査した研究では、ＡＩＶ感染の有無は種内のバクテリオームの細菌の構成比と関連するが、種間での関連性は見られなかった。[65]

水鳥のニッチ構築については、プロッサー（Diann J. Prosser）ら米国と中国のグループが青海湖で捕獲した二九羽のインドガン（bar-headed geese）に発信機をつけて、二〇〇七年～八年にかけて渡りのルートを調べている。[66]これは、二〇〇五年に青海湖で六〇〇〇羽を超える水鳥の大量死が起こったことから始まった研究である。このときの感染は、青海湖に到着したばかりのインドガンから始まったとされる。この時のウイルスは、本章の冒頭で述べた高病原性H5N1亜型のgs/GD系統のウイルスであり、中国南部の家禽で発生し、二〇〇二年には再感染した水鳥が見つかっていた。この調査では、インドガンは夏季（六月〜九月）に青海湖およびその北で繁殖し、冬季（一〇月末〜四月）にチベット自治区のラサ市周辺で越冬（二九羽中一羽はインド北部まで南下）することがわかった。途中で幾つかの中継地で休息をとるが、繁殖地から越冬地までの飛行距離は約一三〇〇キロメートルである。

ラサ市の近郊には養鶏場があり、少なくとも四か所の養鶏場で二〇〇三年〜九年の間にH5N1亜型のHPAIV感染が起きていた。感染が広がる経路としては、養鶏場のニワトリからインドガンへ、越冬中のインドガンから養鶏場のニワトリへという二つの可能性、およびその両方が並行して起きていることが考えられる。また、青海湖は西アジア、中央アジアを通してヨーロッパやアフリカへと移動する他の水鳥の中継地や繁殖地でもあることから、遺伝子再集合の場であるだけでなく、AIVのグローバルな感染拡大の中心地の一つであるだろう。

ジョージア共和国の黒海沿岸湿地の水鳥を調査した研究では、二〇一〇年〜一二年の間で七種類のヘマグルチニン亜型が検出されたが、高病原性となる場合が多いH5亜型は無かった。ところが、二〇一五年になるとカモ目でH5亜型が見つかっている。[67] 毒性が強いHPAIVは、致死的であれば宿主とともに死滅する。しかし、LPAIVに感染した水鳥はHPAIVに対しても抵抗性があり、死なずにHPAIVの運び手となる可能性がある。

実際に、ドイツのフリードリヒ・レフラー動物衛生研究所のケーテ（Susanne Koethe）らは、LP

ＡＩＶに感染したマガモにH5N8亜型のＨＰＡＩＶを感染させる実験を行ったところ、飼育条件下では対照群としたアヒルよりも致死率が低く臨床症状も軽かったが、多くはないもののＨＰＡＩＶを排出することを確認している。[68] マガモはカモ目の水鳥のなかでも最もＡＩＶに対する抵抗性が高い。軽度であっても症状があることは渡り行動に影響を与えることを考慮すると、青海湖やジョージアでの水鳥のＨＰＡＩＶ感染、およびグローバルな感染拡大は、インドガンよりもＬＰＡＩＶを既に保有するマガモが媒介しているかもしれない。

高病原性鳥インフルエンザとニッチ構築——生鮮市場と養鶏場

香港大学の管軼（Guan, Yi）らの研究グループの報告によると、[69] 二〇〇一年二月から三月にかけて香港の生鮮市場の家禽の糞からH5N1亜型のウイルスを検出したが、その時点での致死率は高くなかった。しかし、五月中旬に市内の三つの市場で致死率が急激に高まったことを受けて、同月に香港市は市場と養鶏場で併せて一三〇万羽の家禽を殺処分した。管らは、二月から五月に市場の生きた陸鳥（ニワトリ、ウズラ、キジ、ウコッケイ）の排出物から検出したH5N1亜型のウイルスを調べている。これらのウイルスのＲＮＡ塩基配列を系統解析した結果、一九九六年広東省のガチョウで確認されたウイルスが、ウズラに由来するH6N1およびH9N2亜型のＲＮＡ——エンベロープ表面のＨＡやＮＡではなく細胞内に入って作用する酵素などのタンパク質をコードする——と市場における多種間の遺伝子移入によって遺伝子再集合が起こり、感染性と毒性の強いH5亜型のＨＰＡＩＶの系統が生じたと考えられている。

本章の遺伝子再集合を説明した節で、人間が構築したニッチである生鮮市場についても、新型コロナウイルスが最初に見つかった武漢市の華南海鮮市場の例を紹介した。管らが調査した香港の生鮮市場では、生きた陸鳥のケージ下のトレイに溜まった糞およびニワトリ用の水槽の水からウイルスを検出している。ちなみに、管らの研究ではＨＰＡＩＶはマウスに感染して致死的な症状を引き起こし、肺で増殖した。市場に生息する齧歯類もウイルスを媒介する可能性がある。

すなわち、多種の生きた鳥類（および哺乳類）が集合する生鮮市場というニッチを人間が構築し、そこで感染した鳥がウイルスを排出する撹乱的なニッチ構築を行い、ウェット・マーケットの濡れた床や飼料や媒介動物を通して多様な系統のＡＩＶが移住的なニッチ構築を重なり合って行う場が成り立っている。市場は人間が財を交換する場であるだけでなく、多種の生物がウイルスを水平的に交換する場でもあり、さらに多様な系統のウイルスが遺伝子を交換する場でもあった。このような三層における交換を通して、新しいウイルスへの進化が起きている。

ウイルスが遺伝子交換する場としては、水鳥がニッチ構築する青海湖や黒海沿岸の湿地と同様である。しかし、生鮮市場はより狭い範囲に多種の生物が接近して閉じ込められている上に、養鶏場に比べると閉鎖性が低く衛生管理状態も悪い。交換される生物には、養鶏場よりも小さな規模の農場で育てられたガチョウやアヒルのような家畜化した水鳥、ウズラ、キジ、ウコッケイのような家畜化した陸鳥が含まれる。生鮮市場は家禽の農場を相互に結び付ける場でもある。さらに、水鳥や猛禽を含む野生動物や多様な人間との接触もある。交換可能な遺伝子の多様性が相対的に高い場であると言えるだろう。

これに対して養鶏場は、ウインドウレス鶏舎についての節で述べたように閉鎖性が高いが、ベルトコンベアによる給餌・給水・集卵・集糞システムは外部からウイルスが侵入するピンホールとなり得る。そして何よりも、遺伝的に均一なニワトリが密集して大量に飼育されている〈均質化〉されたニッチである。抗菌剤の多用はマイクロバイオームの活性を低下させ、ウイルスに対する免疫機能を低下させる可能性がある。このような技術としてのニッチ構築の特性から、一羽が感染すると、膨大な飼育羽数、飼養密度の高さ、ベルトコンベア、羽つつき行動を媒介に鶏舎および養鶏場内全体にウイルス感染が蔓延することになる。これは周辺を撹乱するニッチ構築というよりは、〈氾濫〉ととらえるべきであろう。

ニッチ構築理論で次に考えなければならないことは、このようなニッチの変化が自然選択あるいは人為選択にどのような影響を与えるかである。養鶏場では次々に感染が広がるため、自然の繁殖地や越冬地と異なって、ウイルスの複製頻度、感染の倍率と連鎖の長さを飛躍的に高める。言うならば、養鶏場はウイルスの高速増殖炉である。ＲＮＡの複製頻度が高まると、突然変異の発生も多くなる。ここに、生鮮市場の多種による遺伝子再集合とは別のメカニズムで、高病原性への進化が起こると考えられる。別のメカニズムとは、資本主義的な時間の圧縮による突然変異のエスカレーションである。茨城県のガンマフィールドが自然放射線量の約三〇万倍を照射できたように、密集した大量飼育の養鶏場は、ウイルスが進化する時間を短縮し、時間的な〈移転〉を可能にすると言えるだろう。

ではその突然変異は、どのように選択されるか。個体間に距離がある自然条件下では、ＨＰＡＩＶは感染個体とともに死滅する可能性が高い。しかし、養鶏場のニッチのように密集していると、感染したニワトリが死ぬ前に、次の感染が起こり得る。したがって、致死的であることによる負の選択は働かずに、逆に感染力の強いことには正の選択が働く、そのような傾向になると推測される。つまり、強毒性で感染力の強いウイルスが選択されて進化する。そしてこの感染の連鎖が続いている間に、他の鶏舎や養鶏場の外部へ、媒介動物や前述のピンホールを伝ってＨＰＡＩＶが逸脱する。ＨＰＡＩＶは工業的養鶏場の産物なのである。

ニッチ構築理論では、変化した表現型からのフィードバックによる共進化が起こるかどうかも重要である。ここでは、ＨＰＡＩＶへのウイルスの進化は人間によるニッチ構築にどのような影響を与えるかである。工業的養鶏の節で論じたように、基本的にはフィードバックは起こらない。ニワトリも毎回、同じ遺伝子をもった雛が購入されて飼育される。ただし、ＨＰＡＩＶに対してワクチンを使用すると致死率が下がるため、強毒性のまま感染力が上がる傾向は促進されるであろう。

最後に、ＨＰＡＩＶと工業的な養鶏場との関係に関するウイルス学の専門家の発言を、少し長くなるが引用しておこう。これは、環境省による「カルタヘナ法におけるゲノム編集技術等検討会第二回（二〇一八年八月二〇日）」の議事録から、ある委員の発言である。

> ウイルスには宿主がいて、そこで増えない限り自然界で生き残れないので、病原性の高いウイルスというのはいなくなっちゃうんです。ただし、例えばネズミにとって病原性がないウイルスがいて、それが人に感染すると人にひどい病気を起こすことがあり、これを人獣共通感染症といいます。

ランダム変異であろうがゲノム編集だろうが、人工的につくった変異体は、そういう自然界で実際に感染が起きて淘汰されるようなプロセスは全部スキップします。だから決して先生がおっしゃられるように、より安全だということは僕らは感じないです。

つまり何でもできるということ、しかも何でも大量につくれるということが問題だと思います。自然界で高病原性の何とかというのが生じると、宿主がぱたっと死んで終わりです。インフルエンザの問題は、養鶏場があるからです。普通だったら、あれは水鳥のウイルスですから水鳥の中で生じた変異で病原性が強いやつは水鳥を殺すんです。だから渡っていく途中の水飲み場みたいなところで、たまに鳥が死んでいて、そこでちょっと広がることがあっても、それがメジャーな種になることはないんです。

ところが、それが養鶏場に入り込むと、養鶏場には感受性のホストが異常なくらい密集しているわけでしょう。日本では全部殺処分するでしょう。ところが中国等ではワクチンを使っています。ワクチンを使うと、完璧に感染しないのはいいんだけれど不完全だから。ウイルスが全部を殺して、そこでウイルスもいなくなるという、そういう自然界で起きている淘汰システムが働かないんです。（環境省「カルタヘナ法におけるゲノム編集技術等検討会第2回（二〇一八年八月二〇日）」議事録）

この検討会は二〇一八年の夏である。しかし二〇二〇年代では、効果的なワクチンを開発して使わざるを得ないところまで感染状況は切迫し、中国でのワクチン政策が評価されているようである。また、会議での発言であり、現象を単純化している部分があるのは当然だろう。ＨＰＡＩＶは水鳥をすべて殺して終わりではなく、生き残った水鳥がウイルスのキャリアになっている。ただし、「何でも大量につくれるということが問題だ」という意見は、鳥インフルエンザの問題の本質を突いていると思われる。

第6章　生成技術時代の〈自然〉
——あるいは生成自然時代の〈技術〉

「生成技術の時代」は何を意味するか

これまでの議論をまとめるに当たって、現在の〈技術〉の特徴を把握するとともに、その〈自然〉との関係がどのように変化しているかを考えよう。第1章はコピーにオリジナルを対比する「複製技術の時代」として育種技術の歴史を記述したが、その見方を踏まえると、現在は「生成技術の時代」として把握できないだろうか。

チャットGPTをはじめとする生成AI技術が注目を集めている。ここで「生成的（generative）」とは、機械学習において識別的モデルと対比される統計学的手法を指す。なかでも深層学習で用いられる生成的モデリングでは、データの学習によってその背後でデータを生成する確率分布をモデル化し、その分布に基づいて新しいデータを予測する。

目的関数をあらかじめ指定する教師あり機械学習は、予測は行うが識別的モデルであって生成的ではない。AIがすべて統計学的に生成的ではないし、他の技術にしても同様である。その意味では、現代を「生成技術の時代」とするのは過大な表現である。それでもここで敢えてこの表現を用いる理由は、本書で取り上げてきたデジタル配列情報とゲノム編集技術が、膨大なゲノムデータに基づいて表現型の生成をモデル化して新しい生物を作出すること、そのモデルやモデル化の過程には人間による制御が及ばないブラックボックスが含まれていること、ゲノム編集ツールのデザインに機械学習や深層学習が使われ始めていること、[1] そしてさらに表現型の生成モデルの推定にも深層学習が用いられ得ること、[2] 以上の特徴が現代の生物学や育種学とそれを取り巻く状況を理解する上で有用であると考えるからである。

もちろん、そうするとここで使う「生成」という言葉は、統計学上の生成的モデリングの方法と直接的な関係はなくなる。そこで、「生成技術」は生成的モデリングとは別の概念として、新たな意味を与える必要があるだろう。ポイントは、本書で繰り返し述べてきたように、〈技術〉には〈自然〉が含まれ、〈自然〉には〈技術〉が含まれて、それらが複雑に絡み合い混ざり合った結果が累積して現在に至っているということである。したがって、「生成技術」はゲノム編集が現在カテゴライズされている「合成生物学」のように、レゴブロックを積み上げて人間が求める生命を自由に造る技術ではなく、まだよく理解できていない——もちろん将来的には理解できるかもしれない——これまで蓄積した経験知から得たデータをブラックボックスに入力してみたら、それなりに有用な出力を得ることができたという技術である。

ＳＤＮ‐１の技術は、ＮＨＥＪ修復のエラーに依存するという点で、育種者の意図はある確率でしか実現しない。それ以前の遺伝子組換え技術や突然変異誘発は、さらに非常に低い確率になる。そこで、大量の均一なサンプルを用いて同じ実験を行い、目的とする変異を生じたものを選抜することが必要であった。〈均質化〉と〈差異化〉の組み合わせによって、〈自然〉の〈氾濫〉を利用するのが、放射線や化学物質による突然変異誘発を含めて遺伝子操作の技術なのである。

しかし、種子数の多い植物と違って胎仔数の少ない動物の場合は、サンプル数が限られるため、ガンマ線照射や遺伝子組換え技術では、目的とする変異を実現することが難しかった。そこで、第2章に書いたように、遺伝子ターゲティングの技術としてノックアウトマウスが開発され、ゲノム編集へと展開してきた。ガンマ線によるDNA二本鎖切断に比べるとNHEJ修復のエラー率は高い。さらに、DNA二本鎖を切断しないで酵素的に塩基を変えるベースエディター、一本鎖のみをニッカーゼという酵素で切断して逆転写酵素でRNAから塩基を置換するというプライム編集など、最近の技術の発展により目的とする変異を導入できる確率は上がってきている。[3] つまり、深層学習とは異なり、人間によって意図的な制御が可能な領域が拡大してきた。

とは言え、これらの過程は細胞のなかで立体的な構造を持つ分子としてのゲノム――単なる情報の鎖ではない――とその周辺の物質の相互作用によって行われ、試験管の中で行う化学合成反応のようには制御できない。そもそも、用いられる酵素やRNAの構造自体が長年の生命進化の産物であって、人為的にゼロからデザインできる段階にない。さらに、制御しているのはゲノムの改変であって、細胞――植物ではカルス（細胞塊）、動物では受精卵――が生体へと分化・発生するプロセスは、完全に生物の能動性にお任せである。まだ巨大なブラックボックスという〈氾濫〉の可能性が残っていて、それが生物関連産業にとってはフロンティアであり、収奪の可能性を秘めた〈自然〉である。

ここまでゲノム編集による育種技術を中心に述べてきたが、生命に関わる「生成技術」は他にもある。第5章ではワクチンにも言及した。ワクチンはウイルスや細菌そのものではなく、宿主の免疫機能を高める点で、生物の能動性に依存する。そもそも、ゲノム編集技術で汎用されるクリスパー・キャス9は細菌の抗ウイルス免疫機構を利用したものであった。ただし、ワクチンによる感染症予防は古い技術で、最初のワクチンが天然痘に使われたのは一八世紀末である。データに駆動される技術という点では、COVID-19で用いられているRNAワクチンが該当するであろう。ウイルスのRNA塩基配列の変異に合わせて、繰り返しデザインすることができる。しかしそれでも、宿主内でどんな抗体が誘導されるかは宿主の免疫細胞に依存し、もちろん個人差もある。

ブラックボックスの介在はゲノム編集やワクチンと深層学習の表面上の類似点ではあるが、現在のゲノム編集にしても、RNAワクチンにしても、未知の部分を機械学習によってモデリングすることはできていない。つまり、ゲノム編集では、ゲノム、トランスクリプトーム（RNA）、プロテオーム（タンパク質）、細胞の構造や機能の階層的関係やそれが発生過程でどのように構築されるのかについてのモデルは、「生成的」（データの生成過程を機械が繰り返し学習してモデルを構築する）に構築されるのではなく、与えられたデータから研究者がトップダウン的にモデルを推定している。ただし、これら生命情報のデータは爆発的に増えており、将来的には生成的な手法へ転換することが必要になっていくことは想像できる。そのような違いを押さえた上で本書が取り扱う「生成技術」を、とりあえず以下のように理解しておきたい。すなわち、「機械であれ生物であれ、非人間のモノが自己やその環境を能動的に改変する過程を、地理的・歴史的に蓄積された多様なデータを利用してデザインする技術」である。本書の用語では、能動的な過程とは〈氾濫〉を意味する。これだけではまだ曖昧で定義とは呼べない代物ではあるが、本書の目的は厳密な概念を構築することではない。現代の技術に共通する特徴が何かしら掴めればよい。簡単に言えば、「生成技術」は「複製技術」よりも、さらに〈自然〉と〈技術〉の絡み合いや相互作用が進み人間の主体性が背景に退いているという考え方である。

若干補足すると、統計学の確率モデルについては、その創成期に生物学や農学が一定の役割を果たしたことを第2章で言及した。そして、深層学習で用いられるニューラルネットワークは神経生物学の知見に由来する。統計学的なアルゴリズムをプログラムとして考えるならば、特許法がコンピュータプログラム全般を自然の法則を利用していないとして一時期除外していたことは、必ずしも正しいとは言えない。また、深層学習はアルゴリズムであり、生成されるテキストや画像や音声も情報であるが、心身二元論のような現代科学と相容れない立場でない限り、それらも物質的な媒体がなければ存在できない。シリコン、ヒ化ガリウム、紙とインク、神経細胞、何であれ情報もまた生物と同じようにモノである。

加えて、右の生成技術の把握を農業に当てはめると、生物が「地理的・歴史的に蓄積された多様なデータ」という部分に曖昧さが残ると思われるかもしれない。例えば、第1章で〈均質化する技術〉〈差異化する技術〉として論じた、初期の頃の後代検定の評価結果や血統書の記述は「地理的・歴史的に蓄積された多様なデータ」と呼べるのか。それらは、限られた地域や時代の限られた表現型のみの知識であって、「多様なデータ」ではないと考えよう。想定しているのは、ゲノムからプロテオームのデジタル配列情報に表現型を含む階層的で〈均質化〉、つまり階層ごとに一定の形式に定型化されたデータである。最終的にゲノム編集は、目的とする表現型を得るためにどの配列を標的とするかを決定しなければならない。その決定に用いる候補配列を探索する際にも、ゲノム編集が用いられる場合がある。しかし、先述のように、階層的な多様なデータから生成的に標的配列の候補を探索できる可能性がある。すなわち、生成技術は〈均質化〉された「多様なデータ」に基礎を置く。ということは、どのようにして「多様なデータ」が形成されたのか、という論点が生じる。これは、それぞれの狭義の〈技術〉だけを見ていたのではわからない。文化環境全体の変化を視野に入れる必要がある。

最後に生成的であることはニッチ構築に関係する。ニッチ構築は生物が改変した環境が生物の継承システムに影響を与えるというフィードバック構造であった。ここで、環境には自然環境だけでなく、文化環境も含まれることを思い出していただきたい。人間によるニッチ構築は制度や慣習も含めて文化環境の部分が大きく、それが世代を超えて継承される。同様にコンピュータも自らのデータについてニッチ構築を行う。機械学習の確率分布モデルをデータが分布している環境であると考えれば、繰り返し学習はその環境を累積的に変化させるニッチ構築となり、それによって変化したモデルが生成するデータを目的により適したものに変えていく。そして、新たに生成されたデータは新しい環境となり得る。

一方、生物学のゲノム編集が何らかのニッチ構築になるのは他のあらゆる品種改良と同じであるが、基礎とするデータが「地理的・歴史的に蓄積された」ものであることで、生物自身による空間的・時間的な変化の痕跡を利用して、生物をより大きく改変する可能性が開けている。すなわち、ゲノム等のデジタル配列情報は、グローバルに収集され、過去にさかのぼって進化の系統関係に沿って行われたニッチ構築の痕跡であり、さらには多種の生物のニッチ構築についての情報も加えることができる。これらが「地理的・歴史的に蓄積された多様なデータ」の意味であり、継承される文化環境である。

例えば、ゲノム編集が有望な育種方法の一つとして第2章で少し紹介したデ・ノボのドメスティケーションは、栽培化に関与する共通の遺伝子群——種子脱落性、種子休眠性、穂や穎果のサイズ、発芽時期など——を同時に編集して特定地域の野生種を栽培型に一気に転換する。それらの遺伝子群に関する情報は「地理的・歴史的に」蓄積され、栽培化に成功することで空間と時間を超えて継承される。

では、このような情報を蓄積し、文化環境のニッチ構築を行う主体は誰だろうか。仮の定義における「デザインする」の主語である。「地理的・歴史的に蓄積された多様なデータ」を収集して蓄積する過程は人間の関与が大きい。とくに生物のデジタル配列情報は、人間が解析した結果を人間が入力している。しかし、そのデータから結果を出力して文化環境へフィードバックする際には、機械や生物自身が関わってくる。さらに、蓄積すべきデータの選択やそれを継承システムに反映する方法についても、今後は深層学習が用いられる可能性がある。つまり、「生成技術時代」における遺伝子操作技術のニッチ構築は、機械と生物と人間の共働作業によるものである。

この共働については、第5章でニッチ構築理論のドメスティケーションへの貢献ということで、ゼーダーの三つの仮説を紹介したうちの一つであった。「複製技術時代」においても、カメラや映画の技術は機械と人間の共働であったし、〈均質化〉〈差異化〉の育種技術も生物と人間の共働であった。したがって、その点で質的に異なるものではない。しかし、「地理的・歴史的に蓄積された多様なデータ」を媒体とすることにより、共働による機械や生物の継承システムへの効果やフィードバックの強さは格段に大きくなった。

生成ＡＩの開発について競争する市場で、データという文化環境の変化がＡＩの効果に影響を与え得る場合、企業はＡＩの開発と新しいデータの収集に投資する。それによって特定のＡＩの市場占有率が高まれば、企業とデータ生成者であるＡＩとの間で相利共生的な共働が行われていることになるだろう。「複製技術」との違いは、カメラや映画はデータの収集や定型化に関与せず、学習も行わない点である。ゲノム編集の場合は、データの階層構造や階層間の関係に関する理解が「複製技術時代」とは大きく異なってしまった。二〇世紀後半にＤＮＡの構造が解明され、一時期は遺伝子中心主義となったものの、第５章で述べたようにＥＥＳという生物の能動性を取り入れた理論が現れている。生物の遺伝的改変を行うに当たって、少なくとも現時点では、生物と人間の共働となることを自覚せざるを得ない、そのような背景がＡＩとは異なるものである。

ここで一旦まとめると、「生成技術」の特徴は、人間とモノが共働して大量のデータから成る文化環境をニッチ構築することが新しいモノを生成すると考えるところにあり、「複製技術」のように人間が人工的なコピーを量産できるというナイーヴな思考を脱していることである。共働性の問題は、ＡＩはともかく、生物の「生成技術」にとっては、生物、つまり〈自然〉側の〈氾濫〉＝能動性の問題として非常に重要である。それについては節を改めて論じたい。

なぜそのデータを用いるか――有用性と正当性

第１章の「複製技術時代」がコピーとオリジナルで表象されるとすれば、現在のＡＩによる「生成技術時代」を表すキーワードは、大塚淳『統計学を哲学する』に基づくならば、有用性と正当性であろう。生成ＡＩの深層学習は、膨大なデータから何らかの目的に沿った最適解を導く。しかし、そのデータや前提とする確率モデルの選択に正当性はない。第1章で取り上げたフィッシャーやライトの集団遺伝学に使われた統計学（古典統計学または頻度主義統計学と呼ばれる）では、データの背後にある「真の分布」を明らかにすること、そしてその意味の解釈が統計解析の目的であった。つまり、手元にあるデータは完全ではない。データとして与えられている以外の現象を含めて、世界の背後にある秩序を推定するのである。しかし、深層学習では、もはや「真の分布」は目的ではなくなっている。データは常に更新されるとしても、その時点で与えられたデータが世界のすべてであると仮定し、そこから導き出された解が取り敢えず有用であればよいのである。ここに、有用性と正当性の対立がある。

深層学習ではなぜその確率モデルを用いるのか、なぜそのデータを用いるのか、その正当性を人間が検証し理解することは難しい。機械が自身による学習を通して選択し解を導出する。それでもその結果に有用性があれば、深層学習は普及する。人間がすべてのプロセスを把握して解答を得るわけではない点が、日本語では自動詞的なニュアンスをもった「生成」という言葉が使われる今一つの理由であろう。しかし、AIをめぐる現在の様々な議論に現れているように、その結果が真実を反映しているかどうか、データ収集の偏りや誤った仮定はないのか等の正当性も、深層学習の成果を利用するに当たっては問題になる場合があり得るだろう。

ゲノム編集を含む遺伝子操作技術の場合も、もちろんデータの偏向や正しさの問題は存在する。とくに、政治的・経済的な理由から特定のデータを秘匿したり、権利主張したりする場合に生じる問題はあり得るだろう。しかし、深層学習の場合と異なって、ゲノム関連のデータの背後にあるのは、数十億年という単位での生命進化の歴史とその結果としての現在の生命の多様性である。しかし、それは、真偽はともかく、事実としての認識であって、現在の技術に対して何らかの道徳的な正当性を要請するものではないだろう。むしろ、進化倫理学のような考え方は、人間の倫理を生物進化の帰結に還元して——つまり倫理など実在しないことを——説明するものである。しかし、筆者はそのようなメタレベルの議論に答えが出るとは思わない。また、生物多様性の価値をめぐる議論——生物多様性にはそれ自体としての内在的価値があるのか、それとも生態系サービスのように人間にとっての価値でしかないのか——も盛んに行われてきた。現在は後者の考え方が主流であるが、これも正解が得られそうにない。

そこで本節では、生命の根源や多様性の価値や倫理といった大きな問題よりもっと手前の、データとは何であって、そのデータを利用することの正当性——データ自体の真偽ではない——をどのように考えればよいかという問題に限定して論じたい。

第3章で行ったミシェル・カロンの市場のアジャンスマンに関する議論を思い出してほしい。作物や家畜などの農業用生物に関するデータは、「複製技術の時代」から、地域の試験場を含む農業行政機関、大学等の研究機関、種子や原種を開発し販売する企業、農業資材産業、農業の生産者団体などが蓄積してきたものである。それらはフォーマット化された後に市場において種子、原種、生産物、肥料、飼料、農薬、動物薬などとしてそれぞれ定型化され、右に挙げた機関や企業などの計算的エージェンシーによって数量的に価値付けられる。例えば、種子なら地域ごとの植え付け時期、発芽率、収穫量、施肥量などの数値が計算されて他の種子と比較可能な、つまり〈均質化〉されたデータとして付加される。それが市場において商品となることの基礎にある。このような経済的な表現型の根源にあるものとして遺伝子型の探索が行われ、それが現在の遺伝資源におけるゲノム情報およびＲＮＡやタンパク質のデジタル配列情報（ＤＳＩ）につながっている。遺伝資源のＤＳＩのデータベースは主に国家が運営しているが、収載される情報を解読しているのは先に挙げた計算的エージェンシーである。価値があると考えられた情報はＤＳＩに出される前に特許化され、ライセンスとして限定された市場で流通する。そのほか医薬品製造及び開発用の生物素材、感染症対策用の病原体、野生生物などのデータも含まれるが、圧倒的に多いのは商品となる農業用生物である。

すなわち、ゲノム編集に供される生物のデータは、生物やその生産物を商品とする市場において価値付けを行う手段である。遺伝資源のＤＳＩの価値は、その時点での知識――経済的な表現型と関連する階層的データに関するモデル――の状態によって変わり得る。例えば、特定の商品開発に有用な遺伝子の機能がわかった時点で価値が高まる。そのような〈氾濫〉を含むベースラインとしてのデータでもある。

では、それらのデータを利用することの正当性とは何か。カロンの用語で書くならば、「品質計算」に関わるエージェンシーの多様性である。先に挙げた計算的エージェンシーは、データを市場や特許ライセンスを交換する企業間交渉に流通させる際に価値付けを行うが、そのデータが利用されて商品となる際には、もっと多様なエージェンシーがその商品およびそれを生成する際に用いられたデータや方法を含む品質の計算に参与してくる。

例えば、乾燥ストレス抵抗性に関連するＤＮＡ塩基配列（遺伝子や転写因子結合領域など）が見つかったとして、それはどの地域のどの植物のどのようにして得たデータから推定されたのか、その配列を改変した植物にはどの程度の効果が期待できるのか、環境への影響や生産物の安全性はどうか、などの問いが個人や集団から出てくる可能性はある。最初の問いは、在来種や伝統的知識の知的財産権、つまりアクセスと利益配分に関する農業者の団体や途上国からのものかも知れず、三番目の問いは環境保護団体や消費者団体から発せられる可能性がある。これらの問いへの回答を含めて、特定の市場で「品質計算」が行われる。産業生物に関わる〈技術〉は、市場で行われる商品開発であるので、価格や経済合理性以外の点についても正当性が判断されることになる。

データとしての「生成自然」

次の問いは、なぜこれらのデータが増加してゲノム編集などの遺伝子操作技術の基盤となってきたかである。注意すべきことは、これらのデータは〈技術〉と〈自然〉の区分では、議論はあるものの、概して〈自然〉側の役割を与えられていることである。

機械学習や深層学習が用いるデータは、ニッチ構築理論では文化環境として扱ったが、ムーアの世界＝生態の理論では対価なしに収奪できる「安価な自然」に属する。生成ＡＩが利用するウェブ上の様々なテキスト、画像、音声はもとより、プラットフォーマーが広告やコンテンツを個人向けにカスタマイズするための閲覧履歴も「安価な自然」である。カードに紐付けされている購買履歴はすでに利用されているし、ＳＮＳでの発信内容や画像、監視カメラやドライブレコーダーに記録されている画像も、状況によっては増幅されて使われる。これらは人間の能動性によって「自然に」生成される情報であり、企業はそれらを一定の形式に変換してデータとして無償で利用し、自らの商品や広告に流用する。データのもととなる情報は、収奪されることを目的として生成されたわけではないので、目的外の部分が溢れ出た〈氾濫〉である。

ムーアは収奪を自然生態系に限定しすぎた。自己を再生産するのは生命だけではない。もちろん、データの素になっているのは人間の活動だが、それが機械と一体になって際限なく増幅することができるようになった。ここで機械には、インターネットのサーバや端末のコンピュータだけでなく、有線・無線の通信システム、記憶装置、電力供給システム、カード読取システムなど、非常に広範な物理的機械が含まれる。これらすべてを包含して〈自然〉である。本書の立場は、〈自然〉には〈技術〉が含まれ、〈差異化〉される〈技術〉は〈自然〉に転化するというものである。「安価な自然」として収奪の対象になる技術は、〈自然〉に含まれてしまう。

そこで必要になってくるのが、「生成技術」の対概念としての「生成自然」である。「生成技術」には「非人間のモノが自己やその環境を能動的に改変する」過程が人間による〈技術〉に含まれていることが一つの特徴であるが、「生成自然」は人間が能動的に作り上げた文化的環境、つまり人工物を含む〈技術〉が〈自然〉に転化されることで生成する。どちらも〈自然〉と〈技術〉の共働であることは変わりないが、「生成技術」で生成されるものは〈技術〉とみなされ、「生成自然」で生成されるものは〈自然〉とみなされる。そして、〈技術〉とみなされることは資本化されることであり、〈自然〉とみなされることは収奪されることである。

ただし、これまで本書で記述してきたように、〈技術〉との共働で生成される〈自然〉はこれまでも様々な形で存在した。蚕や養蚕農家の女性、放飼鶏や半野生化したガヤール、品種改良の素材となる在来種、そして原産地から離れた植民地のプランテーションに〈移転〉される植物など、何らかの形で〈技術〉が関わっている。第３章でムーアの先行研究として言及したクロスビーの『ヨーロッパの帝国主義――生態学的視点から歴史を見る』は、ヨーロッパ人が連れてきた雑草、牛、馬、豚、羊が逸出し野生化して、入植者たちの小集団がフロンティアを開拓する際の食料や資源として――雑草は家畜の飼料として――ほぼ無償で利用できたことを述べている。[4]

しかし、「生成自然」として収奪されるのはこのような〈自然〉ではない。「生成技術」と対になる「生成自然」は「生成技術」のデータとなる〈自然〉であり、〈技術〉によってデータに変換された（しかし資本化はされない）〈自然〉が増殖するところに現代の特徴がある。

まずは生物関連のデータである。遺伝資源のＤＳＩは〈自然〉とみなされ、誰もが自由に無償で利用できる人類の共有財産としてデータベース化された。実際、分子生物学の見方ではＤＳＩは生命を表象するものであり、生物進化学の視点ではもしその全データベースが完成すれば、それは生命の進化を表す「生命の樹」を表象するものとも考えられるだろう。ここには、第２章で述べたように、次世代シークエンサーによってゲノムのＤＮＡ塩基配列の解読が高速化したという要因もある。では何のためにゲノムは解読され、データベース化が進んだのか。

ヒトゲノム計画は一九八五年に始まったが、植物についてはマックス・プランク研究所を中心とする国際グループがモデル植物のシロイヌナズナ（双子葉植物）のゲノム解析を一九九〇年から開始し、二〇〇〇年にＤＮＡ塩基配列の概略を解読した。そして、日本の農水省が「イネゲノム研究チーム」

を立ちあげてゲノム解析を開始したのは一九九一年である。一九九〇年代後半からは、当時の代表的な農業バイオ企業（遺伝子組換え作物の開発企業）であったモンサント社（当時）とシンジェンタ社がイネゲノムの解析を開始した。米国科学財団も一九九七年に「植物ゲノム・イニシャチブ」の最初の標的としてイネを選んだ。イネ（単子葉植物）が選択された理由には、世界的な商業穀物で、かつゲノムサイズが小さい（トウモロコシの六分の一、小麦の四〇分の一）ことが関係していよう。

一九九八年には、農水省を中心に一一か国が参加した「国際イネゲノム塩基配列解析プロジェクト（ＩＲＧＰＳ）」が設立され、各国が分担して解読を行うことになった。解読に使われた植物は、当然ながら野生種ではなく、ジャポニカ種の粳米「日本晴」であり、一九七〇年代に日本で最も多く栽培されていた近代品種であった。ＩＲＧＰＳによる解読終了は二〇〇四年末である。その前にモンサントとシンジェンタは個別に解読した「日本晴」の配列情報を同プロジェクトに無償提供したが、インターネットで公開されるＩＲＧＰＳの全解読情報が一定の精度に達するまでは、提供した部分は公開しないという条件付きであった。ともかく、直接利益に結び付かない基礎研究ながら、民間企業を含む国際プロジェクトとしてゲノム解読が行われたことになる。

この背景には、ゲノム情報が遺伝資源の効率的な利用、例えば表現型に対応する遺伝子群の探索に必要不可欠であり、それが将来の品種改良や新たな遺伝子組換え生物の作出に有用であるという認識があったからであろう。それは、〈差異化〉のために無償で収奪可能な「安価な自然」を用意することである。農水省は二〇〇五年から「アグリ・ゲノム研究の総合的な推進プロジェクト」、二〇〇八年からは新農業展開プロジェクトを開始した。これらのプロジェクトでは、解読された「日本晴」ゲノム塩基配列情報を利用して、イネ近縁野生種や栽培品種をゲノム情報によって整理し、栽培イネの成立過程を解明し、イネの農業上重要な形質を支配する様々な遺伝子を単離して機能を解明すること、そしてイネの塩基配列情報をムギ類のゲノム解析等に利用するための基盤研究を目的とした。異なった品種や系統の配列情報からは、突然変異によって生じた様々な遺伝子多型の分析や分類の方法が生じた。制限酵素断片長多型、一塩基多型、マイクロサテライトなどである。

「日本晴」ゲノム情報は、ドメスティケーション前の野生種や世界中の在来種、近代品種の遺伝子探索にとって基準となる情報を提供する。つまり、「地理的・歴史的に蓄積された多様なデータ」である〈自然〉を生成する。しかし、ゲノムと表現型の関係ははるかに複雑であった。遺伝子には多機能性（一つの遺伝子が複数の機能を持つ）と冗長性（複数の遺伝子が一つの機能に関与する）があること、タンパク質をコードしない多種多様なRNAがゲノム情報の制御に関わっていること、ゲノムのDNAやヒストンの化学修飾がエピジェネティックな変化を継承している（これについては第5章のEESの節で述べた）こと、したがってDNAの塩基配列情報は他の情報と組み合わせて意味を持つ場合があることもわかった。

結果的に、数百億円規模となったイネゲノム解析は国家プロジェクトであり、その成果は公共的な、つまり「安価な自然」として生成された。これは、DNA配列解析装置の低コスト化によって、世界中の大学を含む公的研究機関で行われているゲノム解析の初期の試みとして、現在の遺伝資源のDSIをフロンティアとする育種研究を先導したであろう。もっとも、第2章で述べたように、遺伝資源のDSIを無償で利用することについては国際的な合意が得られていない。

モノとしての「生成自然」

データの源になっているのは実体、つまりモノとしての〈自然〉である。イネゲノム解析であれば近代品種の「日本晴」である。モノはデータに変換される際に多様な分析技術と情報技術によって定型化されるが、その前のモノにももちろん様々な〈技術〉が加わっている。「日本晴」も単にイネだけを意味するのではなく、その栽培に関わる様々な技術――農業機械、化学肥料、農薬、圃場など――の集合をも含むと考えよう。それらがなければ、「日本晴」は近代品種のイネとして成立しないからである。モノとしての〈自然〉には、多様な〈技術〉が含まれる。

ただし、その〈技術〉は「複製技術」の延長にあって〈均質化〉されたモノが〈自然〉となっているのか、それとも「複製技術の時代」とは異質なモノとして「生成自然」が生じているのか、この識別は難しい。一九七〇年代のイネの近代品種は〈均質化〉でほぼ説明がつくと思われるが、例えば、第5章の鳥インフルエンザを考えると、前者の〈均質化〉の影響は大きいけれども、後者のような「生成自然」としての見方も不可能ではない。

AIVのパンデミックは、野生の水鳥の渡り、多種多様な鳥類と哺乳類が近接して接触する生鮮市場、大量の近交系の鶏が高密度飼育されている養鶏場、これら三つのニッチ構築が接合することによって起きた。このつながりを生成的と見ることができるかもしれない。水鳥、生鮮市場、養鶏場を結び付けているのは、恐らく都市とその近郊に侵出している野生の鳥類や哺乳類である。以前は、カラスやハトやネズミであっただろうが、現在は外来種も含めて多種多様な動物が都市的な環境に生息し、そこで進化している[6]。そして、それらの動物が居住し移動する経路――街路樹、公園、ゴミ捨て場、空き家、下水道、暗渠、飲食店街など——をつくっているのは人間である。前述した三つのニッチは新たな都市侵出動物と人間の共働によって、ウイルスが変異しながら移動することのできるニッチとして接続され再構築されたと考えられる。

一方、高密度の養鶏場は明らかに「複製技術」によって〈均質化〉された〈自然〉である。しかし、第5章で記述したように、その規模は一九九〇年代の初めから現在までに四倍以上に拡大し、一養鶏場当たりの飼育数は平均八万羽近くになる（図5-3）。感染事例で最大のものは四七棟もの鶏舎で一三七万羽の採卵鶏を飼養していた。その形態は近接する複数の鶏舎をベルトコンベアでつないだものであり、その接続部がウイルス感染した動物の侵入経路として疑わしい。コスト削減と人手不足、それに衛生管理を徹底させるための機械化・自動化・コンピュータ制御は、むしろ「生成技術」に近づいているかもしれない。最近の養鶏場や酪農場には人間が少ないのである。さらに、関連する産業のグローバル化によって、種鶏、飼料、動物薬、ワクチンも海外を含むサプライチェーンを移動してくる。〈均質化〉も地球規模となっている。

生鮮市場は、遺伝子再集合によって新たな変異ウイルスが生成するニッチであるが、これも武漢の華南海鮮卸売市場について見たように巨大化している。また、新型コロナウイルスのパンデミックに際して国連環境計画が出版した報告書[7]は、新型コロナを含む人獣共通感染症の人為的要因を七点指摘しているが、第三点目に「野生動物の利用が増えていること」を挙げている。都市の富裕な人びとの間で野生動物は「新鮮さ、自然さ、伝統的で安全」をもたらす（主に食品と伝統医薬品の用途として）と信じられるとともに、貧困な農村地域ではそのような野生動物が換金手段やタンパク源として狩猟の対象になると書かれている。日本ではジビエくらいしか思いつかないが、アジアの新興国では該当する部分が多いのだろう。コピーの後につくられたオリジナルの正当性としての〈自然〉である。在来種を飛び越えて、今や野生動物はアウラを纏っているのだ。

前述の都市侵出動物や獣害問題を含めて、野生生物と人間との距離が近くなったことは、実は「生成自然の時代」の大きな特徴であると考える。人間が野生生物の進化に大きな影響を与えていることは、一九八〇年代の生態学ですでに議論されていたが、最近、オランダの生物学者メノ・スヒルトハウゼン（Menno Schilthuizen）の『都市で進化する生物たち――〝ダーウィン〟が街にやってくる』（草思社、二〇二〇年）[8]で少し知られるようになったのではないだろうか。動物だけではない。二〇二二年のサイエンス誌に世界中の数百人の研究者が著者となって発表した論文では、都市部のシロツメクサが草食動物から防御するためのシアン化合物を、農村部にくらべて生産しなくなっていることが明らかにされた。[9]都市環境の拡大という〈技術〉は生物の〈自然〉を大きく変え、〈技術〉と〈自然〉はますます絡み合って織り合わされている。

生鮮市場は都市に位置することで、これらの都市的な生物との接触が起こりやすくなっていると考えられるが、悪臭施設でもある養鶏場はむしろ郊外や農村部へと移転する傾向にある。都市のような多様性はないものの、獣害問題に見られるように、農村部においても野生生物との接触機会は増えていると考えられる。先に引用した国連環境計画の報告書は、人獣共通感染症の人為的要因の第四点目として、「都市化、土地利用の変化、採掘産業が促進する自然資源の持続可能でない利用」を挙げている。内容は主に農畜産業による森林破壊が野生生物の生息地を減少させ、野生生物と家畜と人間が接触する機会を増やすことである。この報告書は人獣共通感染症の発生源となる中低所得国を念頭に書かれているので、日本や欧米の状況には合致しない部分がある。しかし、農村部に展開する、〈均質化〉されて人がいない巨大農場や飼育場は、野生生物が餌を探し、休息するニッチとなり得るであろう。

これらすべての背後にあるものが、国連環境計画の報告書が指摘する第一点目「肉食の増加」、経済発展したかつての中低所得国が欧米並みに肉食を増加させていることである。気候変動も含めて、過剰な肉食は地球環境を破壊する。遺伝子組換えダイズもトウモロコシも、家畜の飼料作物である。巨大化し〈均質化〉された家畜や養殖魚の飼育場の拡大は、それら飼料作物の世界的な増産とともに、農村部で野生生物の生息地を減少させている。

ここで気づくことは、〈均質化〉と〈差異化〉、コピーとオリジナルの空間的な逆転である。「複製技術の時代」では、地方の各産地にこそ本物のオリジナルがあると信じられていて、都市にあふれているのはコピーであると思われていたであろう。あるいは、映画の上映や展覧会は都市で行われるが、それらの被写体は地方にあるというケースもあったであろう。しかし、「生成技術の時代」では、都市は〈差異化〉、農村が〈均質化〉の場になった。ブラジルの遺伝子組換えダイズ農場も、日本の巨大養鶏場も、米国の集中家畜飼養施設（concentrated animal feeding operation. ＣＡＦＯと略される）も農村部の〈均質化〉、生物多様性の減少をもたらしている。そしてそれは、人獣共通感染症の場合には突然変異を加速する場ともなり得る。

このように、モノとしての「生成自然」は、〈技術〉としての人間のニッチ構築によってドメスティケートされた生物のニッチに加えて、さらに多種多様な生物のニッチが積み重なったものとして生成している。ところで、データとしての「生成自然」は、主にドメスティケートされた生物の解読されたゲノムに関するものなので、モノとしての「生成自然」の一部でしかないと思われるかもしれない。しかし、データとしての「生成自然」は「地理的・歴史的に多様なデータ」であり、初期に解読されてデータベース化された情報はそのプロトタイプである。そのゲノム情報は、異なった系統や種との比較によって、過去に起きてきた、あるいは今後起こり得る変異や対立遺伝子を想像することを可能にする。ゲノム編集が「自然界で起こり得る」ことを理由に規制を免れていることを思い出してほしい。モノとしての「生成自然」が現存する顕在的なものに限られるとすれば、データとしての「生成自然」は潜在的で可能的なものを含むことができる。そのような意味でも、生命に関連する医薬や農薬や農業バイオ産業には膨大な未開拓領域——そこでの〈氾濫〉が収奪の対象となり得る「安価な自然」でもあるわけだが——が残されている。

急いで付け加えると、データにおけるフロンティアの存在はバイオ産業から見た場合の話である。農村部の〈均質化〉はモノとしての生物多様性を急速に失わせていることは事実であり、現在の状況が危機的であるのは間違いない。潜在的・可能的なデータがいくらあっても、それがどんな表現型と結びついているかを知ることができるのは、あくまでもモノとしての〈自然〉を通してである。第4章で紹介した在来家畜研究会のようなフィールド調査の重要性が軽視されているように見えるのは、大変残念なことである。

COVID-19　データとしての「生成自然」

最後に、現代における「生成自然」として、新型コロナウイルス感染症、COVID-19について検討してみよう。ただし、COVID-19については既に情報も論考も溢れているので、本書で新たに付け加えることは殆どない。データのなかで〈自然〉と〈技術〉がどのように切り分けられるのか、それがこのパンデミックに対する世界の向き合い方にどのような影響を与えるのかについて、本書の視点から若干の考察を加えるのみである。

ヒトの新型コロナウイルス（SARS-CoV-2）は、もともとキクガシラコウモリを宿主とするウイルスがヒトへ感染するように進化したものである。分類上は一本鎖プラス鎖RNAウイルスで、外被のなかには一本鎖のRNAが含まれ、AIVのような遺伝子再集合は起こらない。しかし、異なった系統のウイルスが同一の宿主細胞に感染した場合に、ウイルスRNAが複製される際に遺伝的組換えは起こり得る。したがって、常に起きている突然変異による進化に加えて、複数の感染源のもとで密に接触している集団内では、遺伝的組換えによるより大きな進化も起こり得る。そしてそれらは、RNA塩基配列の変化を意味する。

ウイルス対策に当たって、RNA塩基配列のデータは必須である。SARS-CoV-2のゲノムサイズはたかだか三万塩基――RNAウイルスとしては大きいが――であり解読は容易である。問題は、これらの変異による進化を追跡して感染力や毒性を予測し、有効なワクチンを設計し、さらに系統解析によってウイルスの発生源や中間宿主を含む感染ルートを特定することである。そのためには、世界中の研究者や研究機関が、リアルタイムで配列データを提供しつつ、ウイルスの特性や系統を解析できるようなデータベースが必要になる。

第2章で遺伝資源のDSIについて論じたときに紹介した公的なゲノムデータベースは、米国のGenBank、欧州のENA、日本のDDBJの三つである。しかし、COVID-19の塩基配列のデータが最も集まったのはGISAID（Global Initiative on Sharing Avian Influenza Data）という民間のデータベースだった。新型コロナの変異株の状況はネクストストレイン（Nextstrain, https://nextstrain.org/）というオープンソースのサイトが有名で、私のような素人も、今どこでどんな変異株が流行しているのかを分かり易く見ることができるので利用していたが、その元データはGISAIDから提供されていた。

GISAIDには、二〇二三年七月末の時点で一五八〇万件以上のSARS-CoV-2のゲノムデータが申請されており、他のデータベースに対して圧倒的に多い。[10]なぜこの民間のデータベースが支持されてきたのだろうか。しかし、GISAIDのデータ提供方針に対する批判も多く、二〇二三年にサイエンス誌[11]とネイチャー誌[12]がGISAIDの運営を批判して改革を求める記事を複数掲載した。以下では、その記事の内容も含めて、「生成自然」としてのゲノムデータのあり方の問題を考えたい。

GISAIDは、その名称に現れているように、鳥インフルエンザのウイルスゲノムデータのデータベースとして二〇〇八年にスタートした。その二年前、二〇〇六年にGISAID設立に関する声明が創業者の起業家ピーター・ボグナー（Peter Bogner）を筆頭著者としてネイチャー誌の通信欄に掲載された。[13]共著者には、強毒性AIVの配列を解読したイタリアの獣医学者で国際獣疫事務局とFAOの合同科学委員会の委員長を務めていたイラリア・カプア（Ilaria Capua）、米国疾病予防管理センター（CDC）のインフルエンザ局長ナンシー・コックス（Nancy J. Cox）、米国生物工学情報センター（米国のゲノムデータベースGenBankの上位機関）長のデイビッド・リップマン（David J. Lipman）が名を連ねていた。その通信で、データの提供者と利用者が共働して成果を出版すること、データは六か月以内に前期三つの公的データベースのどれかに移管することをGISAIDの方針として説明した。

この二つの方針のうち、前者の背景がGISAID設立の理由であった。多くの研究機関が論文や特許の先取権を気にして、AIVの塩基配列の公開が進まなかったことをカプアが問題視して声を上げたのである。二〇〇七年には、インドネシアが人間に感染するH5N1インフルエンザウイルスの配列情報を公的データベースへ提供することを止めると宣言した。データを提供しても見返りは何もなく、データに基づいてオーストラリアの製薬会社がワクチンを製造しても、インドネシアには購入する財政力がないからだという。ボグナーはジャカルタに赴いて現地の保健相と関係を築き、データを共有することで生じる問題の解決策を提案した。インドネシアは二〇〇八年からGISAIDへのデータ提供を始めたとされる。[14] この事例以降、GISAIDはデータの利用に際してデータ提供者との共同研究や共同発表を推奨し、少なくともデータ提供者の許可を条件として課すことで、データ提供者の権利を保護することを明確に示すことになった。ただし、二つ目の方針である公的データベースへのデータ移管については行われていないことが判明した。

これは、第2章で取り上げた生物多様性条約におけるDSIの利益配分に関する問題と同型である。GISAIDの方針はそのような問題に対する一つの解決方法を示唆するものであろう。例えば、サイエンス誌は強毒性のH7N9ウイルスの配列情報を中国グループが提供した際、関係のないグループがそのデータを使って論文発表することを阻止して中国グループの先取権を確保したことがあったことを、コックスの発言として伝えている。[15] 無条件かつ無償で入手できる公的データベースの配列情報は、データ解析のためのバイオインフォマティックスの知識、コンピュータやソフトウェア、比較する過去のデータを豊富に有する高所得国の研究機関を有利にする。中低所得国の研究者は、データを提供しても得られるものがない、逆に収奪されるだけとなるという恐れから、データの提供を躊躇してきた。サイエンス誌は「データ共有ジレンマ」[16]と表現している。GISAIDの方針は、そのような研究者や研究機関にとって、貴重な研究プラットフォームとなったのである。

GISAIDは二〇一〇年にドイツ政府の後援を受け、本拠地もミュンヘンに移った。現在の主な財政支援機関はロックフェラー財団である。二〇二〇年一月にはSARS-CoV-2のゲノムデータを公開し、一年後の二一年初頭には一〇〇万件、二二年初頭には一〇〇〇万件の情報提供を受けるまでになった。例えば、二〇二一年一二月のロイターのニュース記事は、同年一一月にオミクロン株が南アフリカで初めて見つかった時の状況を伝えている。[17] 一一月一九日に検査機関から国立伝染病研究所に八検体のゲノム解読の結果が伝えられ、同研究所はさらに三二検体を追加してスパイクタンパク質の重大な変異を確認した。そして、一一月二三日にGISAIDにデータを入力したが、その時すでにボツワナと香港でも同じ配列情報が報告されていることを知った。世界保健機関（WHO）への報告は、翌日の二四日であった。

GISAIDは「データ共有ジレンマ」を回避できるだけでなく、ゲノムデータの入力が容易であるという点でも選ばれたようである。いずれにせよ、オミクロン株が出現した時点では、SARS－CoV－2に関する最大のデータベースであり、WHOもGISAIDへの入力を推奨していた。

では、最近のGISAIDへの批判は何なのか。

一つは、オープンアクセスではないという点である。GISAIDは利用者を登録制にして、データ提供者の許可なくデータを二次利用することを認めない。ウイルスの系統解析を行いたい場合、解析結果は出力できても、その根拠となる一群のデータセットを投稿学術誌に供託することはできない。[18]研究結果を追試して再現性が確認できなければ、学術論文とは認められないので査読は通らないことになる。

二つ目は、データ利用者へのアクセス制限が恣意的に見える点である。GISAIDに批判的な利用者へのアクセス制限、利用者によってデータのダウンロード方法がファイル毎か一括か異なるなど、[19]その待遇の差が何に由来するのかも不透明である点も不満をもたらしている。

三つ目は、SARS－CoV－2の塩基配列データを誰が最初に公開したかという点で、歴史を改ざんしているという批判である。サイエンス誌によると、[20]ウイルスゲノムの塩基配列は、上海の復旦大学の研究者が解読し、シドニー大学の研究者を介して、二〇二〇年一月一一日にエジンバラ大学のウイルス学者が運営するvirological.orgというサイトに公開したという。ところがGISAIDは、二〇二三年の三月に、一月一〇日に中国のCDCからゲノム情報の提供を受けて公開していたとホームページでコメントした。これに対して、多くのウイルス学者が異議を唱えている。

四つ目は、当初約束していた公的データベースへのデータ移管が行われていない点。五つ目は、代表者であるピーター・ボグナーの経歴や人物への疑問である。

これらのうち本質的なのは、一点目の「データ共有ジレンマ」が十分に解決できていないことであろう。それ以外の点は、組織としてのガバナンスの改善で対処できそうである。遺伝資源のDSIの場合は、データの元になっている農民の権利との知的財産権の対立であり、在来種と近代品種のモノとしての性質の違いが加わって、問題は非常に複雑である。それに比べると、新型コロナウイルスの地域性は短期的なもので、付属しているのは解読した研究者の権利だけである。対立は論文や特許の先取権に関するもので、より単純である。ただし、作物の品種改良と異なって、パンデミックは多くの人々の生命に関わるために、スピードが重要になる。

そのように考えると、データの二次的利用を認めるなど、現在のGISAIDよりもオープンアクセスを重視しつつ、かつデータ提供者の権利に透明性をもって配慮するという路線が最善であろう。右のような批判はあるものの、これまで世界中のデータを収集して公開することに成功したGISAIDの功績は十分に評価すべきものと考える。オープンアクセスの〈自然〉と権利保護の〈技術〉の中間を進むというのが、両者が分かちがたく結びついた「生成自然」＝「生成技術」の時代の困難な科学技術政策の役割なのではないだろうか。

データとモノ　〈自然〉と〈技術〉

SARS-CoV-2の塩基配列データは、ウイルスのタンパク質の構造を明らかにすることで、感染やワクチンで誘導された抗体が変異株にどのように作用するかを予測することをある程度は可能にするだろう。その予測に基づいて、有効なワクチンや抗ウイルス薬をデザインすることもできるかもしれない。あるいは、どのような変異が起きてきたか、その系統を辿ることによって、ウイルスの起源や中間宿主、感染経路など、ニッチ構築の変遷を推定することができる可能性がある。データは現在そこにあるモノを超えて、潜在的なものや可能なものへの想像力を与える。

このようなデータの活用にはオープンアクセスが適している。遺伝資源とその産業応用による利益配分のように二者関係で解決できる問題ではない。前述のように、データの提供に対しては、何らかの共的・公的な補償の仕組みが必要であろう。さらに、COVID-19のような場合、いつどこで誰がどんなデータを提供するか／しないかという問題は政治的でもある。ウイルスの感染防止対策も、発生起源や感染経路も、国家の保健政策や国際関係と関わってくるからである。

しかし、ウイルスRNA塩基配列のデータはウイルスのごく一部分でしかない。実際に生体内でウイルスが宿主細胞や抗体とどのように相互作用するか、細胞内でRNAがどのように翻訳され、あるいは複製されるのか、つまりモノとしての振る舞いはデータからはわからない。ましてや、人間の集団内で変異したウイルスがどのように感染を広げるか、ワクチンの接種がどのような効果をもたらすかという問題になると、塩基配列情報のデータとはギャップが大き過ぎる。病害虫の薬剤抵抗性と同様に、ウイルスの変異も感染対策やワクチンによる人為選択による進化であり、〈氾濫〉である。ウイルスゲノムのデータは、事後的に〈氾濫〉の足跡を知ることができるだけである。

モノの世界は広大で基本的にはあらゆるモノと人がリンクしているが、特定の場面での配置は文化的に制約され歴史的に持続している部分がある。AIVでの養鶏産業のサプライチェーンや養鶏場もそうであるし、COVID‐19における人間関係の文化、保健行政、都市計画、通勤手段も同様である。その意味では、都市は巨大な〈均質化〉されたヒトの「養鶏場」であるとも言える。鶏舎を結んで給水——場合によっては抗菌剤やワクチンも流される——、給餌、糞尿、鶏卵を運搬するベルトコンベアは、都市のインフラと交通機関に相当して、重要な感染経路の一部を構成する。そして、ワクチンを含むモノの相互作用によってウイルスは変異し、その一部がデータとして記録される。このようなモノの配置と相互作用はデータを生成する環境であり、データとは独立である。

すなわち、データとモノは一対一で対応する関係にはない。一方で、モノはデータでは捉えきれない非常に多くの部分を含んでいる。他方で、データは現実のモノが存在する時間と空間を飛び超える。モノにはモノの能動性があり、データにはデータの能動性がある。だがここで、ミシェル・フーコーを思い出さないでほしい。データは古典主義時代の言葉ではない。データもモノも物である。加えて、主体としての人間は「生成技術」によって背景に退き始めている。

「生成自然」としてのゲノム配列データは、シークエンサーによる塩基配列解読という〈技術〉が生成した〈自然〉である。「生成技術」としてのワクチンというモノは、〈自然〉に変異したウイルスの一部や「生成自然」としてのゲノムデータから合成したRNAであり、〈自然〉から生成した〈技術〉である。物と人間の関係を〈自然〉と〈技術〉の関係に対応させることはできるが、両者は混然一体となってそれぞれデータとモノに溶け込んでいるのである。

雑多なエピソードを並べた本書に、何か具体的で前向きなメッセージがあるとすれば、私たちが

〈技術〉だと思うモノには多くの自然の能動性が含まれていることを知ってほしいということである。都市に住む私たちの多くは、自然から切り離された〈技術〉の世界にいるように思いがちである。自然と聞いて、白神山地や屋久島を思い浮かべる必要はない。「安価な自然」として収奪されている自然は、〈技術〉のなかに八百万の神のようにたくさん隠れている。

データベース化されたウイルスの変異も、それを利用したワクチンも〈技術〉のなかの自然である。遺伝子組換えもゲノム編集も、自然の能動性を巧妙に利用している。本書は生物の繁殖に関わる問題を中心に論じたが、天然資源にまで拡張して考えると、多種多様なエネルギー、レアメタル満載のスマートフォン、電気自動車のバッテリー、あらゆるモノの素材、すべてどこかに自然が利用されている。ただ、その能動性を私たちが意識するのは、それらの装置が〈氾濫〉を起こすとき、つまり壊れたり、爆発したり、放射能をまき散らしたり、発火したりして制御不能になったときである。それらの自然も潜在的には能動的であり、人間が完全にコントロールすることはできない。

これらの自然を能動的なものと見ることとは、それらのモノが持続的に私たちと共存している複数の他者であると認識することに他ならない。私たちの食料やエネルギーや素材となっている多数のモノは、私たちと共に存在している他者である。それぞれが独立した他者であると認識されれば、加工され形態を変えられても、持続的に人間と関係を結んでいることに対して、たとえそれが無生物であっても、何らかの親近感や倫理感が芽生えるのではないだろうか。

生物だけでなく無生物についても、それらの能動性による自然環境や文化環境の変化が起こるとすれば、ニッチ構築理論に基づく記述が有効である。もちろん、進化生物学のニッチ構築理論ではなく、ミシェル・カロンの〈氾濫〉という概念で拡張したバージョンであるが。

リチウムイオン電池の正極にコバルト酸リチウムとして使われているコバルトは、主としてコンゴ民主共和国でコバルトを含有する鉱石を労働者（児童も含むと言われる）が素手で手掘り採掘している。何と、ポトシ銀山の時代と大して変わっていないのである。コバルトは呼吸器系への障害、皮膚感作性、発癌性、生殖毒性があることが知られている。露天掘りであるため、雨水はコバルトだけでなくカドミウムや鉛など、他の重金属も溶かして周辺地域を汚染する。さらに、コバルト酸リチウムを用いたリチウムイオン電池は熱暴走の危険があるほか、ニッケルやマンガンと組み合わせた正極を使う場合も高温では発火する。

これらは人間の〈技術〉のみが引き起こした〈氾濫〉ではなく、コバルトあるいはその鉱物のモノとしての特性である。そこで、他者としてのコバルトとの付き合い方の見直しが必要になる。しかし、実際に働いている倫理は、コバルト採掘における労働者や児童の健康被害、労働搾取、地域社会の環境破壊であって、あくまでも人間に対する人間の責任を問うものである。コバルト採掘現場の規制はなかなか進まないが、電気自動車のバッテリーはコバルトをできるだけ使わない——その代わりにニッケルやマンガンとのよい関係を考えなければならないが——方向にシフトしている。

ここに、コバルトを媒介にして人間と人間の間にのみ働く倫理を考えることの限界がある。モノの倫理を考えるならば、コバルトが関係するのは人間だけではない。コバルトが含まれる鉱石や鉱床の他の重金属、地下水や土壌、そして人間以外の生物についても、コバルトを媒介にした——あるいはリチウムイオン電池を媒介にしてもよいかもしれない——関係が見えてくるであろう。食の生産に関わる環境影響、気候変動や生物多様性に現れているように、人間への被害以外にも環境倫理が発動する余地はある。

ライフサイクル環境影響評価（life cycle assessment, ＬＣＡ）は他者としてのモノが生産され廃棄される、生物であれば生まれてから死ぬまでの過程に関するデータである。それはモノの一部しか捉えられないけれど、潜在的・可能的な過程についてシミュレーションすることができる。その予測が有効であるためには、モノの現実とデータの関係が重要である。やはりデータの正当性の問題は避けて通れない。

モノやデータの側からの倫理を構想するに当たって、私たちを取り巻く〈技術〉のなかに自然を見出すことは、他者としてのモノの共存をモノ自体やデータから認識する契機となり得ると考える。その反対に、声高に〈自然〉として顕れているものは、すでに資本化、つまり商品化されている自然である。同様に、自然であることが付加価値になり、正当化の根拠とされる場合は、注意が必要である。そのような〈自然〉のなかにはたくさんの技術が隠れている。

私たちの世界は自然から切り離されているのではなく、複数の他者としての自然とともにある。

あとがき

本書は花伝社の家入祐輔さんからのお誘いで書き始めた。お声をかけていただいたことに感謝申し上げる。その意味では本書はほぼ書き下ろしであるが、全体のコンセプトと第2章の一部は、「シリーズ　環境社会学講座」の第4巻『答えのない人と自然のあいだ』（新泉社近刊、福永真弓・松村正治編）の一つの章として執筆したものが土台になっている。その時いただいたお題が「つくられる自然」というものだった。この章は一万字程度という枠の短いエッセイであるが、きっかけとなった。編者のお二人に感謝したい。

また、本書で扱った事例は主に農業技術である。これは、以前の勤務先の大学で二〇年近く担当した科目「食料問題と環境」において、教材をつくり、授業のなかで学生さんたちの質問に答え、教材を更新するというプロセスを繰り返したことに基づいている。受講してくれた学生の皆さんとのやり取りで得た経験は大きかった。お名前を挙げることはできないが感謝したい。

その授業では、私も分担執筆した桝潟俊子・谷口吉光・立川雅司編著『食と農の社会学——生命と地域の視点から』（ミネルヴァ書房）の一部を教科書として利用した。その経験も本書に反映している。三名の編者の先生方に御礼を申し上げる。また、この教科書の「地域ブランド」の章で、本書の第1章で取り上げたテロワールという概念を知った。著者の須田文明さんに感謝する。須田さんのご研究は、市場に関するミシェル・カロンの論文の翻訳についても、第3章で参照させていただいた。

序章のゲノム編集についての記述は、この問題と向き合っていた消費者団体、たねと食とひと@フォーラム、生活クラブ京都エルコープへのインタビューおよびアンケート調査の結果を含む。この二団体に加えて、生活クラブ生協連合会、とちぎ食の安全ネットワークからも講演を依頼され、その資料作成のために政策決定プロセスを調べたことも序章と第5章の最後の部分に反映されている。機会を与えていただいたことを感謝する。たねと食とひと@フォーラムには、大学三年生のゼミ活動としてインタビュー調査を申し込んで知己を得た。そこから他の消費者団体との関係につながった。当時代表をされていた吉森弘子さん、事務局の西分千秋さんに深く感謝申し上げる。

また、ゲノム編集を用いたアポミクシスのメカニズムに関する研究について、佐藤豊先生、岡本龍史先生にご教示いただいた。植物の授粉から発生への過程についての難しい原著論文を多少なりとも理解することができたと思う。改めて御礼を申し上げる。

第3章で言及したウォーラーステインの世界システム論は、恩師である駒井洋先生の薫陶を受けた。第1章と第3章で取り上げた蚕のハイブリッドは、先生指導の下で最初に社会学の学術誌に発表できた論文のテーマであった。就職と最初の本の出版も先生のお力添えがなければ叶わなかった。もう四半世紀も前のことになってしまったが、改めて感謝の気持ちを記しておきたい。

第4章の在来家畜研究会に関する研究は本来独立した科研のテーマであったが、私の健康上の理由で遂行できなくなり、退職とともに代表者の資格も喪失して廃止となった。しかし、その研究会の会員数名へのインタビューや研究会報の読解結果を無駄にできないと思い、本書の趣旨に合わせて活用させていただいた。ご協力いただいた万年英之会長、および初期からのメンバーである天野卓先生、前田芳實先生に深く感謝申し上げるとともに、予定していたものとは異なった形での成果発表となったことをお詫びしたい。また、万年先生、天野先生、そして西中川駿先生には、第4章の原稿を読んでいただいてコメントを頂戴した。

初期の在来家畜研究会には私の亡き父も参加していた。子どもの頃、春休みや夏休みになると父は長期出張で不在であったが、珍しい土産を買ってきた。小学校低学年時に覚えているのは、米軍占領下の琉球の切手帳、巨大なヨナグニサンなどの蛾や蝶を封入したビニールシートなど。台湾や東南アジアに何をしに行っていたのか、図らずも初めて知ることになった。これはまったく偶然である。

第6章の事例として扱った新型コロナウイルスに関しては、大学院の授業科目「科学技術社会論」で三年間に亘りその起源と変異に対する異なった分野の科学者のアプローチについて取り上げた。ここでも履修した大学院生・留学生の諸氏からの質問やコメントに励まされた。感謝したい。

このように本書は多くの方々との関係のなかでつくられたが、そこに含まれる間違いや記述の不適切さは著者である私の責任であることは言うまでもない。

最後に、私事になるが、昨夏新幹線の駅で動けなくなった際に助けていただいた方々に感謝申し上げたい。手術の後遺症で右肺が機能していない状況下で、左肺が気胸になったのである。突然呼吸ができなくなり、ホームに座り込んだまま声も出なかった。通りかかった方が駅務員を呼んで、救急搬送された。主治医の話では大変危険な状況だったとのこと。助けていただいた方にはお名前を聞くこともできなかったが、熱中症と思ったのか自販機で水のペットボトルを買って渡してくれた。加えて、駅のＪＲ職員の皆様、救急隊と医療関係者の皆様にも心からお礼を申し上げたい。

気胸は元々あった肺の換気障害を増悪させ、授業で規定時間話すことができなくなった。そこで大学は退職したのだが、その後も風邪をひくたびに肺機能が落ち、本書の本文を書き終えた二〇二三年の七月末には鼻孔カニュラをつけて在宅酸素療法を受けることになった。生活全般を支えてくれている妻の道子、いつも気持ちを未来に向けてくれる二人の大きな子供たち、良人と柚樹に感謝する。

注

序章

1　1909年にスウェーデンのニルソン・エーレ（Herman Nilsson-Ehle）は，コムギの粒色の濃淡を決定する遺伝子が3 個あり，連続変異を示す量的形質もメンデルの遺伝法則に従うと結論した．また，英国のロナルド・フィッシャー（Ronald Fisher）が1918年の論文で，微小な効果を持つ無限に膨大な数の遺伝子によって量的形質に影響を与えるモデル（infinitesimal model または polygenic model）を発表した．Nelson, R.M., Pettersson, M.E. and Carlborg, O. (2013). A century after Fisher: time for a new paradigm in quantitative genetics. *Trends in Genetics* 29(12): 669-676.

2　除草剤抵抗性作物と除草剤をセットで使うこと，および害虫抵抗性作物によって，雑草や害虫による収穫量の減少を抑制することで，間接的に単収が上がる．しかし，それは除草剤や殺虫剤を使用する効果と類似したものであり，植物として単収が上がるような育種は商業的なレベルではできていない．

3　GMO が導入される前の1995年と2020年の単収（収穫量／面積）を FAOSTAT（https://www.fao.org/faostat/）のデータで比較すると，米国のダイズが144%，トウモロコシが151%，カナダのナタネが192%である．

4　Potapov, P., Turubanova, S., Hansen, M.C. et al. (2022). Global maps of cropland extent and change show accelerated cropland expansion in the twenty-first century. *Nature Food* 3, 19–28.　https://doi.org/10.1038/s43016-021-00429-z

5　新型コロナウイルスのパンデミックが生じてすぐ，国連環境計画（UNEP）は国際家畜研究所と共編で「次のパンデミックを予防せよ――人獣共通感染症の感染経路を断つためには人獣共通感染症に関する報告」と題する報告書を刊行した．以下の記述はその報告書に基づく．United Nations Environment Programme and International Livestock Research Institute (2020). *Preventing the Next Pandemic: Zoonotic diseases and how to break the chain of transmission*. Nairobi, Kenya.（https://wedocs.unep.org/bitstream/handle/20.500.11822/32316/ZP.pdf?sequence=1&isAllowed=y，2023年6月8日確認）

6　Beyer, R. M., Manica, A. and Mora, C. (2021). Shifts in global bat diversity suggest a possible role of climate change in the emergence of SARS-CoV-1 and SARS-CoV-2. *Science of the Total Environment*, 767, 145413. https://doi.org/10.1016/j.scitotenv.2021.145413.

7　Bar-On, Y. M., Phillips, R., Milo, R. (2018). The biomass distribution on Earth. *Proceedings of the National Academy of Sciences* 115(25), 6506-6511. https://doi.org/10.1073/pnas.1711842115

8　陸地面積133億 ha（内水面面積を除く）のうち15.6億 ha が農地であると推定されている．Nikos Alexandratos, N., Bruinsma, J., Global Perspective Studies Team. (2012). *World agriculture towards 2030/2050 : The 2012 Revision*, Food and Agriculture Organization of the United Nations, p. 101-102.

9　Siipi, H. (2008). Dimensions of Naturalness. *Ethics and the Environment, 13*(1), 71–103. http://www.jstor.org/stable/40339149

10　Siipi, H. (2008) では，歴史と関係のほかに性質による理由付けも挙げている．しかし，

性質は実体（対象や存在）の属性であると述べられているため，ここでは除外した．同論文 75 頁.

11　伊原賢 (2013).「シェールガス革命とは何か：石油開発技術者の視点」,『物理探査』66(4), 243-251 頁 . https://doi.org/10.3124/segj.66.243

12　Mike Zuber (2013). Using technology to evaluate and optimize unconventional resource development,『石油技術協会誌』, 78(1), 47-55. https://doi.org/10.3720/japt.78.47

13　図 0-3 は，野澤謙 (1975).「家畜化と集団遺伝学」『日本畜産学会報』46(10), 549-557. https://doi.org/10.2508/chikusan.46.549 に基づく．この図はその後も繰り返し使われている．野澤謙・西田隆雄 (1981).『家畜と人間』, 出光書店, 5 頁の第 2 図．野澤謙 (2009).「I － 1 家畜とは何か？在来家畜とは？」，在来家畜研究会編『アジアの在来家畜―家畜の起源と系統史』，名古屋大学出版会，5 頁の図 I-1-1.

14　Latour, Bruno (1991). *Nous n'avons jamais été modernes. Essais d'anthropologie symétrique*, La Decouverte. = (2008). 川村久美子訳『虚構の「近代」―科学人類学は警告する』新評論．Latour, Bruno (2005). *Reassembling the Social. An Introduction to Actor-network-theory*, Oxford University Press. = (2019). 伊藤嘉高訳『社会的なものを組み直す―アクターネットワーク理論入門』法政大学出版局.

15　DeLanda, M. (2006). *A New Philosophy of Society*. Continuum. = (2015). 篠原雅武訳『社会の新たな哲学―集合体、潜在性、創発』人文書院 .

16　Braidotti, R. (2013). *The Posthuman*. Polity. = (2019). 門林岳史監訳『ポストヒューマン―新しい人文学に向けて』フィルムアート社 .

17　Ingold, T. (2018). *Anthropology: Why It Matters*. Polity. = (2020). 奥野克巳・宮崎幸子訳『人類学とは何か』亜紀書房 .

18　Tsing, Anna Lowenhaupt (2015). *The Mushroom at the End of the World: On the Possibility of Life in Capitalist Ruins*. Princeton: Princeton University Press. = (2019). 赤嶺淳訳『マツタケ―不確定な時代を生きる術』みすず書房.

19　Fox, N. J. and Alldred P. (2018). Social structures, power and resistance in monist sociology: (New) materialist insights. *Journal of Sociology* 54(3): 315-330.

20　Grierson, Philip James Hamilton (1903). *The Silent Trade*. Edinburgh: William Green and Sons. = (1997). 中村勝訳『沈黙交易―異文化接触の原初的メカニズム序説』ハーベスト社 .

21　Cosgrove, D. (1985). Prospect, Perspective and the Evolution of the Landscape Idea. *Transactions of the Institute of British Geographers*, 10(1), 45–62. https://doi.org/10.2307/622249

22　Moore, J. (2015). *Capitalism in the Web of Life: Ecology and the Accumulation of Capital*. Verso Books. = (2021), 山下範久監訳 , 滝口良訳『生命の網のなかの資本主義』東洋経済新報社，39 頁.

23　Gane, N. (2006). When We Have Never Been Human, What Is to Be Done?: Interview with Donna Haraway. *Theory, Culture & Society*, 23(7–8), 135–158. https://doi.org/10.1177/0263276406069228

24　Haraway, Donna J. (1997). *Modest_Witness@Second_Millennium. FemaleMan©_Meets_OncoMouse[a]: Feminism and Technoscience*. New York: Routledge, p. 106.

25　平川秀幸 (2002). 5 章 リスクの政治学 - 遺伝子組み換え作物のフレーミング問題 , 小林傳司編『公共のための科学技術』玉川大学出版部 , 109–138 頁.

26　ナチュラルオカレンスは，カルタヘナ法施行規則第２条で遺伝子組換え技術を定義する際の除外規定の一つで，細胞に「自然条件において当該細胞が由来する生物の属する分類上の種との間で核酸を交換する種に属する生物の核酸」を移入することである．現状では微生物の場合にのみ適用される．

27　実際には，すべての塩基配列において等確率で変異が起きるとは考えられない．染色体はヒストンというタンパク質によって保護されて折りたたまれており，ヒストンの化学修飾の度合いや細胞の状態によって，あるいは外部からの刺激による遺伝子発現の状態によって，突然変異誘発に対する感受性は異なると考えられる．

28　植物の場合，部位特異的ヌクレアーゼの遺伝子を細胞内に導入することが多い．この遺伝子は，導入していない植物と戻し交配を繰り返すことによって除去することができる．GMO では導入した遺伝子を除去すると改変した性質が失われるが，ゲノム編集で改変した遺伝子は，その編集に用いた部位特異的ヌクレアーゼの遺伝子とは別の遺伝子であり，染色体上の別の場所に存在することから，交配を繰り返すことによって部位特異的ヌクレアーゼの遺伝子だけを除去した植物を得ることが可能である．ちなみに，動物の場合は部位特異的ヌクレアーゼそのもの（遺伝子ではなく，工学的につくられた酵素と RNA 等の複合体）を受精卵に注入することが可能なので，遺伝子を除去する必要はない．

29　注 24 を参照．

30　Sprink T, Eriksson D, Schiemann J, Hartung F. (2016). Regulatory hurdles for genome editing: process- vs. product-based approaches in different regulatory contexts. *Plant Cell Reports* 35(7),1493-1506. doi: 10.1007/s00299-016-1990-2

31　Otsuka, Y. (2021). Consumer Movements Confronted by Naturalness in Gene Editing in Japan, *East Asian Science, Technology and Society: An International Journal*, 15(1): 24-45.

32　Kato-Nitta, N., Maeda, T., Inagaki, Y., Tachikawa, M. (2019). Expert and public perceptions of gene-edited crops: attitude changes in relation to scientific knowledge. *Palgrave Communations* 5, 137. https://doi.org/10.1057/s41599-019-0328-4

第 1 章

1　non-human 非人間という用語は Latour らのアクターネットワーク理論による．Latour, Bruno (1991). *Nous n'avons jamais été modernes. Essais d'anthropologie symétrique*, La Decouverte. ＝ (2008). 川村久美子訳『虚構の「近代」―科学人類学は警告する』新評論．

2　Benjamin, Walter (1972) Das Kunstwerk im Zeitalter seiner technischen Reproduzierbarkeit, Gesammelte Schriften, Bd, Ⅰ, Ⅶ, Frankfurt a, M. = (1995) 久保哲司訳「複製技術時代の芸術」『ベンヤミン・コレクション』第Ⅰ巻、筑摩書房．

3　Scott, James C. (2017). *Against the grain: A deep history of the earliest states.* New Haven: Yale University Press. ＝立木勝訳（2019）『反穀物の人類史：国家誕生のディープヒストリー』みすず書房．

4　Huang X et al. A map of rice genome variation reveals the origin of cultivated rice. *Nature*. 2012 Oct 25;490(7421):497-501.

5　須田文明，戸川律子 2013.「テロワール産品の真正性と地域ガバナンス」『フードシステム研究』20(3): 263-268 頁．

6　中央果実協会 2021「世界の醸造用ぶどう栽培の動向：気候変動対応と持続可能性の

取組」『海外果樹農業情報』No.148, 2020-4. https://www.japanfruit.jp/research/overseas.html
7 児玉徹 2020.「地理的表示はワインのテロワールを保証するのか ～法政策、科学、そして「創られた伝統」の相克の間で～」『流通經濟大學論集』55(2): 39-64 頁.
8 Ramos-Madrigal, J., Runge, A.K.W., Bouby, L. et al. Palaeogenomic insights into the origins of French grapevine diversity. *Nat. Plants* 5, 595–603 (2019). https://doi.org/10.1038/s41477-019-0437-5
9 Chen, G., Zhou, X., Khasannov, M. et al. (2022). Morphotype broadening of the grapevine (Vitis vinifera L.) from Oxus civilization 4000 BP, *Central Asia. Sci Rep* 12, 16331. https://doi.org/10.1038/s41598-022-19644-0
10 Myles, S., Boyko, A. R., Owens, C. L., Brown, P. J., Grassi, F., Aradhya, M. K., Prins, B., Reynolds, A., Chia, J.-M., Ware, D., Bustamante, C. D., & Buckler, E. S. (2011). Genetic structure and domestication history of the grape. *Proceedings of the National Academy of Sciences* 108 (9), 3530–3535. https://doi.org/10.1073/pnas.1009363108.
11 The French–Italian Public Consortium for Grapevine Genome Characterization. The grapevine genome sequence suggests ancestral hexaploidization in major angiosperm phyla. *Nature* 449, 463–467 (2007). https://doi.org/10.1038/nature06148.
12 在来家畜研究会のメンバー間でも意見が分かれている. 黒毛和種を在来種とみなすかどうかという問いは, その研究者の在来種に対する考え方を表す指標になるという. (同会会長で神戸大学教授の万年英之氏へのインタビューから, 2021 年 10 月 18 日)
13 野澤謙・西田隆雄 (1981).『家畜と人間』, 出光書店, 234 頁.
14 Mannen H, Yonezawa T, Murata K, Noda A, Kawaguchi F, Sasazaki S, Olivieri A, Achilli A, Torroni A. Cattle mitogenome variation reveals a post-glacial expansion of haplogroup P and an early incorporation into northeast Asian domestic herds. *Sci Rep.* 2020 Nov 30;10(1):20842. doi: 10.1038/s41598-020-78040-8.
15 口之島牛は, Kawahara-Miki, R., Tsuda, K., Shiwa, Y. et al. Whole-genome resequencing shows numerous genes with nonsynonymous SNPs in the Japanese native cattle Kuchinoshima-Ushi. *BMC Genomics* 12, 103 (2011). https://doi.org/10.1186/1471-2164-12-103. 見島牛は, Kaoru Tsuda, Ryouka Kawahara-Miki, Satoshi Sano, Misaki Imai, Tatsuo Noguchi, Yousuke Inayoshi, Tomohiro Kono. 2013. Abundant sequence divergence in the native Japanese cattle Mishima-Ushi (Bos taurus) detected using whole-genome sequencing. *Genomics* 102(4), 372-378. https://doi.org/10.1016/j.ygeno.2013.08.002.
16 松川正 (2010).「第 1 章　ウシ (肉牛)」正田陽一編『品種改良の世界史・家畜編』悠書館, 70-72 頁. 国立国会図書館デジタルコレクション「国牛十図」https://dl.ndl.go.jp/pid/2543102
17 楠瀬良 (2010).「第 3 章　ウマ」正田陽一編『品種改良の世界史・家畜編』悠書館, 201-256 頁.
18 Derry, M. E. (2020). Theory and method: An analysis of European and American animal breeding practices, from the eighteenth to the twenty-first century. In *Agricultural History* (Vol. 94, Issue 3, pp. 324–361). Agricultural History Society. https://doi.org/10.3098/ah.2020.094.3.324
19 Derry, M. E. (2020). pp. 327-8.
20 Wieland, T. (2006). Scientific theory and agricultural practice: Plant breeding in

Germany from the late 19th to the early 20th century. In *Journal of the History of Biology* (Vol. 39, Issue 2, pp. 309–343). https://doi.org/10.1007/s10739-006-0006-4　リンパウだけでなくローハウの記述も，同じ文献による．
21　Wright S (1932) The roles of mutation, inbreeding, crossbreeding and selection in evolution. In: *Proceedings of the sixth international congress of genetics*, pp. 356–366.
22　森脇靖子 (2010).「外山亀太郎と明治期の蚕糸業における蚕の「種類改良」」『科学史研究』49: 163-173.
23　大日本蚕糸会編 (1936).『日本蚕糸業史第三巻』大日本蚕糸会，370 頁.
24　大塚善樹 (1996).「バイオテクノロジーと第三世界」『社会学評論』47(3): 378-394 頁 .
25　平塚英吉 (1969).『日本蚕品種実用系譜』大日本蚕糸会蚕糸科学研究所，56 頁.
26　沢辺満智子 (2020).『養蚕と蚕神――近代産業に息づく民俗的想像力』，慶應義塾大学出版会.
27　Rogers, E. M. (2003). *Diffusion of innovations (5th ed.)*. New York, NY, Free Press. = (2007). 三藤利雄訳『イノベーションの普及』，翔泳社.
28　Duvick, D. N. (1959). The Use of Cytoplasmic Male-Sterility in Hybrid Seed Production. *Economic Botany*, 13(3), 167–195. http://www.jstor.org/stable/4288018
29　Derry, M. (2015). *Masterminding Nature: The Breeding of Animals, 1750–2010*. Toronto: University of Toronto Press, p. 83.
30　Van Harten, A.M. (1998). *Mutation breeding –theory and practical breeding*. Cambridge University Press, Cambridge, UK, p. 16.
31　西村実 (2022).「放射線により誘発される DNA 変異の構造―イネ突然変異体の解析事例から―」『育種学研究』，論文 ID 20J22,［早期公開］公開日 2022/03/19, Online ISSN 1348-1290, Print ISSN 1344-7629, https://doi.org/10.1270/jsbbr.20J22,
32　Nakagawa, H. (2021). History of Mutation Breeding and Molecular Research Using Induced Mutations in Japan. In S. Sivasankar et al. (eds) *Mutation Breeding, Genetic Diversity and Crop Adaptation to Climate Change*. International Atomic Energy Agency, 24-39. DOI: 10.1079/9781789249095.0003
33　Broad, W. J. (2007). Useful Mutants, Bred with Radiation. *The New York Times*. Aug. 28.
34　Van Harten, A.M. (1998). 前掲書，pp. 39-42.

第 2 章

1　Brenneman M, Gimble FS, Wilson JH. Stimulation of intrachromosomal homologous recombination in human cells by electroporation with site-specific endonucleases. *Proc Natl Acad Sci U S A*. 1996 Apr 16;93(8):3608-12. doi: 10.1073/pnas.93.8.3608. PMID: 8622983; PMCID: PMC39658.
2　Kim YG, Cha J, Chandrasegaran S. Hybrid restriction enzymes: zinc finger fusions to Fok I cleavage domain. *Proc Natl Acad Sci U S A*. 1996 Feb 6;93(3):1156-60. doi: 10.1073/pnas.93.3.1156. PMID: 8577732; PMCID: PMC40048.
3　Chandrasegaran S, Carroll D. Origins of Programmable Nucleases for Genome Engineering. *J Mol Biol*. 2016 Feb 27;428(5 Pt B):963-89. doi: 10.1016/j.jmb.2015.10.014. Epub 2015 Oct 23. PMID: 26506267; PMCID: PMC4798875.
4　Christian M, Cermak T, Doyle EL, Schmidt C, Zhang F, Hummel A, Bogdanove AJ, Voytas DF. Targeting DNA double-strand breaks with TAL effector nucleases.

Genetics. 2010 Oct;186(2):757-61. doi: 10.1534/genetics.110.120717. Epub 2010 Jul 26. PMID: 20660643; PMCID: PMC2942870.

5　アセンブリジ理論の観点から COP13 を分析した Bond & Scott は，両者の違いを「知られている性質」と「潜在的な空間」の差であると述べている．Bond, M. R. & Scott, D. (2020). Digital biopiracy and the (dis)assembling of the Nagoya Protocol. *Geoforum*, 117, 24–32. https://doi.org/10.1016/j.geoforum.2020.09.001

6　仲里猛留，坊農秀雅，2016.「次世代シークエンスデータベースの活用法最前線」『化学と生物』54(12): 873-877.

7　Rohden, F., Huang, S., Dröge, G. & Scholz, A. H. (2020). Combined study on digital sequence information in public and private databases and traceability. Report No. CBD/DSI/AHTEG/2020/1/4
https://www.cbd.int/doc/c/1f8f/d793/57cb114ca40cb6468f479584/dsi-ahteg-2020-01-04-en.pdf

8　Rohden, F., Huang, S., Dröge, G. & Scholz, A. H. (2020). Combined study on digital sequence information in public and private databases and traceability. Report No. CBD/DSI/AHTEG/2020/1/4
https://www.cbd.int/doc/c/1f8f/d793/57cb114ca40cb6468f479584/dsi-ahteg-2020-01-04-en.pdf

9　Nonaka, S., Arai, C., Takayama, M., Matsukura, C., & Ezura, H. (2017). Efficient increase of Γ -aminobutyric acid (GABA) content in tomato fruits by targeted mutagenesis. *Scientific Reports*, 7 (1). https://doi.org/10.1038/s41598-017-06400-y

10　Akihiro, T., Koike, S., Tani, R., Tominaga, T., Watanabe, S., Iijima, Y., Aoki, K., Shibata, D., Ashihara, H., Matsukura, C., Akama, K., Fujimura, T., & Ezura, H. (2008). Biochemical mechanism on GABA accumulation during fruit development in tomato. *Plant and Cell Physiology*, 49 (9), 1378–1389. https://doi.org/10.1093/pcp/pcn113

11　Gao, C. (2021). Genome engineering for crop improvement and future agriculture. *Cell* 184(6), 1621–1635. https://doi.org/10.1016/j.cell.2021.01.005. なお，この文献では８点の有望な育種方法が記載されているが，本文の趣旨との関係でそのうちの３点のみ記載した．

12　町田（平野）僚子・山本昭夫・土門英司（2021）「遺伝資源由来のデジタル配列情報の議論と育種研究への影響」『育種学研究』23: 61–68. doi: 10.1270/jsbbr.20J07

13　生物多様性条約の「付属書Ｉ特定及び監視」に規定されている．

14　Rohden, F. and Scholz, A. H. (2022). The international political process around Digital Sequence Information under the Convention on Biological Diversity and the 2018–2020 intersessional period. *Plants, People, Planet*, 4(1), 51-60.　および生物多様性条約の DSI に関する以下の文書を参照．Co-leads' report on the work of the Informal Co-Chairs' Advisory Group on Digital Sequence Information on genetic resources since the third meeting of the Open-ended Working Group on the Post-2020 Global Biodiversity Framework CBD/WG2020/4/INF/4 https://www.cbd.int/doc/c/eae1/4682/e0b1ad44684c21251993a134/wg2020-04-inf-04-en.pdf

15　Brazil's position on DSI (Notification 2019-012), 03 June 2019.

16　内閣府のホームページ（https://www8.cao.go.jp/cstp/bio/index.html）にある「バイオ戦略 2019 本文」を参照．

17 Callon, M. 2013. Qu'est-ce qu'un agencement marchand? in Callon M. et al. eds. *Sociologie des Agencements Marchands*, 325-479. Presses des Mines.（= 2016. 北川亘太・須田文明訳,「市場的配置（アジャンスマン）とは何か」『關西大學經済論集』66(2): 127-160.）

18 Kloppenburg, J. and D.L. Kleinman. (1987). Seed wars: Common heritage, private property, and political strategy. *Socialist Review*, 95: 7–41.

19 設立時の加盟国は，デンマーク，ドイツ，オランダ，英国，フランス，スウェーデンである．70年代末には，ベルギー，スイス，イスラエル，南アフリカが加わる．

20 Andersen, R. (2005). *The History of Farmers' Rights: A Guide to Central Documents and Literature, Lysaker: Norway*, The Fridtjof Nansen Institute.

21 Harlan, J.R. 1975. Our Vanishing Genetic Resources. *Science* 188(4188): 618-621. https://www.science.org/doi/abs/10.1126/science.188.4188.618

22 Peschard, K. (2017). Seed wars and farmers' rights: comparative perspectives from Brazil and India. *The Journal of Peasant Studies*, 44(1), 144-168.

23 中空萌 (2019)『知的所有権の人類学――現代インドの生物資源をめぐる科学と在来知』世界思想社.

24 Moore, J. [2015] *Capitalism in the Web of Life: Ecology and the Accumulation of Capital*. Verso Books. = 2021 山下範久監訳，滝口良訳『生命の網のなかの資本主義』東洋経済新報社，192頁.

第3章

1 William Hardy McNeill (1976). *Plagues and Peoples*. Garden City, NY: Anchor Press. = (1985). 佐々木昭夫訳『疫病と世界史』，新潮社.

2 Crosby, Alfred W. (1972). *The Columbian Exchange: Biological and Cultural Consequences of 1492*, Greenwood Pub. Co. および Crosby, Alfred W. (1986). *Ecological Imperialism: the Biological Expansion of Europe, 900-1900*, Cambridge University Press. = (1989). 佐々木昭夫訳『ヨーロッパ帝国主義の謎――エコロジーから見た10～20世紀』，岩波書店 . = (2017). 改題『ヨーロッパの帝国主義――生態学的視点から歴史を見る』，ちくま学芸文庫.

3 Moore, J. (2015). *Capitalism in the Web of Life: Ecology and the Accumulation of Capital*. Verso Books. = (2021). 山下範久監訳，滝口良訳『生命の網のなかの資本主義』東洋経済新報社，340-346頁.

4 Kloppenburg, Jr., Jack R. (1988). *First the Seed: The Political Economy of Plant Biotechnology, 1492-2000*, Cambridge: Cambridge University Press.

5 Mies, M., Bennholdt-Thomsen, V. and von Werlhof, C., (1988). Women the Last Colony, Zed Book. = (1995). 古田睦美・善本裕子訳『世界システムと女性』，藤原書店.

6 Moore, J. W. (2010). Madeira, Sugar, and the Conquest of Nature in the "First" Sixteenth Century, Part II: From Regional Crisis to Commodity Frontier, 1506－1530. *Review (Fernand Braudel Center)*, 33(1), 1–24. http://www.jstor.org/stable/41427556

7 Moore, J. (2015). 前掲書，237頁.

8 青木康征 (2000).『南米ポトシ銀山―スペイン帝国を支えた"打ち出の小槌"』中公新書.

9 Moore, J. (2015). 前掲書，290頁.

10 Moore, J. (2015). 前掲書，原注37頁，注34.

11　Moore, J. (2015). 前掲書，358 頁.
12　Moore, J. (2015). 前掲書，375 頁.
13　Moore, J. (2015). 前掲書，386 頁.
14　Brockway, Lucile H. (1979). Science and colonial expansion: the role of the British Royal Botanic Gardens. American Ethnologist 6(3), 449-465. https://doi.org/10.1525/ae.1979.6.3.02a00030
15　Moore, J. (2015). 前掲書，367-390 頁.
16　Callon, M. (2013). Qu'est-ce qu'un agencement marchand? in Callon M. et al. eds. *Sociologie des Agencements Marchands*, 325-479. Presses des Mines. = (2016). 北川亘太・須田文明訳,「市場的配置（アジャンスマン）とは何か」『關西大學經済論集』66(2): 127-160.
17　Callon, M. (2013). 前掲書，144 頁.
18　日本語では犯罪者の網羅的な特徴分析やコンピュータの性能分析の意味で用いられることが多いが，一般的には人物の横顔，プロフィールを記述すること，対象物の輪郭を描くことといった意味である.
19　アジャンスマン（仏語原文は agencement）は邦訳書ではアレンジメント，英訳は assemblage である．Deleuze, G. et Guattari, F. (1980). *Mille Plateaux: Capitalisme et schizophrenie 2*. Minuit. = (2010). ドゥルーズ，G.・ガタリ , F. 著，宇野邦一・小沢秋広・田中敏彦・豊崎光一・宮林寛・守中高明訳『千のプラトー──資本主義と分裂症 上中下巻』河出書房新社.
20　沢辺満智子 (2020).『養蚕と蚕神──近代産業に息づく民俗的想像力』慶應義塾大学出版会.
21　沢辺満智子 (2020). 前掲書，102 頁.
22　沢辺満智子 (2020). 前掲書，107-108 頁.
23　沢辺満智子 (2020). 前掲書，282 頁.
24　Moore, J. (2015). 前掲書，507-508 頁.
25　薬剤が商品化される前にあった関係性ではないのでフォーマット化ではなく，広い意味での受動化と考えられる.
26　鳥インフルエンザウイルスに対するワクチン接種を国は認めていない．ワクチン接種によって感染しても発症しない，あるいは死なない鶏が飼育されると，人間に感染するウイルスへの変異が起こる可能性があるからである．しかし，養鶏場の鶏に鳥インフルエンザウイルスのワクチン接種を行っている国も数か国存在する.
27　ナタネの交雑についての総説は，Hüsken, A., Dietz-Pfeilstetter, A. (2007). Pollen-mediated intraspecific gene flow from herbicide resistant oilseed rape (Brassica napus L.). *Transgenic Res* 16, 557–569. https://doi.org/10.1007/s11248-007-9078-y が詳しい. ダイズの日本における試験結果は，Yoshimura, Y. Matsuo, K. and Yasuda, K. (2006). Gene flow from GM glyphosate-tolerant to conventional soybeans under field conditions in Japan. *Environ. Biosafety Res.* 5 (3) 169-173. DOI: 10.1051/ebr:2007003
28　Zeder, M.A. (2014). Domestication: Definition and Overview. In: Smith, C. (eds) *Encyclopedia of Global Archaeology*. Springer, New York, NY. pp. 2184–2194. https://doi.org/10.1007/978-1-4419-0465-2_71
29　Scott, James C. (2017). *Against the grain: A deep history of the earliest states*. New Haven: Yale University Press. = 立木勝訳（2019）『反穀物の人類史：国家誕生のディープヒストリー』みすず書房 .

30 Latour, Bruno (1991). *Nous n'avons jamais été modernes. Essais d'anthropologie symétrique*, La Decouverte. = (2008). 川村久美子訳『虚構の「近代」—科学人類学は警告する』新評論．英訳書のタイトルが We have never been modern. である．
31 Kranthi, K.R., Stone, G.D. (2020). Long-term impacts of Bt cotton in India. *Nat. Plants* 6, 188–196. https://doi.org/10.1038/s41477-020-0615-5
32 Kranthi, K.R., Stone, G.D. (2020). 前掲論文，p. 195.
33 Men, X., Ge, F., Liu, X. and Yardim, E. N. (2003). Diversity of Arthropod Communities in Transgenic Bt Cotton and Nontransgenic Cotton Agroecosystems, *Environmental Entomology*, 32(2), 270–275. https://doi.org/10.1603/0046-225X-32.2.270
34 Naranjo, S. E. (2005). Long-Term Assessment of the Effects of Transgenic Bt Cotton on the Abundance of Nontarget Arthropod Natural Enemies, *Environmental Entomology*, 34(5), 1193–1210. https://doi.org/10.1093/ee/34.5.1193
35 Harvey, David (1982). *The limits to capital*. Basil Blackwell, Oxford. = (1990). 松石勝彦・水岡不二雄訳『空間編成の経済理論：資本の限界（上・下）』大明堂．
36 Moore, J. (2015). 前掲書，312 頁．
37 Gould, Fred (1988). Evolutionary Biology and Genetically Engineered Crops: Consideration of evolutionary theory can aid in crop design, *BioScience*, 38(1), 26–33. https://doi.org/10.2307/1310643
38 Gould, F. (1998). Sustainability of Transgenic Insecticidal Cultivars: Integrating Pest Genetics and Ecology. Annual Review of Entomology, (43)1, 701-726. https://doi.org/10.1146/annurev.ento.43.1.701
39 Gould, F. (1998). 前掲論文，pp. 714-716. 成虫の飛翔距離という点では，トウモロコシ害虫のツマジロクサヨトウ（*Spodoptera frugiperda*）が 1 世代で 500km，1 日最大 100km 移動することが知られている．農水省 https://www.maff.go.jp/j/syouan/syokubo/keneki/k_kokunai/tumajiro.html（2023 年 2 月 1 日閲覧）
40 Jin, L., Zhang, H., Lu, Y., Yang, Y., Wu, K., Tabashnik, B. E., & Wu, Y. (2015). Large-scale test of the natural refuge strategy for delaying insect resistance to transgenic Bt crops, *Nature Biotechnology*, 33(2), 169-174.
41 Belina, Bernd (2011). Kapitalistische Raumproduktionen und ökonomische Krise Zum Begriff des Spatial fix bei David Harvey. Zeitschrift für Wirtschaftsgeographie 55-4, 2011, pp.239-252. = (2013). 遠城明雄訳「空間の資本制的生産と経済危機：デヴィッド・ハーヴェイの「空間的回避」の概念について」『空間・社会・地理思想』16 号，75-88 頁．
42 Odling-Smee F. J., Laland K. N., Feldman M. W. (2003). *Niche construction: the neglected process in evolution*. Princeton, Princeton University Press. = (2007). 佐倉統・山下篤子・徳永幸彦訳『ニッチ構築—忘れられていた進化過程』共立出版．
43 Laland KN, Uller T, Feldman MW, Sterelny K, Muller, GB, Moczek A, Jablonka E, Odling-Smee, FJ. (2014). Does evolutionary theory need a rethink? *Nature* 514, 161-164.

第 4 章

1 野澤謙 (1975).「家畜化と集団遺伝学」『日本畜産学会報』46(10), 549-557. https://doi.org/10.2508/chikusan.46.549
2 Harlan, J.R. (1965). The possible role of weed races in the evolution of cultivated plants. *Euphytica* 14, 173–176. https://doi.org/10.1007/BF00038984 および Harlan, J. R.,

& deWet, J. M. J. (1965). Some Thoughts about Weeds. *Economic Botany*, 19(1), 16-24.
3 Charles Stépanoff, C. and Vigne, J.D. (2018). *Hybrid Communities: Biosocial Approaches to Domestication and Other Trans-species Relationships*. Routledge.
4 Swanson, H.A., Lien, M.E. and Ween, G.B. (2018). *Domestication gone wild: politics and practices of multispecies relations*. Duke University Press.
5 卯田宗平編 (2021).『野性性と人類の論理─ポスト・ドメスティケーションを捉える４つの思考』東京大学出版会.
6 Skoglund, P., E. Ersmark, E. Palkopoulou, L. Dalén (2015). Ancient wolf genome reveals an early divergence of domestic dog ancestors and admixture into high-latitude breeds. *Current Biology* 25, 1515–1519. https://doi.org/10.1016/j.cub.2015.04.019
7 Botigué, L., Song, S., Scheu, A. et al. (2017). Ancient European dog genomes reveal continuity since the Early Neolithic. *Nature Communications* 8, 16082. https://doi.org/10.1038/ncomms16082
8 Gojobori, J., Arakawa, N., Xiayire, X., Matsumoto, Y., Matsumura, S., Hongo, H., Ishiguro, N. and Terai, Y. (2021). The Japanese wolf is most closely related to modern dogs and its ancestral genome has been widely inherited by dogs throughout East Eurasia. BioRxiv. DOI: 10.1101/2021.10.10.463851.
9 寺井洋平 (2023).「全ゲノム情報から知るニホンオオカミ」『哺乳類科学』63(1), 5-13. https://doi.org/10.11238/mammalianscience.63.5
10 石黒直隆 , 松村秀一 , 寺井洋平 , 本郷一美 , (2021).「オオカミやヤマイヌと呼ばれたシーボルトが残したニホンオオカミ標本の謎」『日本獣医師会雑誌』74(6), 389-395 頁 . https://doi.org/10.12935/jvma.74.389
11 寺井洋平 (2023). 前掲論文, ９頁.
12 野澤謙・西田隆雄 (1981).『家畜と人間』, 出光書店.
13 Shipman, P. (2021). What the dingo says about dog domestication. *Anatomical Record* 304: 19– 30. https://doi.org/10.1002/ar.24517
14 Koungoulos, L. (2021). Domestication Through Dingo Eyes: An Australian Perspective on Human-Canid Interactions Leading to the Earliest Dogs. *Human Ecology* 49, 691–705. https://doi.org/10.1007/s10745-021-00262-9
15 Zeder, M.A. (2016). Domestication as a model system for niche construction theory. *Evolution Ecology* 30, 325–348. https://doi.org/10.1007/s10682-015-9801-8
16 2009 年にそれまでの在来家畜研究会の活動を総合した『アジアの在来家畜─家畜の起源と系統史』（名古屋大学出版会）が出版された．その「まえがき」で野澤謙は,「野生動物→在来家畜→家畜品種という３つの動物ステータスの間の移行」について述べ, これまでの家畜育種学は第２の移行過程である品種造成の理論と技術に重点が置かれていたが, 在来家畜研究は第１の移行過程に関心と注意を払ってきたと整理している.
17 在来家畜研究会活動方針 http://zairai.org/katsudou_houshin.html（2023 年２月３日閲覧）
18 植物学では種の下位に亜種（subspecies）, 変種（variety）, 品種（form）と分類する慣行があるが, 動物学では亜種より下位の分類は正式なものと認めていない. 同一の亜種間では繁殖力を維持した交配が可能であり, 家畜の品種（breed）はすべて同じ亜種に包含される.
19 野澤謙・西田隆雄 (1981).『家畜と人間』, 出光書店.

20　野澤謙 (1986).「東および東南アジア在来家畜の起源と系統に関する遺伝学的研究」『在来家畜研究会報告』11, 1-35 頁 .

21　在来家畜研究会編 (2009).「(付録) 在来家畜研究会現地調査の概要」『アジアの在来家畜—家畜の起源と系統史』, 名古屋大学出版会, 449-452 頁.

22　林田重幸 (1964).「まえがき」『日本在来家畜調査団報告』1, 1-2 頁 .

23　大塚閏一 (1976).「故林田重幸博士の業績について」『在来家畜研究会報告』7, 5-6.

24　林田重幸・山内忠平 (1955).「九州在来馬の研究 I トカラ馬について」『日本畜産学会報』26(4), 231-236 頁 .

25　林田重幸・山内忠平 (1954).「日本石器時代馬について」『日本畜産学会報』25(2~4), 122-126 頁 .

26　林田重幸 (1974).「まえがき」『在来家畜研究会報告』6, 1 頁 .

27　野澤謙 (1986).「東および東南アジア在来家畜の起源と系統に関する遺伝学的研究」, 前掲論文 , 1 頁 .

28　野澤謙 (1964).「トカラ・奄美両群島における山羊」『日本在来家畜調査団報告』1, 16-24 頁 .

29　野澤謙 (1964).「対馬における馬」『日本在来家畜調査団報告』1, 60-63 頁 .

30　野澤謙 (1964).「五島列島, 長崎県西海岸および壱岐における山羊」『日本在来家畜調査団報告』1, 64-70 頁 .

31　西田隆雄 (1967).「東亜における野鶏の分布と東洋系家鶏の成立について」『日本在来家畜調査団報告』2, 13 および 14 頁 .

32　西田隆雄 (1967). 前掲論文, 15 頁.

33　西田隆雄・野澤謙 (1969).「台湾在来鶏の形態学的ならびに遺伝学的調査」『在来家畜調査団報告』3, 140 頁 .

34　西田隆雄・野澤謙 (1969). 前掲論文, 145 頁.

35　野澤謙 (1967).「見島牛集団の近交度と遺伝子型頻度」『日本在来家畜調査団報告』2, 78 頁 .

36　林田重幸 (1956).「日本古代馬の研究」『人類學雜誌』64(4), 197-211.

37　林田重幸 (1974).「論議：在来馬と遺伝子の関係」『在来家畜研究会報告』6, 38-42 頁.

38　野澤謙・庄武孝義・大倉よし子 (1974).「タイ国在来馬の遺伝子構成」『在来家畜研究会報告』6, 43-54 頁.

39　野澤謙・庄武孝義・大倉よし子 (1974). 前掲論文, 54 頁.

40　Tisdell, C., T. Kehren, and T. Murphy. (1998). The pig and poultry industries in Thailand: Development, trade and commerce. *Sasin Journal of Management* 4(1): 1.

41　西田隆雄・野澤謙・林良博・橋口勉・近藤恭司 (1983).「インドネシア在来鶏の生体計測および形態学的形質の統計遺伝学的研究」『在来家畜研究会報告』10, 183-188 頁.

42　西田隆雄・大塚閏一・西中川駿・林良博 (1974).「タイ国における野鶏と在来鶏の形態学的研究」『在来家畜研究会報告』6, 134-135 頁. 同様の記述が, 西田隆雄 (1974).「野鶏の Domestication」『化学と生物』12(5), 326 頁 にもある.

43　西田隆雄・大塚閏一・西中川駿・林良博 (1974). 前掲論文, 135 頁.

44　西田隆雄・Joseph S. Masangkay (1978).「フィリッピン群島における在来鶏, 野鶏および交雑種の形態学的研究」『在来家畜研究会報告』8, 100-101 頁. この育種方法はサラブレッドの作出と同じような〈差異化する技術〉であると言えるかもしれない. ただし, 1901 年からの米国植民地時代では競馬も盛んに行われていた. それ以前の闘鶏の育種方法については不明である.

45　師田史子 (2020),「フィリピンにおける賭博の規制・管理の過去と現在―違法数字くじをめぐる政策の変遷―」アジア・アフリカ地域研究 20(1), 5 頁，注 6.
46　Fumihito, A., Miyake, T., Sumi, S., Takada, M., Ohno, S., 1994. One subspecies of the red junglefowl (Gallus gallus gallus) suffices as the matriarchic ancestor of all domestic breeds. *PNAS* 91, 12505–12509. Fumihito, A., Miyake, T., Takada, M., Shingu, R., Endo, T., Gojobori, T., Kondo, N., Ohno, S., 1996. Monophyletic origin and unique dispersal patterns of domestic fowls. *PNAS* 93, 6792–6795.
47　西田隆雄・林良博・橋口勉 (1983).「インドネシアにおける野鶏の生態学的および形態学的研究」『在来家畜研究会報告』10, 155-167 頁.
48　西田隆雄 (1974).　前掲論文，324 頁．および，西田隆雄・野澤謙・藤尾芳久・渡辺誠喜・西田恂子 (1974),「タイ国における在来鶏と野鶏の遺伝的多型」『在来家畜研究会報告』6, 144-159 頁.
49　西田隆雄・T. I. Azmi, A. Mustaffaee-Babj, S. M. A. Bbjee (1976).「マレーシア連邦における野鶏の生態」『在来家畜研究会報告』7, 37-38 頁.
50　西田隆雄・Joseph S. Masangkay (1978).「フィリッピン群島における野鶏の亜種の同定とその生態」『在来家畜研究会報告』8, 88-92 頁.
51　西田隆雄・林良博・橋口勉 (1983).　前掲論文，167 頁.
52　西田隆雄・林良博・橋口勉 (1983).　前掲論文，160 頁.
53　西田隆雄・野澤謙・藤尾芳久・渡辺誠喜・西田恂子 (1974),　前掲論文，150-153 頁.
54　西田隆雄・野澤謙・藤尾芳久・渡辺誠喜・西田恂子 (1974),　前掲論文，153 頁.
55　西田隆雄 (1974).「野鶏の Domestication」『化学と生物』12(5), 326-327 頁.
56　西田隆雄・T. I. Azmi, A., S. M. A. Bbjee, M. S. Syed-Nong (1976).「マレーシア連邦の野鶏と在来鶏との交雑種の形態学的研究」『在来家畜研究会報告』7, 59 頁.
57　西田隆雄 (1974). 前掲論文，325 頁.
58　野澤謙 (1975). 前掲論文，551 頁.
59　野澤謙 (1972).「(1) 第 3 次調査（1968 年）：琉球諸島在来鶏現地調査」『在来家畜調査団報告』5, 31 頁.
60　野澤謙 (1975). 前掲論文，555 頁.
61　林田重幸・野澤謙 (1964).「トカラ群島における牛」『日本在来家畜調査団報告』1, 27.
62　印牧美佐生 (2014),「口之島野生化牛」『動物遺伝育種研究』42(1), 39-47. https://doi.org/10.5924/abgri.42.39
63　出口栄三郎・西中川駿・後藤和文・阿久沢正夫 (1998).「口之島野生化牛の生息頭数と環境調査」『西日本畜産学会報』41, 14-18.　https://doi.org/10.11461/jwaras1968.41.14
64　Kawahara-Miki, R., Tsuda, K., Shiwa, Y. et al. Whole-genome resequencing shows numerous genes with nonsynonymous SNPs in the Japanese native cattle Kuchinoshima-Ushi. *BMC Genomics* 12, 103 (2011). https://doi.org/10.1186/1471-2164-12-103.
65　天野卓 (1988).「バングラデシュ在来家畜調査の行動経過概要　第 1 次調査（1983 年度）」『日本在来家畜調査団報告』12, 52 頁.
66　Dorji, T., Wangdi, J., Shaoliang, Y., Chettri, N., & Wangchuk, K. (2021). Mithun (*Bos frontalis*): The neglected cattle species and their significance to ethnic communities in the Eastern Himalaya - A review. *Animal Bioscience* 34(11), 1727-38.
67　並河鷹夫・天野卓・K. G. Mostafa・M. A. Hasnath (1988).「バングラデシュ産在来牛およびガヤールの核型分析」『日本在来家畜調査団報告』12, 89-94 頁.

68　川本芳・ドルジタシ・稲村哲也 (2012).「ヒマラヤにおけるミタンの利用：ブータンの交雑家畜の遺伝学研究から」『ヒマラヤ学誌』13, 267-282 頁.
69　田中和明・万年英之 (2009).「Ⅱ-1 ウシ—多源的家畜化—」『アジアの在来家畜—家畜の起源と系統史』，名古屋大学出版会，140 頁.
70　Chen, N., Cai, Y., Chen, Q., Li, R., Wang, K., Huang, Y., Hu, S., Huang, S., Zhang, H., Zheng, Z., Song, W., Ma, Z., Ma, Y., Dang, R., Zhang, Z., Xu, L., Jia, Y., Liu, S., Yue, X., … Lei, C. (2018). Whole-genome resequencing reveals world-wide ancestry and adaptive introgression events of domesticated cattle in East Asia. *Nature Communications* 9, 2337. https://doi.org/10.1038/s41467-018-04737-0
71　牛木純・石井俊雄・石川隆二 (2005).「岡山県に発生した日本型およびインド型雑草イネの生理・形態的形質と分布の特徴」『育種学研究』7(4), 179-187 頁.
72　萩原素之・渡邊寛明・赤坂舞子・吉永悟志・渡邉修・細井淳・酒井長雄・寺島一男 (2016).「「米」になるイネ，ならないイネ」『日本作物学会紀事』85(1), 89-94 頁.
73　湯陵華・森島啓子 (1997).「雑草イネの遺伝的特性とその起源に関する考察」『育種学雑誌』47(2), 153-160 頁.
74　Akasaka, M., J. Ushiki, H. Iwata, R. Ishikawa, T. Ishii (2009). Genetic relationships and diversity of weedy rice (*Oryza sativa L.*) and cultivated rice varieties in Okayama Prefecture, Japan. *Breed Sci.* 59, 401–409.
75　Olsen, K. M. (2018). Evolving insights on weedy rice. *Ecological Genetics and Genomics* 7–8, 23–26. 米国の雑草イネについては，Li, L.-F., Y.-L. Li, Y. Jia, A.L. Caicedo, K.M. Olsen (2017). Signatures of adaptation in the weedy rice genome, *Nat. Genet.* 49, 811–814. 中国については，Qiu, J., Zhou, Y., Mao, L. et al. (2017). Genomic variation associated with local adaptation of weedy rice during de-domestication. *Nat Commun* 8, 15323.
76　Singh, V., Burgos, N. R., Singh, S., Gealy, D. R., Gbur, E. E., Caicedo, A. L. (2017). Impact of volunteer rice infestation on yield and grain quality of rice. *Pest Management Science* 73(3), 604–615.
77　米国，Shivrain, V. K., Burgos, N. R., Moldenhauer, K. A. K., Mcnew, R. W., Baldwin, T. L. (2006). Characterization of Spontaneous Crosses between Clearfield Rice (Oryza sativa) and Red Rice (Oryza sativa). *Weed Technology* 20(3), 576–584. ブラジル，Avila, L. A. de, Marchesan, E., Camargo, E. R., Merotto, A., Ulguim, A. da R., Noldin, J. A., Andres, A., Mariot, C. H. P., Agostinetto, D., Dornelles, S. H. B., Markus, C. (2021). Eighteen years of ClearfieldTM rice in Brazil: what have we learned? *Weed Science* 69(5), 585–597. マレーシア，Engku A.K., Norida M., Juraimi A.S., Rafii M.Y., Abdullah S.N.A., Alam M.A. (2016): Gene flow from Clearfield® rice to weedy rice under field conditions. *Plant Soil Environ.* 62, 16-22.

第 5 章

1　鳥インフルエンザは北半球では 10 月から翌年 6 月頃までが 1 シーズンである.
2　朝日新聞 2023 年 4 月 11 日朝刊「殺処分 1700 万羽超　鶏卵の流通に痛撃」.
3　環境省「高病原性鳥インフルエンザに関する情報」https://www.env.go.jp/nature/dobutsu/bird_flu/
4　Wille, Michelle, Barr, Ian G. (2022). Resurgence of avian influenza virus. *Science* 376, 459-460. および WOAH からの情報として，小澤義博 (2006).「諸外国における鳥インフ

ルエンザの現状と対策」『獣医疫学雑誌』10(1), 1-6 頁 .
5　渡辺登喜子・河岡義裕 (2019).「鳥インフルエンザ A(H5N1) ウイルス」内閣官房ホームページ 新型インフルエンザ過去のパンデミックレビュー (https://www.cas.go.jp/jp/influenza/kako_11.html)
6　Guan, Y., Peiris, J. S. M., Lipatov, A. S., Ellis, T. M., Dyrting, K. C., Krauss, S., Zhang, L. J., Webster, R. G., Shortridge, K. F. (2002). Emergence of multiple genotypes of H5N1 avian influenza viruses in Hong Kong SAR. *Proceedings of the National Academy of Sciences of the United States of America* 99(13), 8950–8955; Li, K., Guan, Y., Wang, J. et al. (2004). Genesis of a highly pathogenic and potentially pandemic H5N1 influenza virus in eastern Asia. *Nature* 430, 209–213.
7　Worobey, M., Levy, J. I., Serrano, L. M., Crits-Christoph, A., Pekar, J. E., Goldstein, S. A., Rasmussen, A. L., Kraemer, M. U. G., Newman, C., Koopmans, M. P. G., Suchard, M. A., Wertheim, J. O., Lemey, P., Robertson, D. L., Garry, R. F., Holmes, E. C., Rambaut, A., Andersen, K. G. (2022). The Huanan Seafood Wholesale Market in Wuhan was the early epicenter of the COVID-19 pandemic. *Science* 377, 951–959. 武漢の華南海鮮卸売市場に関する記述は，上記論文の Supplementary Materials（*Science* 誌のサイトからダウンロード）の 18 頁に記載のある Supplementary Data, Data S1. Translations and URLs for relevant articles and reports の URL からダウンロードできる中国 CDC の文書，Wu Guizhen (2020). [Exclusive] The Secrets Behind the Testing of Wuhan's Huanan Seafood Market, Chinese CDC Disease Control Report (2020) No. 53，およびそれが引用している *Epoch Times*, June 1, 2020 に記載されている同市場のフロアマップに基づく.
8　Xiao, X., Newman, C., Buesching, C.D. et al. (2021). Animal sales from Wuhan wet markets immediately prior to the COVID-19 pandemic. *Sci Rep* 11, 11898. 一時期，新型コロナウイルスの媒介宿主として疑われていたセンザンコウはこの市場では売られていなかった.
9　日本経済新聞 2022 年 12 月 16 日地方経済面東北「青森・三沢で 137 万羽殺処分開始」，同 2023 年 1 月 7 日地方経済面北陸「村上市で 130 万羽殺処分を開始」.
10　読売新聞 2023 年 3 月 4 日朝刊「大規模農場「リスク減る」」.
11　藁田純 (1990).「我が国における鶏舎及び鶏舎設備の最近の動向」『鶏病研究会報』26(1), 20-25 頁.
12　鶏病（けいびょう）研究会は 1965 年に農水省の指導で設立された団体.「家禽およびその生産物の衛生に関する会員相互の知識および技術の向上と、その対応普及を図り、わが国の養鶏振興ならびに安全な家禽生産物の供給に寄与する」ことを目的とする. 会員の所属は家畜保健衛生所，食鳥検査機関，養鶏・飼料・製薬関係会社，大学，国・地方研究機関，開業獣医師などである．https://keibyo.jp/
13　鶏病研究会 (2011).「ウインドウレス鶏舎における鶏病の発生要因と対策（採卵鶏）」『鶏病研究会報』46(4), 233-240 頁.
14　鶏病研究会 (2011). 前掲論文.
15　川崎武志 (2021).「養鶏飼料への野鳥混入事例と対策のポイント」『リスク学研究』31(2), 133–137 頁 .
16　高病原性鳥インフルエンザ疫学調査チーム (2022).「2021 年～ 2022 年シーズンにおける高病原性鳥インフルエンザの発生に係る疫学調査報告書」農林水産省消費・安全局動物衛生課 . https://www.maff.go.jp/j/syouan/douei/tori/r3_hpai_kokunai.html

17　高病原性鳥インフルエンザ疫学調査チーム (2022), 前掲報告書，および農研機構による研究成果のプレスリリースに基づく．https://www.naro.go.jp/publicity_report/press/laboratory/niah/157024.html．論文は Isoda N, Onuma M, Hiono T, Sobolev I, Lim HY, Nabeshima K, Honjyo H, Yokoyama M, Shestopalov A, Sakoda Y. (2022). Detection of New H5N1 High Pathogenicity Avian Influenza Viruses in Winter 2021–2022 in the Far East, Which Are Genetically Close to Those in Europe. *Viruses* 14(10):2168. および Okuya K, Mine J, Tokorozaki K, Kojima I, Esaki M, Miyazawa K, Tsunekuni R, Sakuma S, Kumagai A, Takadate Y, Kikutani Y, Matsui T, Uchida Y, Ozawa M. (2022). Genetically Diverse Highly Pathogenic Avian Influenza A(H5N1/H5N8) Viruses among Wild Waterfowl and Domestic Poultry, Japan, 2021. *Emerg Infect Dis*. Jul;28(7):1451-1455. ただし，遺伝子型の系統名は報告書と論文で異なる．

18　鶏病研究会 (2018).「養鶏分野における薬剤耐性 (AMR) の現状と対策」『鶏病研究会報』54(2), 47-58 頁 .

19　国際的に脅威となる感染症対策の強化のための国際連携等関係閣僚会議 (2023).「薬剤耐性（AMR）対策アクションプラン 2023-2027 令和５年４月７日」（厚生労働省 HP よりダウンロード . https://www.mhlw.go.jp/stf/seisakunitsuite/bunya/0000120172.html）

20　鶏病研究会 (2017).「総合ワクチネーションプログラム 2017」『鶏病研究会報』53(2), 82-95 頁 .

21　Peyre, M., Fusheng, G., Desvaux, S., & Roger, F. (2009). Avian influenza vaccines: A practical review in relation to their application in the field with a focus on the Asian experience. *Epidemiology & Infection* 137(1), 1-21.

22　ワクチン投与で生じる中和抗体は，ウイルスが細胞に感染する際に細胞への結合部位となるヘマグルチニンを認識するものがほとんどである．したがって、中和抗体による感染抑制を回避する変異はヘマグルチニンの RNA に現れることが予想される．

23　Cattoli, G., Fusaro, A., Monne, I., Coven, F., Joannis, T., El-Hamid, H. S. A., Hussein, A. A., Cornelius, C., Amarin, N. M., Mancin, M., Holmes, E. C., Capua, I. (2011). Evidence for differing evolutionary dynamics of A/H5N1 viruses among countries applying or not applying avian influenza vaccination in poultry. *Vaccine* 29(50), 9368–9375.

24　Wille, Michelle, Barr, Ian G. (2022), 前掲論文.

25　Cohen, Jon (2023). Bird shots. *Science* 380(6640), 24-27.

26　Stokstad, Erik (2022). Wrestling with bird flu, Europe considers once-taboo vaccines. *Science* 376(6594), 682-683. および Cohen, Jon (2023). 前掲記事 .

27　日本経済新聞 2020 年 12 月 5 日朝刊「養鶏基準維持狙う 元農相へ 500 万円提供疑惑」

28　農水省 HP https://www.maff.go.jp/j/chikusan/sinko/animal_welfare.html（2023 年 5 月 9 日に参照してダウンロード）

29　欧州市民イニシアチブ（European Citizens' Initiative）．市民が直接政策決定過程に参加できる制度として 2009 年「リスボン条約」で導入された．加盟国 7 か国から計 100 万人以上の署名を集めれば欧州委員会に対して立法を提案することができる．

30　「アニマルウェルフェアの考え方に対応した採卵鶏の飼養管理指針（第 5 版）」によると、「エイビアリーは止まり木を設置した休息エリア、巣箱を設置した産卵エリア、砂浴びのできる運動エリア等を備えた平飼い鶏舎のことで、鶏の行動がより多様になるようアニマルウェルフェアに配慮して開発された飼養システムである。止まり木、巣箱、砂浴び場を設置するためのコストや、集卵、砂浴び場の敷料の交換、消毒の際

の作業時間の増加等の維持コストが従来のケージシステムと比較して高くなるが、多段式にすることにより、坪当たりの飼養羽数を増やすことが可能である」とある。
31　日本経済新聞 2022 年 12 月 9 日朝刊「「動物福祉」食品で広がる」の記事では，イオンとキューピーが平飼い卵を販売・使用し始めていることを報道している．
32　Schwarzer, A., Rauch, E., Bergmann, S., Kirchner, A., Lenz, A., Hammes, A., Erhard, M., Reese, S., Louton, H. (2022). Risk Factors for the Occurrence of Feather Pecking in Non-Beak-Trimmed Pullets and Laying Hens on Commercial Farms. *Appl. Sci.* 12, 9699.
33　Odling-Smee F. J., Laland K. N., Feldman M. W. (2003). *Niche construction: the neglected process in evolution.* Princeton, Princeton University Press. = (2007). 佐倉統・山下篤子・徳永幸彦訳『ニッチ構築―忘れられていた進化過程』共立出版，30-34 頁．
34　Laland, K., Uller, T., Feldman, M. et al. (2014). Does evolutionary theory need a rethink? *Nature* 514, 161–164.
35　Bateson P, Cartwright N, Dupre J, Laland K, Noble D. (2017). New trends in evolutionary biology: biological, philosophical and social science perspectives. *Interface Focus* 7: 20170051.
36　Müller GB. (2017). Why an extended evolutionary synthesis is necessary. *Interface Focus* 7: 20170015. http://dx.doi.org/10.1098/rsfs.2017.0015
37　Laland, K., Uller, T., Feldman, M. et al. (2014)，前掲論文（注 34），161 頁．
38　Uchida, Y., Takeda, H., Furusawa, C., Irie, N. (2023). Stability in gene expression and body-plan development leads to evolutionary conservation. *EvoDevo* 14(4). https://doi.org/10.1186/s13227-023-00208-w
39　Nathan S. Upham Michael J. Landis (2023). Genomics expands the mammalverse. *Science* 380(6643), 358-359. https://doi.org/10.1126/science.add2209
40　Andrews, G., Fan, K., Pratt, H. E., Phalke, N., Zoonomia Consortium, Karlsson, E. K., Lindblad-Toh, K., Gazal, S., Moore, J. E., Weng, Z., Andrews, G., Armstrong, J. C., Bianchi, M., Birren, B. W., Bredemeyer, K. R., Breit, A. M., Christmas, M. J., Clawson, H., Damas, J., … Zhang, X. (2023). Mammalian evolution of human cis-regulatory elements and transcription factor binding sites. *Science* 380(6643), eabn7930. https://doi.org/10.1126/science.abn7930
41　Collias N. E., Saichuae P. (1967). Ecology of the red junglefowl in Thailand and Malaya with reference to the origin of domestication. *Nat. Hist. Bull. Siam Soc.* 22, 189–209. ゴムやアブラヤシのプランテーションも大規模な焼き畑によって造成される．Peters J, Lebrasseur O, Irving-Pease EK, Paxinos PD, Best J, Smallman R, Callou C, Gardeisen A, Trixl S, Frantz L, Sykes N, Fuller DQ, Larson G. The biocultural origins and dispersal of domestic chickens. Proc Natl Acad Sci U S A. 2022 Jun 14;119(24):e2121978119. doi: 10.1073/pnas.2121978119.
42　Odling-Smee F. J., Laland K. N., Feldman M. W. (2003)，前掲書，37 頁．
43　Donohue, K. (2005). Niche construction through phenological plasticity: Life history dynamics and [ecological consequences. *New Phytologist* 166(1), 83–92.
44　Donohue は次世代への影響を母性効果（maternal effect）と呼んでいる．Donohue Kathleen (2009). Completing the cycle: maternal effects as the missing link in plant life histories *Phil. Trans. R. Soc. B* 364(1520), 1059–1074.
45　西田隆雄 (1974).「野鶏の Domestication」『化学と生物』12(5), 326-327 頁．

46 Lawler, Andrew (2012). In Search of the Wild Chicken. *Science*, 338 (6110), 1020-1024.

47 Peters, J., Lebrasseur, O., Irving-Pease, E. K., Paxinos, P. D., Best, J., Smallman, R., Callou, C., Gardeisen, A., Trixl, S., Frantz, L., Sykes, N., Fuller, D. Q., Larson, G. (2022). The biocultural origins and dispersal of domestic chickens. *Proceedings of the National Academy of Sciences* 119(24), e2121978119. https://doi.org/10.1073/pnas.2121978119 家畜化したニワトリとセキショクヤケイの識別については，同論文の Supplementary Information（Science の上記論文サイトからダウンロードできる）の 9 頁に記載がある．

48 Collias N. E., Saichuae P. (1967)，前掲論文（注 41）．

49 Zeder, M.A. (2016). Domestication as a model system for niche construction theory. *Evolution Ecology* 30, 325–348.

50 Rubin, CJ., Zody, M., Eriksson, J. et al. (2010). Whole-genome resequencing reveals loci under selection during chicken domestication. *Nature* 464, 587–591.

51 Karlsson, A.-C., Fallahshahroudi, A., Johnsen, H., Hagenblad, J., Wright, D., Andersson, L., Jensen, P. (2016). A domestication related mutation in the thyroid stimulating hormone receptor gene (TSHR) modulates photoperiodic response and reproduction in chickens. *General and Comparative Endocrinology* 228, 69–78.

52 Lawler, Andrew (2012), 前掲論文 (注 46)，p.1024.

53 Scott, James C. (2017). *Against the grain: A deep history of the earliest states*. New Haven: Yale University Press. = 立木勝訳 (2019)『反穀物の人類史：国家誕生のディープヒストリー』みすず書房 .

54 Jiang, R. S., Xu, G. Y., Zhang, X. Q., Yang, N. (2005). Association of polymorphisms for prolactin and prolactin receptor genes with broody traits in chickens. *Poultry Science* 84 (6), 839–845.

55 農水省 HP（https://www.maff.go.jp/j/chikusan/sinko/lin/l_siryo/index.html）より，「飼料をめぐる情勢」データ版，イラスト版の両方をダウンロードできる．（2023 年 5 月 25 日ダウンロードして確認）

56 Roossinck, M. J., Bazán, E. R. (2017). Symbiosis: Viruses as Intimate Partners. *Annu. Rev. Virol.* 4, 123–139. https://doi.org/10.1146/annurev-virology

57 Cadwell, K. (2015). The Virome in Host Health and Disease. *Immunity* 42(5), 805–813.

58 Haig, D. (2012). Retroviruses and the placenta. *Current Biology* 22(15), R609-R613. https://doi.org/10.1016/j.cub.2012.06.002

59 Hamblin, S. R., White, P. A., Tanaka, M. M. (2014). Viral niche construction alters hosts and ecosystems at multiple scales. *Trends in Ecology and Evolution* 29(11), 594–599; Lymbery, A.J. (2015). Niche construction: evolutionary implications for parasites and hosts. *Trends in Parasitology* 31(4), 134-141. 狂犬病の例もこの 2 報に基づく．

60 Ryabov, E. v, Keane, G., Naish, N., Evered, C., Winstanley, D. (2009). Densovirus induces winged morphs in asexual clones of the rosy apple aphid, *Dysaphis plantaginea*. *Proceedings of the National Academy of Sciences* 106(21), 8465–8470.

61 Fouchier, R. A. M., Munster, V. J. (2009). Epidemiology of low pathogenic avian influenza viruses in wild birds. *Rev. sci. tech. Off. int. Epiz* 28(1), 49-58.

62 Delogu M, De Marco MA, Di Trani L, Raffini E, Cotti C, et al. (2010). Can Preening

Contribute to Influenza A Virus Infection in Wild Waterbirds? *PLoS ONE* 5(6): e11315. doi:10.1371/journal.pone.0011315

63 Venkatesh D, Poen MJ, Bestebroer TM, Scheuer RD, Vuong O, et al. (2018). Avian influenza viruses in wild birds: virus evolution in a multihost ecosystem. *J Virol* 92: e00433-18.

64 Prosser DJ, Cui P, Takekawa JY, Tang M, Hou Y, et al. (2011). Wild Bird Migration across the Qinghai-Tibetan Plateau: A Transmission Route for Highly Pathogenic H5N1. *PLoS ONE* 6(3): e17622. doi:10.1371/journal.pone.0017622

65 Hird SM, Ganz H, Eisen JA, Boyce WM. (2018). The cloacal microbiome of five wild duck species varies by species and influenza A virus infection status. *mSphere* 3: e00382-18. https://doi.org/10.1128/mSphere.00382-18.

66 Prosser DJ, Cui P, Takekawa JY, Tang M, Hou Y, et al. (2011). Wild Bird Migration across the Qinghai-Tibetan Plateau: A Transmission Route for Highly Pathogenic H5N1. *PLoS ONE* 6(3): e17622. doi:10.1371/journal.pone.0017622

67 Venkatesh D, Poen MJ, Bestebroer TM, Scheuer RD, Vuong O, et al. (2018), 前掲論文（注 63）.

68 Koethe, S., Ulrich, L., Ulrich, R., Amler, S., Graaf, A. et al. (2020). Modulation of lethal HPAIV H5N8 clade 2.3.4.4B infection in AIV pre-exposed mallards, *Emerging Microbes & Infections*, 9:1, 180-193.

69 Guan, Y., Peiris, J. S. M., Lipatov, A. S., Ellis, T. M., Dyrting, K. C., Krauss, S., Zhang, L. J., Webster, R. G., Shortridge, K. F. (2002), 前掲論文（注 6）.

第 6 章

1 Wang, J., Zhang, X., Cheng, L., Luo, Y. (2020). An overview and metanalysis of machine and deep learning-based CRISPR gRNA design tools, *RNA Biology* 17:1, 13-22.

2 Wang, H., Cimen, E., Singh, N., Buckler, E. (2020). Deep learning for plant genomics and crop improvement. *Current Opinion in Plant Biology* 54, 34–41.

3 Anzalone, A.V., et al. (2019). Search-and-replace genome editing without double-strand breaks or donor DNA. *Nature*, 576(7785), 149-157.

4 Crosby, Alfred W. (1986). *Ecological Imperialism: the Biological Expansion of Europe, 900-1900*, Cambridge University Press. = (1989). 佐々木昭夫訳『ヨーロッパ帝国主義の謎――エコロジーから見た 10 ～ 20 世紀』, 岩波書店. = (2017). 改題『ヨーロッパの帝国主義――生態学的視点から歴史を見る』ちくま学芸文庫.

5 以下のイネゲノムに関する記述は次の文献に基づく. 大塚善樹 (2003).「「食と農の分離」における「専門家と素人の分離」」『環境社会学研究』9 巻, 37-53 頁.

6 Johnson, Marc T. J., Munshi-South, Jason (2017).Evolution of life in urban environments. *Science 358*, eaam8327. DOI:10.1126/science.aam8327

7 United Nations Environment Programme and International Livestock Research Institute (2020). *Preventing the Next Pandemic: Zoonotic diseases and how to break the chain of transmission*. Nairobi, Kenya. https://www.unep.org/resources/report/preventing-future-zoonotic-disease-outbreaks-protecting-environment-animals-and（2023 年 7 月 24 日アクセス）

8 Schilthuizen, Menno (2018). *Darwin Comes to Town*. Quercus. = (2020). 岸由二・小

宮茂訳『都市で進化する生物たち—“ダーウィン”が街にやってくる』，草思社．

9 James S. Santangelo et al. (2022). Global urban environmental change drives adaptation in white clover. *Science* 375: 1275-1281.

10 同時期に日本の DDBJ で登録公開されている（精度が低いものは除外している）データ数は 6,200 件ほどである．

11 Enserink, Martin and Jon Cohen (2023). Control issues, *Science* 380(6643), 332-339. および，Enserink, Martin (2023). Dispute simmers over who first shared SARS-CoV-2's genome. *Science* 380(6640), 16-17.

12 Noorden, Richard Van (2021). Scientists call for open sharing of pandemic genome data. *Nature* 590, 195-196. および，Lenharo, Mariana (2023). GISAID in crisis: can the controversial COVID genome database survive? *Nature* 617, 455-457.

13 Bogner, P., Capua, I., Lipman, D. et al. A global initiative on sharing avian flu data. *Nature* 442, 981 (2006).

14 Lenharo, Mariana (2023)，前掲のネイチャー誌の記事.

15 Enserink, Martin and Jon Cohen (2023)，前掲のサイエンス誌の記事，337 頁.

16 Enserink, Martin and Jon Cohen (2023)，前掲のサイエンス誌の記事，334 頁.

17 Cocks, Tim (2021).「アングル：南アの研究者、オミクロン株発見時に受けた衝撃」ロイター．https://jp.reuters.com/article/south-african-scientists-idJPKBN2IG2V0（2023 年 8 月 2 日アクセス確認）

18 Noorden, Richard Van (2021)，前掲のネイチャー誌の記事.

19 Lenharo, Mariana (2023)，前掲のネイチャー誌の記事.

20 Enserink, Martin (2023)，前掲のサイエンス誌の記事.

大塚善樹（おおつか・よしき）
1960年生まれ。東京都市大学名誉教授。東京大学農学部農芸化学科卒業、化学メーカー勤務を経て、筑波大学大学院博士課程社会科学研究科修了。博士（社会学）。専攻分野は環境社会学、科学技術社会学。著書に『なぜ遺伝子組換え作物は開発されたか：バイオテクノロジーの社会学』（明石書店 1999)、「ハイブリッドの社会学」上野直樹・土橋臣吾編『科学技術実践のフィールドワーク：ハイブリッドのデザイン』（せりか書房 2006)、「近代科学技術」桝潟俊子・谷口吉光・立川雅司編『食と農の社会学：生命と地域の視点から』（ミネルヴァ書房 2014）等。

人新世の環境社会学——「複製技術の時代」から「生成技術の時代」へ

2023年12月10日　初版第1刷発行

著者 ——大塚善樹
発行者 —平田　勝
発行 ——花伝社
発売 ——共栄書房
〒101-0065　東京都千代田区西神田2-5-11出版輸送ビル2F
電話　03-3263-3813
FAX　03-3239-8272
E-mail　info@kadensha.net
URL　https://www.kadensha.net
振替 ——00140-6-59661
装幀 ——佐々木正見
印刷・製本—中央精版印刷株式会社

ISBN978-4-7634-2093-0 C3036